De la figuration humaine au portrait dans l'art islamique

Islamic History and Civilization

STUDIES AND TEXTS

VOLUME 116

The titles published in this series are listed at *brill.com/ihc*

De la figuration humaine au portrait dans l'art islamique

sous la direction de

Houari Touati

TUTA SUB AEGIDE PALLAS · 1683 ·

BRILL

LEIDEN | BOSTON

Illustration de couverture : « Les Meilleures Sentences et les Plus Précieux Dictons », *Mukhtār al-ḥikam wa-maḥāsin al-kalim* d'al-Mubashshir b. Fātik : Portrait d'auteurs dans un décor ornamental – origine probable : Syrie, première moitié du XIIIe siècle. Istanbul, Bibliothèque du Musée Topkapı Sarayı, Ahmet III, 3206, fol. 173 verso.

Library of Congress Cataloging-in-Publication Data

De la figuration humaine au portrait dans l'art islamique / sous la direction de Houari Touati.
pages cm. — (Islamic history and civilization ; v. 116)
Includes bibliographical references and index.
ISBN 978-90-04-28363-3 (hardback : alk. paper) — ISBN 978-90-04-28385-5 (e-book) 1. Human figure in art. 2. Islamic art. I. Touati, Houari.

N7574.5.I74D425 2015
704.9'42091767—dc23

2015002236

This publication has been typeset in the multilingual "Brill" typeface. With over 5,100 characters covering Latin, IPA, Greek, and Cyrillic, this typeface is especially suitable for use in the humanities. For more information, please see www.brill.com/brill-typeface.

ISSN 0929-2403
ISBN 978-90-04-28363-3 (hardback)
ISBN 978-90-04-28385-5 (e-book)

This book is printed on acid-free paper.

FSC www.fsc.org MIX Paper from responsible sources FSC® C109576

Printed by Printforce, the Netherlands

Table des matières

Préface VII

1 **Le régime des images figuratives dans la culture islamique médiévale** 1
Houari Touati

2 **Une brève histoire des portraits d'auteurs dans les manuscrits islamiques** 31
Sheila S. Blair

3 **Réflexions préliminaires sur les portraits d'auteurs dans l'art islamique**
Le cas de Moïse dans le* Jāmiʿ al-Tawārīkh *de Rashīd al-Dīn 63
Mika Natif

4 **Histoire des portraits du prophète Muḥammad** 89
Oleg Grabar et Mika Natif

5 **Le portrait dans l'Orient musulman pré-moderne**
Une décantation du modèle en son essence 111
Yves Porter (en collaboration avec Richard Castinel)

6 **Les représentations humaines dans la peinture arabe médiévale**
L'exemple du Ḥarīrī-Schefer 138
Kata Keresztely

7 **Des idées aux images**
Les personnages indiens dans la miniature islamique 153
Éloïse Brac de la Perrière

Conclusion 174

Cahier iconographique 177
Illustrations 192
Les auteurs 195
Bibliographie 197
Index des noms propres 215

Préface

Lorsqu'al-Jabartī a pour la première fois visité l'Institut d'Égypte du Caire – l'académie savante fondée en 1798 par Napoléon Bonaparte en relation avec son Expédition – le bibliothécaire lui a montré une Histoire illustrée avec une représentation du prophète de l'islam. Relatant la chose vue dans son Journal, l'uléma égyptien a simplement noté que l'artiste qui a dessiné ou peint Muḥammad l'a reproduit « tel qu'il l'a imaginé[1] » (*ʿalā qadri ijtihādihi* = selon son effort personnel d'interprétation). Au lieu de s'émouvoir, il a cherché à comprendre. À cette attitude rationnelle, il a invité à l'époque ses compatriotes, déprimés par ce qui venait de leur arriver, à méditer les leçons du *Livre des exemples* d'Ibn Khaldūn, un ouvrage dont l'Europe a longtemps prétendu que les Arabes lui en doivent la redécouverte.

Mis en présence d'images figuratives, l'érudit égyptien de la fin du XVIIIe siècle les a admirées en admettant que l'une d'elles soit un portrait (imaginaire) du fondateur de l'islam. Il aurait pu s'offusquer de ce qu'il a vu, mais il ne l'a pas jugé blâmable et encore moins condamnable ; au contraire de nombre de ses collègues d'al-Azhar qui auraient tenu le portrait en question pour attentatoire et blasphématoire. Au prisme de leur iconophobie, ces ulémas auraient jugé l'image de Muḥammad doublement offensante : d'abord en tant que représentation prophétique, ensuite en tant qu'individu appartenant à l'espèce figurative. Ils auraient par la même occasion fait peser sur son dégustateur de graves soupçons d'impiété. Mais tous les membres d'al-Azhar n'auraient pas professé une telle opinion. Al-Jabartī en aurait rencontré qui auraient approuvé la production d'images artistiques d'êtres animés tout en jugeant réprouvables celles des prophètes – à plus forte raison lorsqu'il s'agit du leur.

Loin d'être univoque, l'attitude des musulmans à l'endroit de la représentation humaine et animale est multiple. Sans doute, avec la disparition de la tradition des livres à images en Égypte, à la fin du XVIIe siècle, al-Jabartī n'aurait-il pas trouvé beaucoup de soutien à son iconophilie. Pourtant, quelques décennies plus tard, la prolifération des images imprimées aidant, les grands réformateurs religieux de la Nahḍa vont partager son point de vue et le défendre. Non seulement ils goûtent la figuration humaine artistiquement ouvrée mais lui trouvent des justifications théologiques[2]. Ce que leurs héritiers n'ont pas toujours su faire. Certains se retournent contre la production d'images animées

---

1 Al-Jabartī, *ʿAjāʾib al-Āthār*, p. 454 [alwaraq.com].

2 V. Chauvin, « La défense des images chez les musulmans », in *Annales de l'Académie d'Archéologie de Belgique* 48, 1896, p. 403-430 ; M. ʿAbduh, « Al-ṣuwar wa-l-tamāthīl wa-

en la frappant d'interdit – en vain. Car, de toute son existence, le Monde arabe – et plus généralement le Monde musulman – n'a fabriqué ou importé pour les consommer autant de ces images qu'à l'âge de leur « reproductibilité technique[3] ». Ces attitudes contrastées peuvent être perçues comme le produit de l'occidentalisation ou, inversement, de son refus ; mais toutes sont susceptibles d'être tenues pour légitimement islamiques.

Ce que l'on sait moins en effet, c'est qu'aux époques classique et médiévale, la même diversité de points de vue religieux a entouré le sort des images figuratives : l'éventail est allé de la condamnation à l'approbation – à l'exception de l'espèce de l'idole. Or le préjugé est encore tenace qui fait de l'islam une culture religieuse pour le moins fâchée avec la représentation des êtres animés. Il est devenu vérité dès lors qu'il a reçu la caution scientifique de l'*Encyclopédie de l'Islam*, le trésor de l'orientalisme occidental[4].

Ceux qui ont, malgré tout, pris acte du fait que l'image a existé tout au long de l'histoire de l'islam, ont exprimé l'idée que cette existence s'est faite contre les ulémas et malgré leur condamnation quasi unanime. Ce qui a eu pour conséquence d'exclure l'image de l'art sacré en particulier et de l'art public en général. Aussi bien l'art figuratif s'est-il réfugié dans la sphère de la vie privée et sur des supports bidimensionnels. En l'absence de l'image, c'est la calligraphie qui a servi de média à la fonction de représentation du religieux et du politique en s'affichant sur les murs des mosquées, en s'exhibant sur les façades des palais et en s'incrustant sur les symboles de souveraineté comme la monnaie. L'image aurait existé de fait sans jamais conquérir une légitimité légale[5]. Cette perception est mise en cause par l'étude des sources juridiques chiites qui a permis d'identifier une veine iconophile[6]. Mais les sources juridiques sunnites analysées du point de vue de leur rapport à l'image permettent également de déterminer deux tendances, l'une iconophobe, l'autre iconophile. Ce qui signifie que, en islam sunnite comme en islam chiite, les images ont pu avoir une existence de droit et non de fait uniquement. De l'intérieur de la culture islamique et de son point de vue, il s'est donc développé une culture visuelle dont la richesse n'a rien à envier à ses semblables.

---

fawā'iduhā wa-ḥukmuhā », paru dans la revue *al-Manār* en 1905, repris in M.R. Riḍā, *Tārīkh al-Ustādh al-Imām al-Shaykh Muḥammad ʿAbduh*, Le Caire, Al-Manār Press, s.d., II, p. 498-502.

3 W. Benjamin, « L'œuvre d'art à l'ère de sa reproductibilité technique », trad. M. de Gandillac, *Essais* 2, Paris, Denoël/Gonthier, 1971.

4 [J. Wensick]-T. Fahd, « Ṣūra », *EI2*, 1998, p. 925-928.

5 Pour une illustration récente de cette thèse ancienne, *cf.* S. Naef, *Y a-t-il une « question de l'image » en Islam*, Paris, Téraèdre, 2004.

6 R. Paret, « Das islamische Bilderverbot und die Schia », in E. Graft (éd.), *Festschrift Weber Castel*, Leiden, E.J. Brill, 1968, p. 224-232.

Certes, en excluant que des images puissent être manipulées comme des concepts théologiques, la culture islamique a produit un régime de leur existence différent de celui du christianisme. Mais que les images de l'islam n'aient pas eu de statut dogmatique ne signifie pas qu'elles n'aient pas permis de penser des concepts et des valeurs de nature religieuse. Si en ce domaine elles n'ont pas opéré à la manière du « savoir islamique » (*ʿilm*), elles ont agi selon les normes de l'*adab* – la *paideia* arabo-islamique. À la différence de la culture chrétienne, la culture islamique s'est en effet déployée en deux cultures contrastées : l'une religieuse, l'autre mondaine. Mais toutes deux sont restées estampillées au coin de l'islamité. Les images ont trouvé à se loger dans leur versant profane, sans s'interdire d'avoir des visées religieuses. De même, l'on a pu dire que les images de l'islam sont restées confinées à l'espace privé. Au contraire des images chrétiennes, rares sont les espaces ouverts qui leur ont servi de lieu d'exposition. Outre que cette distinction tranchée entre public et privé est une caractéristique de la Modernité dont on ne devrait appliquer le principe aux époques antérieures qu'avec précaution, force est de reconnaître que les images n'ont pas entièrement été évacuées de l'espace politique. Malgré la réforme monétaire de ʿAbd al-Malik, au début du VIIIe siècle, les successeurs des Umayyades ont continué de frapper monnaie à leur effigie.

D'aucuns diront que ce n'est pas sur ce support métallique que le génie artistique islamique a exploré au mieux de ses possibilités l'image figurative. Il est revenu au contraire à l'art du livre d'avoir développé la figuration au point de faire certains manuscrits de véritables « musées portatifs », selon l'heureuse expression d'Oleg Grabar. Or le livre manuscrit est un art majeur de l'islam. Si bien qu'il ne peut être soupçonné de marginalité. De même que l'on ne peut réduire ses sphères de production et de circulation à une prétendue sphère privée. D'abord parce que sa production a mis en œuvre une économie et un marché aux dimensions internationales. Ensuite parce qu'une clientèle de lecteurs et de collectionneurs potentiels a donné à ses utilisateurs une épaisseur sociologique. Sans compter que de très nombreuses bibliothèques publiques et semi-publiques, les plus remarquables que l'humanité pré-moderne ait connues, ont pu l'inscrire au cœur de la cité[7].

C'est cet art figuratif que les études rassemblées dans ce volume se proposent d'explorer. Parties d'une interrogation sur la pertinence d'appliquer la notion de portrait aux contextes islamiques classique et médiéval, ces études sont issues d'un séminaire international tenu à l'École des hautes études en sciences sociales (Paris) durant les deux années académiques 2006/2007 et

7 H. Touati, *L'armoire à sagesse : Bibliothèque et collection en islam*, Paris, Aubier Montaigne, 2003.

2007/2008. Centré à l'origine sur la notion de portrait d'auteur, ce séminaire s'est élargi au point de s'intituler : « Figuration picturale en islam ».

Toutes les études présentées dans ce séminaire n'ont pas intégré le présent volume. Ont été retenues d'abord celles qui conservent, au projet de réflexion collective, son objectif initial qui était d'approfondir la question des portraits d'auteurs de l'islam dans leur relation avec l'héritage hellénistique ; ensuite celles qui nous ont semblé recourir à une approche originale de la figuration islamique.

Par la richesse des matériaux qu'elles explorent, les unes et les autres témoignent de l'existence en islam d'une culture visuelle qui a pu se développer non seulement parce qu'elle a su se doter d'un support social qui en a perpétué la production pendant des siècles, mais également parce qu'elle s'est parée d'une légitimité légale fondatrice de son régime des images. L'ouvrage s'ouvre sur l'étude de Houari Touati qui reste tournée vers l'exploration de ce régime légal des images de l'islam, en s'appuyant sur des matériaux sunnites et chiites, inédits en partie, inconnus ou peu connus, qui permettent de restituer le moment islamique de la « querelle des images ».

Lorsque l'art du livre a commencé à exister en islam, à partir de la fin du VIIe siècle, il s'est développé en s'appropriant des traditions éditoriales et des pratiques scribales hellénistiques. Ce qu'il a continué de faire jusqu'à son stade ultime de production de « livres à images » (*kutub muṣawwara*) qui a culminé aux XIIIe et XIVe siècles. C'est l'une de ces traditions de l'Antiquité tardive, celle des « portraits d'auteurs », que Sheila Blair étudie. Son importance est artistique mais aussi culturelle et intellectuelle. L'introduction de cette innovation picturale n'est pas sans relation avec les enjeux de définition de l' « auteur » – comme les Latins les Arabes de l'époque ont préféré parler de compositeur – et de son rapport à sa production écrite d'une part, à la tradition littéraire ou savante d'autre part, dans un contexte où il a acquis un statut juridique qui, s'il ne lui a pas reconnu la propriété intellectuelle de son œuvre, l'a rendu pénalement responsable de son contenu. Cette tradition picturale a son histoire, Sheila Blair se propose de nous la narrer ici en historienne de l'art.

Avec l'étude de Mika Natif, cette question du portrait d'auteur est approfondie à travers l'étude d'un cas mais d'une manière inattendue qui l'articule sur une autre question : celle de la représentation des prophètes bibliques dans la peinture islamique. Explorant une Histoire universelle composée et iconographiée au XIIIe siècle, Mika Natif analyse tout en finesse une série de portraits de Moïse dont elle explicite la relation de mise en abîme avec l'auteur de la Chronique, un juif converti à l'islam.

Auparavant, Houari Touati avait indiqué que de telles images bibliques sont apparues dans la peinture islamique à la fin du IXe ou au début du Xe siècle.

L'écrivain abbasside qui les signale va jusqu'à les offrir en modèle de dévotion et de piété aux simples gens, en particulier aux femmes, pour raffermir leur foi. Mais il n'est pas question d'icônes dédiées à Muḥammad. Le fondateur de l'islam semble n'avoir eu des portraits ayant réellement existé qu'à partir du milieu du XIIIe siècle, comme l'a montré Priscilla Soucek[8].

Dans leur étude sur « l'histoire des portraits de Muḥammad », Oleg Grabar et Mika Natif nous rappellent – à juste titre – combien la littérature arabe classique et médiévale a manié un modèle d'écriture iconique à travers l'analyse qu'ils font d'un thème littéraire développé à partir du IXe siècle avant de trouver sa pleine expression à l'an mille : celui des portraits du prophète de l'islam. Les textes étudiés sont d'autant plus importants qu'ils permettent de comprendre ce qu'est un portrait pour l'époque concernée. Tous le soulignent, il s'agit d'une image ressemblante. Chaque fois, celui auquel cette image est présentée a instantanément reconnu son sujet en l'identifiant. Et ceci pour l'avoir connu ou vu de ses yeux à l'individu en chair et en os dénommé Muḥammad. La question qui se pose est la suivante : à quel enjeu de production ces portraits imaginaires du Prophète (qui n'ont peut-être jamais existé) ont-il répondu ? Oleg Grabar et Mika Natif pensent qu'ils ont pu jouer un rôle dans la démonstration et la justification pour les musulmans de leur rôle dans l'histoire, sans pouvoir élucider la provenance des récits qui en ont conservé (ou inventé) le souvenir ni pourquoi ces derniers se sont cristallisés autour de l'an mille. Force est cependant de relever que pareils récits ont œuvré à la fabrique d'une culture visuelle dont les auteurs proposent quelques pistes qui l'éclairent de leur remarquable érudition arabe et byzantine.

Aujourd'hui, anthropologues et historiens du visuel en conviennent : un portrait n'a pas besoin d'être fidèle à son prétendu modèle pour être tenu comme tel[9]. En s'inscrivant dans cette optique, Mika Natif et Yves Porter nous rappellent qu'en islam, le portrait n' "illustre" pas que l'apparence physique ; il reproduit aussi des qualités morales et intellectuelles.

---

8 P. Soucek, « The Life of the Prophet », dans P. Soucek (éd.), *Content and Context of the Visual Arts in the Islamic World*, University Park, Pennsylvania State University Press, 1988.

9 Sur cette question, voir H. Belting, « Blason et portrait. Deux médiums du corps », *in id.*, *Pour une anthropologie des images*, Paris, Gallimard, 2004, p. 153-181 ; voir aussi D. Olariu (éd.), *Le Portrait individuel. Réflexions autour d'une forme de représentation, XIIIe-XVe siècles*, Berne, Peter Lang, 2010. Cet ouvrage collectif regroupe les actes d'un colloque organisé à l'EHESS en février 2004 : il est bâti sur une remise en cause de la définition traditionnelle du portrait de John Pope-Hennessy exposée dans son ouvrage : *The Portraits in the Renaissance*, (The A.W. Mellon Lectures in the Fine Arts, 1963, Bolingen Series, XXXV, 12), Princeton, Princeton University Press, 1963.

Comparé au modèle occidental, nous dit Yves Porter, le portrait “oriental” apparaît plus conceptuel que mimétique – et de ce fait éloigné d’une restitution des traits apparents de l’individu. Mobilisant sa connaissance de la culture persane et de ses traditions visuelles, l’auteur donne chair à son propos au moyen de matériaux littéraires, poétiques et picturaux qui font écho à ceux rassemblés et discutés par Oleg Grabar et Mika Natif.

S’agissant des livres à images de l’islam, les historiens de l’art oublient trop souvent le texte. Or les images considérées n’ont pas d’existence autonome. Mais dans la mesure où elles ne sont ni des illustrations ni des duplications, elles entretiennent avec le texte des rapports complexes. C’est ce que nous dit Kata Keresztely qui étudie les personnages du programme iconographique conçu par le peintre irakien du XIIIe siècle, al-Wāsiṭī, pour le plus célèbre des romans picaresques arabes du Moyen Âge, les *Séances* ou *Maqāmāt* d’al-Ḥarīrī.

De la peinture des héros romanesques, avec Éloïse Brac de la Perrière, nous passons à celle du type ethnique. Tous ceux qui connaissent la littérature historique, politique et géographique de l’islam, savent combien les Indiens ont constitué un sujet de curiosité intellectuelle pour les musulmans des époques classique et médiévale. Après avoir été apprivoisés au moyen de l’écriture, à la fin du Moyen Âge, ils ont commencé à faire l’objet d’une appropriation iconographique dont Eloïse Brac de la Perrière dégage l’ambiguïté de perception dans la peinture arabe, puis persane : proches des Grecs du point de vue de l’intellect, ces Indiens sont physiquement semblables aux Noirs …

Bref, les études présentées ici sont autant de jalons d’une histoire de la figuration humaine en islam. Elles ont la particularité de procéder tout à la fois de l’histoire de l’art et de l’histoire culturelle, deux champs disciplinaires constitués séparément et dont les spécialistes gagneraient à échanger entre eux. Les uns pour prendre acte du fait que les images qui les préoccupent prennent langue avec des monuments littéraires qui ont été, pour les artistes concernés, plus que de commodes prétextes figuratifs. Les seconds pour se défaire de la fâcheuse conception consistant à traiter les images des textes étudiés par eux comme de plaisants ornements et de simples illustrations[10].

Houari Touati

10 Pour mener à son terme ce travail collectif, nous avons reçu le soutien de l’Institut de l’Islam et des Sociétés du Monde Musulman de l’EHESS et de l’UMR 8167 « Orient et Méditerranée » du CNRS. Que les responsables de ces deux institutions trouvent ici nos plus vifs remerciements. Notre reconnaissance va par ailleurs à Solange Roux qui a relu le manuscrit.

CHAPITRE 1

Le régime des images figuratives dans la culture islamique médiévale

Houari Touati

Pour déterminer la place de la figuration dans la culture islamique classique, les orientalistes ont multiplié les explications en termes d' « interdiction[1] », de « *lawfulness*[2] », de « *Verbotbilder*[3] » ou encore d' « iconoclasme[4] ». En déniant à la représentation des êtres animés (*tamāthīl*) la place légitime qu'elle occupe dans le système des productions artistiques visuelles islamiques, ils n'ont fait qu'ajouter de la confusion à la confusion. Car, chaque fois, leur méprise a mieux fait ressortir la prolifération du *tamthīl*, la représentation figurée, comme une anomalie – voire comme un scandale, pour paraphraser Claude Lévi-Strauss penché sur l'énigme du « mariage arabe ». Ce tropisme a reçu la caution de l'orientalisme savant dont *l'Encyclopédie de l'islam* – son grand trésor – en reprend les lieux communs assénés comme des vérités établies[5]. Sa réfutation est restée vaine. Tout comme l'est la remise en cause de l'exemplarification de l'expérience picturale occidentale érigée consciemment ou inconsciemment en parangon de toute expérience de l'image. Tant il est vrai qu'on ne vient pas à bout du refoulé en en dénonçant la fiction. L'analytique freudienne, qui est une archéologie de l'inconscient, ne permet elle-même de l'appréhender que sur le mode

---

1 G. Marçais, « La question des images dans l'art musulman », in *Mélanges d'histoire et d'archéologie de l'Occident musulman*, Alger, Imprimerie officielle, 1957, 2 vol., I, p. 67-79.

2 K.A.C. Creswell, « The Lawfulness of Painting in Early Islam », in *Ars Islamica* 11-12, 1946, p. 159-166.

3 R. Paret, « Textbelege zum islamischen Bilderverbot », in H. Fegers (éd.), *Das Werk des Künster : Studien zu Ikonographie and Formgeschichte. Hubert Schrade zum 60. Geburtstag*, Stuttgart, Kohlhammer, 1960, p. 36-48.

4 Alors que dans toute l'histoire de l'islam, seul un cas d'iconoclasme est attesté sur lequel on peut consulter en particulier : Vassiliev, « The Iconoclastic Edict of the Caliph Yazīd, A.D. 721 », in *Dumbarton Oaks Papers* 9-10, 1956, p. 27-47 ; G.R.D. King, « Islam, Iconoclasm and the Declaration of Doctrine », in *Bulletin of School of Oriental and African Studies* 48/2, 1985, p. 267-277. Des études récentes ont montré les limites politiques et géographiques de cet édit, voir en particulier R. Schick, « Christian Life in Palestine in the Early Islamic Period », in *The Biblical Archaeologist* 51/4, 1988, p. 218-221 et p. 239-240.

5 Voir [J. Wensick]-T. Fahd, « Ṣūra », *EI2*, 1998, p. 925-928.

 | DOI 10.1163/9789004283855_002

de l'exhumation. Exhumer des pièces absentes du dossier de la querelle des images en islam est l'objet du présent texte conçu à partir du présupposé selon lequel c'est moins la Tradition que le droit qui est au cœur du système normatif islamique. Si par conséquent interdiction des images il y a, c'est en ses plis qu'elle logerait. Or, il professe sur la figuration des opinions que la Tradition n'a jamais admises qu'à titre exceptionnel. De cette confrontation entre les deux systèmes dogmatiques islamiques a découlé un régime des images figuratives qui n'est en rien semblable à celui qui est caractéristique de la culture occidentale. Entre ces deux régimes, c'est comme le jour et la nuit. Si le second est nocturne, le premier est diurne en raison de différences fondamentales qui tiennent à l'anthropologie autant qu'à l'histoire chrétienne et qui portent sur ce que Walter Benjamin appelle « la fonction d'exposition ». Dans la tradition occidentale, cette fonction a des fondements qui l'enracinent dans l'anthropologie et la théologie de la création de l'homme à l'image de Dieu et de son salut par l'incarnation du Christ[6]. Bien que faisant sienne son aspect anthropologique, la théologie islamique a dénoncé le dogme chrétien de l'incarnation comme une expression du paganisme au point de s'interdire toute adoration de l'image. Mais en refusant le culte de l'image, elle n'a pas empêché la culture islamique de développer une conception édifiante de l'image curieusement assez proche de celle du pape Grégoire. Or celle-ci ne reposait pas sur la transsubstantiation de l'image mais sur son caractère narratif. Comme la parole et l'écriture, les images ont été jugées aptes à raconter des histoires qui pouvaient être profanes ou religieuses et qui expliquent que la geste biblique, les récits de vie de Muḥammad, le martyre des imams aussi bien que les chroniques historiques, les romans picaresques ou les traités érotologiques aient pu être équipés de programmes iconographiques. Sans compter que l'image a une fonction descriptive dont le discours scientifique a su mieux que d'autres explorer les aspects euristiques et didactiques. Cela revient-il à affirmer que la culture islamique a ignoré la fonction de représentation de l'image ? Assurément, non. Mais c'est surtout dans la mise en scène du pouvoir et dans sa symbolique que cette fonction a trouvé son utilisation, combien même a-t-elle pu le faire sur un mode qui pourrait paraître mineur. Si bien que ce sont les fonctions narrative et descriptive de l'image – à l'occasion ornementale – qui ont permis à la culture islamique de devenir une culture de la figuration visuelle dont les pages qui suivent se proposent d'en étudier les présupposés.

---

6 G.B. Ladner, « The Concept of the Image in the Greek Fathers and the Byzantin Iconoclasm Controversy », in *Dumbarton Oaks Papers* 7, 1953, p. 1-34. Voir aussi J. Wirth, *L'image médiévale. Naissance et développement* (VIe-XVe *siècle*), Paris, Méridiens Klincksieck, 1989, p. 100-103 ; J.-C. Schmitt, *Le corps des images. Essai sur la culture visuelle du Moyen Âge*, Paris, Gallimard, 2002, p. 53-54.

1 Muḥammad et les images

Que savons-nous de Muḥammad et de son rapport à la figuration ? Ce que des chroniques dissonantes tardives ont bien voulu lui faire dire. Car selon que l'on se réfère aux sources historiques ou aux données traditionnelles, le fondateur de l'islam n'est pas le même face aux images. Dans un cas, c'est à l'espèce dans son ensemble qu'il est hostile ; dans l'autre, il n'apparaît préoccupé que par les seules images compromises par leur lien avec le paganisme.

Le portrait le plus nuancé est celui que l'on rencontre chez al-Azraqī (m. 244/852). L'auteur de l'Histoire de la Mecque est l'un des premiers à rapporter que Muḥammad a épargné certaines icônes conservées dans la Kaʿba de la destruction orchestrée par lui des symboles du paganisme. Fidèles à leur maître, ses successeurs ont conservé ces pieuses images jusqu'à l'époque de l'anti-califat d'Ibn al-Zubayr. Interrogé à leur propos par deux de ses élèves, le grand maître de l'école juridique mecquoise, ʿAṭāʾ b. Abī Rabāḥ (m. 115/733), témoigne avoir vu en particulier l'une d'elles représentant Marie et l'Enfant Jésus assis dans le giron de sa mère. Elle était, se souvient-il, fixée à l'un des piliers soutenant le toit du sanctuaire immédiatement à l'entrée. Les deux lettrés, qui veulent savoir à quelle date elle a disparu, apprennent qu'elle a brûlé lors de l'incendie du saint des saints islamique provoqué par les machines de guerre umayyades de 683 – à moins qu'il ne s'agisse d'un autre incendie ayant eu lieu en 693. Existait-elle depuis l'époque du Prophète, interrogent les deux disciples ? Le maître ne l'exclut pas. Al-Azraqī, sur la foi de son grand-père, accorde crédit à une autre source dans laquelle un autre uléma, ʿAmr b. Dīnār, dit avoir vu également l'icône peu de temps avant l'incendie. Comme les deux juristes cités ne sont pas sans lien entre eux, nous sommes en droit de penser qu'ils ont dû être les témoins de la relique chrétienne à l'époque où ils suivaient l'enseignement d'Ibn ʿAbbās (m. 68/687), le plus savant de la parentèle du fondateur de l'islam.

En se fiant à la même source familiale, al-Azraqī reproduit un témoignage supplémentaire apporté par le juriste et historien médinois, al-Zuhrī (m. 124/741), duquel nous apprenons que le sanctuaire mecquois avait, par ailleurs, abrité d'autres icônes que celle de Marie à l'Enfant. Elles représentaient non pas des humains mais des anges (*malāʾika*). Certaines avaient subi des dommages mais n'avaient pas pour autant été enlevées[7]. D'autres furent préservées en l'état. Deux d'entre elles en particulier avaient échappé à la destruction. Mais toutes ont brûlé dans l'un des incendies (de 683 ou 693).

Sans contester l'authenticité de la chronique d'al-Zuhrī, l'historien la cadre au moyen d'autres qui en limitent la portée. Selon son grand-père, à son arrivée

7 Al-Azraqī, *Taʾrīkh Makka*, p. 57 [alwaraq.net].

en vainqueur à la Mecque au mois de ramadan de la huitième année de l'hégire, après inspection de la Kaʿba, le Prophète avait donné l'ordre au gardien de celle-ci d'effacer (*maḥā*) toutes les images qui s'y trouvaient, à l'exception de celle de Marie à l'Enfant. Dans une autre version de ce récit, le Prophète n'a inspecté les lieux qu'après avoir chargé de la mission non pas le gardien du temple mais son fidèle lieutenant, ʿUmar b. al-Khaṭṭāb. Selon un modèle d'écriture en tiroirs, al-Azraqī livre une variante de la version de la même chronique dans laquelle l'ordre donné ne consistait pas tant à détruire les images condamnées qu'à en défigurer (*ṭamasa*) les personnages qu'elles représentaient. Ces variations narratives ne sont pas vaine érudition, elles rendent compte de solutions juridiques apportées à la question de la figuration. À l'instar de ses versions, le récit-cadre ne prône pas la détestation des images en général. À sa manière, il en fait le tri pour séparer le bon grain de l'ivraie. Qu'il s'achève sur le sort réservé à l'icône d'un personnage biblique de la stature d'Abraham (dont il faut rappeler la place particulière dans la révélation coranique) est significatif de cette logique classificatoire.

Au contraire de l'icône de Marie et Jésus, et contre toute attente, celle d'Abraham est détruite dans un cas, défigurée dans l'autre. Pourquoi les deux images d'Abraham et de Jésus sont-elles traitées différemment ? L'icône abrahamique devait payer le prix de sa compromission avec le paganisme mecquois. L'artiste avait en effet représenté le prophète biblique brandissant des flèches divinatoires (*alzām*). Or le Coran, qui fait de celles-ci un symbole de la religion rituelle mecquoise, les condamne comme une abomination à éliminer. Représentation d'un personnage lourd de l'histoire du salut islamique, la peinture de l' « ami d'Allah » ne semble pas avoir été altérée ou détruite sans susciter une confrontation théologique. Car dans sa Biographie de Muḥammad, l'historien al-Wāqidī (m. 207/823) donne une autre version de la chronique dans laquelle ʿUmar b. Khaṭṭāb reçoit l'ordre de détruire les images (*ṣuwar*) et autres représentations humaines (*tamāthīl*), à l'exception de celle d'Abraham. En pénétrant dans la Kaʿba, le futur calife découvre le portrait d'un vieillard brandissant des flèches divinatoires, sans que nous sachions quel sort il lui a réservé. Al-Wāqidī finit par nous l'apprendre en éditant une autre version du récit dans laquelle ʿUmar procède à l'élimination de toutes les idoles et icônes (oublions celle de Marie à l'Enfant absente de la mise en intrigue), à l'exception de celle représentant Abraham. Sa tâche accomplie, il se présente devant Muḥammad et apprend, avec étonnement, qu'il ne l'a remplie qu'à moitié. Il n'avait pas compris que la mission qui lui était confiée consistait à altérer ou à détruire toutes les images sans exception. Pourquoi s'en prendre à l'icône du seul ami humain de Dieu ? ʿUmar n'avait pas prêté attention à un motif pictural qui avait détourné le prophète juif de sa vocation monothéiste : c'étaient les flèches divinatoires qui l'avaient tout à la fois subverti et perverti en personnage rituel de la religion cultuelle représenté par le temple mecquois, en l'occurrence un devin. Pour avoir préservé l'intégrité de l'unicité d'Allah (« Dis : Allah est unique »), en excluant tout associationnisme (« Il n'a pas d'associé »), l'icône de Marie à l'Enfant a, à l'inverse, été épargnée. Converti en symbole de la « fausse religion » (*dīn al-bāṭil*), l'Abraham de l'icône mecquoise a renoncé à son statut de représentant de la « religion juste » (*dīn al-ḥaqq*).

Malgré toutes les confusions nourries par leurs récits contradictoires, les premiers historiens musulmans ont de Muḥammad préservé l'image d'un prophète refusant d'entretenir une relation conflictuelle avec les images en général, en mettant l'accent sur son aversion pour les seules idoles (que celles-ci soient figuratives ou non). Car celles-ci étaient représentatives de l'ancien ordre cultuel arabe qu'il s'était donné pour mission de détruire afin de lui substituer une religion radicalement hostile à la figuration du divin[8]. Certains traditionnistes n'ont pas manqué d'abonder dans le même sens en réitérant la paisible relation du prophète de l'islam avec les images au quotidien, y compris pour s'acquitter d'obligations cultuelles. Le cadi d'Ispahan, Ibn Abī ʿĀṣim (m. 287/900), dont les grands-pères paternel et maternel étaient d'éminents transmetteurs de *ḥadīth*, est l'un d'eux. Il est l'éditeur de la tradition selon laquelle Muḥammad utilisait pour la *ṣalāt* une natte ornée d'images d'êtres animés (*taṣāwīr*)[9].

---

8 C'est bien la leçon apprise par les princes de l'Islam qui ont continué, par la suite, à déposer dans le Trésor de la Kaʿba les objets les plus précieux et les plus rares, y compris ceux qui avaient une forme figurative. Ainsi est-il rapporté que le roi du Tibet, qui était un païen, possédait une idole (*ṣanam*) à la « forme humaine » qu'il vénérait. La statue, qui portait sur la tête, une couronne en or sertie de pierres précieuses, se tenait en tailleur sur un trône en argent couvert de brocarts. Lorsqu'il s'est converti à l'islam, ce roi a offert la statue et le trône à la Kaʿba. Parvenus au calife al-Maʾmūn (813-833) à Merv, les deux objets sont sur ses ordres acheminés à La Mecque en 201/816. Cependant, avant d'être déposés dans le Trésor du sanctuaire, les offrandes ont pendant trois jours été exposées au regard des fidèles venus en masse les admirer, al-Azraqī, *Taʾrīkh Makka*, p. 78. Deux ou trois ans auparavant, le shah de Kaboul avait, pour sa part, envoyé à la « maison sacrée d'Allah » bijoux et pierres précieuses en signe d'engagement sincère dans sa nouvelle foi, al-Masʿūdī, *Prairies d'or*, VIII, § 3252, p. 119.

9 Tenue pour « authentique », cette tradition a été éditée par quatre des auteurs des « six livres » de la Tradition : al-Bukhārī, Muslim, (*ḥadīth* n° 270 et 513, Abū Dāwūd (*ḥadīth* n° 656) et al-Nasāʾī, auxquels il faut ajouter Ibn Ḥanbal (*ḥadīth* n° 330, 336). À l'exemple d'Ibn Abī ʿĀṣim, tous ces traditionnistes l'ont transmise avec la même chaîne d'autorités. Mais au contraire de lui, ils ont supprimé le morceau de phrase « sur laquelle il y avait des *taṣāwīr* ». Al-Dhahabī, *Siyar*, p. 1115, ou IX, p. 407. Le *Kitāb al-Sunna* d'Ibn Abī ʿĀṣim a été édité par Nāṣir al-Dīn al-Albānī, à Beyrouth, chez al-Maktab al-Islāmī. En citant le Livre de la Tradition d'Ibn Abī ʿĀṣim, al-Dhahabī ne fait aucun commentaire.

Bien que ne figurant pas tous dans les corpus dits canoniques de la Tradition, des *ḥadīth*s tels que celui-ci ont eu une portée considérable. Ils ont permis à certains milieux sunnites et chiites d'exprimer des opinions légales favorables aux images. De même qu'ils ont œuvré à la fabrique d'un portrait de Muḥammad présentant les traits de la vraisemblance en ce qu'ils montrent le prophète de l'islam agir en conformité avec son message coranique.

Le Coran, qui s'identifie au tournant mosaïque, fait de la prohibition de la représentation d'Allah un principe majeur de sa théologie. Comme le Dieu de la Bible, le Dieu du Coran n'a pas besoin d'être présentifié de manière magique pour exprimer sa présence au monde. Aucune forme matérielle ne peut par conséquent servir de réceptacle obligé à sa présence qu'Il manifeste où il veut et quand il veut. Mais à la différence de la Bible, le Coran ne condamne pas tout ce qui est représentation d'êtres vivants, qu'il s'agisse – comme dit le Deutéronome – « [d'] une figure de mâle ou de femelle, [d'] une figure de quelque bête qui est sur terre, [d'] une figure de quelque oiseau ailé qui vole dans les cieux, [d'] une figure de quelque reptile sur le sol, [ou d'] une figure de quelque poisson qui est dans les eaux au-dessous de la terre[10] ! » Pareil interdit n'existe nulle part dans la révélation coranique. Mais il n'est pas absent de la dogmatique islamique. C'est donc dans la Tradition qu'il a pris corps.

Le Coran s'est par conséquent contenté de frapper d'interdiction les seules images conçues et réalisées en vue de leur adoration. Pour les identifier, il les énumère individuellement. Dans la Sourate v, verset 92/90, elles sont nommées *anṣāb* : « Ô vous qui croyez !, les boissons fermentées, le [jeu de hasard] *maysir*, les pierres dressées (*al-anṣāb*) et les flèches [divinatoires] sont seulement une souillure [procédant] de l'œuvre du Démon. ». Ailleurs, elles sont désignées par le nom d'*aṣnām*, comme dans la Sourate iv, verset 74 : « Et [rappelle] quand Abraham dit à son père Azar : « Prendras-tu des idoles (*aṣnām*) pour divinités ? Je te vois, toi et ton peuple, dans un égarement évident ». Alors que les *anṣāb* ne font qu'une seule apparition dans le texte coranique, les *aṣnām* comptent en tout cinq occurrences, toutes liées à des épisodes bibliques mettant en scène Moïse, et mieux encore Abraham. Sans exclure d'autres expressions, ils sont érigés en modèle de l'idole. Car, enfin, pour rendre compte de l'idolâtrie gagnant le peuple de Moïse, le Coran use encore du pluriel *awthān* (Cor. xxix, 17 et 25). La surprise est que ces *awthān* ne sont mises qu'une seule fois en relation avec le paganisme arabe[11]. La langue arabe en a pourtant tiré le mot désignant le culte dont ils font l'objet : *wathaniyya* (idolâtrie).

---

10 *Deutéronome*, 4, 16-20.

11 Il apparaît dans la Sourate xxii, verset 30/31, lorsque, interpellant les Mecquois, Allah leur recommande d'éviter « la souillure des *awthān* ».

Dressés par l'homme, les *anṣāb* ne sont pas forcément l'œuvre de sa main. En revanche, il ne fait nul doute que les *aṣnām* (sing. : *ṣanam*) et les *awthān* (sing. : *wathan*) sont de sa fabrication. En français, l'usage est pris de traduire les deux mots par « idoles ». Ce que la philologie arabe autorise en ne faisant aucune distinction entre les deux termes : « Le *wathan*, note al-Khalīl b. Aḥmad (m. 179 ?/795 ?), l'auteur du premier dictionnaire lexicographique de la langue arabe, est un *ṣanam* qu'on vénère[12]. » Dans ces conditions, pourquoi user de deux termes différents pour désigner la même réalité ? L'historien Ibn al-Kalbī (m. 206/821) s'est posé la question. Selon lui, les deux artefacts qui ont bien une « forme humaine » (*ṣūrat insān*) différeraient par la matière dans laquelle ils sont taillés : les *aṣnām* seraient en bois ou métal, les *awthān* en pierre[13]. Le Coran les condamne moins comme images parmi d'autres que comme objets de culte. C'est la raison pour laquelle, lorsqu'il veut parler de figuration en général – celle qui est dépouillée de toute fonction cultuelle – il utilise un autre terme sans connotation négative : *tamāthīl* (sing. : *timthāl*), qui apparaît dans la Sourate XXXIV, verset 11/12. Il s'agit d'un récit ayant trait à Salomon, le prophète obéi des djinns qui lui fournissaient toutes sortes de services :

> 11/12. Parmi les djinns, il en était qui travaillaient à sa discrétion, avec la permission d'Allah. Quiconque, parmi eux, se serait écarté de Notre Ordre, Nous lui aurions fait goûter au tourment du Brasier. 12/13. Pour lui, ils faisaient ce qu'il voulait : des sanctuaires, des *tamāthīl*, des chaudrons [grands] comme des bassins et des marmites stables.

Les traductions en français de ce verset coranique ont rendu *tamāthīl* par « statues ». Or, le terme a un sens plus large qui désigne aussi bien une sculpture, une peinture ou une gravure présentant des formes humaines ou animales. Les objets mentionnés dans le verset coranique n'ont rien d'extraordinaire : les hommes savent les fabriquer avec une remarquable adresse. Ce qui l'est moins c'est qu'ils le sont par des êtres surnaturels agissant sur ordre de leur Créateur en vue de satisfaire les besoins de l'un de ses élus parmi les humains. Dans ce contexte, les *tamāthīl* apparaissent comme le « signe » (*āya*) de la prophétie de Salomon. De la même manière que, dans la Sourate III, verset 43/49, créer d'argile des oiseaux et leur donner la vie est le signe de la prophétie de Jésus :

> Et [j'ai été envoyé] comme Apôtre aux Fils d'Israël, disant :
> Je viens à vous avec des signes de votre Seigneur. Je vais, pour vous, créer d'argile une manière d'oiseaux ; j'y insufflerai [la vie] et ce seront

12 Al-Khalīl b. Aḥmad, *Kitāb al-'Ayn*, p. 666 [alwaraq.net].

13 Ibn al-Kalbī, *Kitāb al-Aṣnām*, p. 9 [alwaraq.net].

> des oiseaux, avec la permission d'Allah. Je guérirai le muet et le lépreux. Je ferai revivre les morts, avec la permission d'Allah. (III, 43/49)

Davantage que dans le récit de Salomon, ici, Dieu intervient pour donner une signification vivante à la figure ayant l'« apparence » (*hay'a*) d'un oiseau : d'un artefact, il fait un être de chair et sang. Ce qu'aucun humain ne saurait faire, au contraire des objets réalisés par les djinns pour Salomon qui le sont tous sans exception. Il n'y a là rien qui interdise la fabrication d'images. Dans les gestes de Jésus, il faut distinguer ceux de l'homme de ceux du prophète. En tant qu'homme, Jésus ne fait que malaxer de l'argile mouillée pour lui donner la *hay'a* d'un oiseau – ce qu'aurait fait tout artisan ou artiste. Mais en tant que prophète, agissant en instrument de Dieu, il lui est dévolu un pouvoir exorbitant : celui de donner vie à un simulacre. Il doit pour cela rompre le cours normal des choses – ce à quoi ne prétend nul artisan ni artiste. C'est pourtant en se référant à ce verset que les ulémas, partisans de la prohibition de la représentation des êtres vivants, ont prétendu donner un fondement coranique à leur doctrine. Ils l'ont fait en associant l'idée de figuration à celle d'âme vivante et en décrétant que l'image d'un être ne signifie rien tant que la vie ne lui est pas insufflée. Comme il appartient à Dieu, et uniquement à lui, de donner vie, l'artisan ou l'artiste doit, au jour du Jugement dernier, rendre compte de ses actes censés être l'expression de son orgueilleuse démesure. Le Créateur lui demandera de donner vie à ses créations, et il en sera incapable. Alors, Il le vouera aux gémonies. Tous les grands corpus de la Tradition aussi bien sunnites que chiites illustrent ce drame.

Les mêmes ulémas hostiles aux images se sont, par ailleurs, emparés de l'épisode coranique dans lequel les djinns fabriquent des « statues » pour Salomon. Dans le cas présent, il fallait pour donner un fondement divin à leur préjugé qu'ils expliquent pourquoi ils se portaient en faux contre le sens obvie du récit coranique. Car ils ne pouvaient condamner les représentations figuratives en question sans mettre en cause l'action de l'un des grands prophètes bibliques et s'opposer au Coran qui ne les juge pas répréhensibles. Ils ont convenu que, à l'époque de Salomon, la fabrication d'images figuratives était licite avant d'être abrogée à l'époque suivante[14]. Les plus radicaux d'entre ces ulémas ont simplement nié que les *tamāthīl* salomoniens aient pu être ceux d'êtres vivants, assurant qu'il ne pouvait s'agir que d'effigies d'« arbres ou d'objets semblables[15] ».

Cette violence faite au texte coranique n'a pas manqué de faire réagir certains exégètes. Al-Qurṭubī (m. 671/1277) se fait l'interprète de leurs propos

---

14 Sur les auteurs de cette opinion, voir al-Qurṭubī, *Tafsīr*, p. 2809 [alwaraq.net].

15 Abū Ja'far al-Barqī, *Kitāb al-Maḥāsin*, p. 618.

dans son célèbre Commentaire coranique, en rapportant en particulier que l'exégète de Kairouan, installé à Cordoue, al-Makkī (m. 437/1045), mentionne dans sa *Hidāya* qu' « un groupe [de savants] invoque ce verset pour regarder la figuration (*taṣwīr*) comme licite ». Ibn ʿAṭiyya (m. 542/1147), qui est l'une des principales sources d'information d'al-Qurṭubī, a jugé que « tout cela est faux » au motif qu'il n'a pas « connaissance qu'une seule grande autorité légitime la figuration ». Ce à quoi al-Qurṭubī rétorque : avant al-Makkī, le grammairien, exégète coranique égyptien al-Naḥḥās (m. 337/948) avait relevé que, pour certains grands ulémas, la fabrication d'images est licite au regard de l'épisode coranique salomonien « et aussi en vertu de ce que relate Allah au sujet du Messie [Jésus][16] », faisant sans doute allusion au verset 110 de la Sourate V déjà cité. Ces exégètes allaient ouvertement à l'encontre de la Tradition, la seule à condamner les images figuratives.

2 L'attitude des « Pieux Anciens » à l'égard des images

Quand les traditions prohibant la figuration ont-elles vu le jour ? Dans un article de 1956, devenu un classique du genre, Creswell établit qu'elles sont apparues à une époque qu'il situe entre 750 et 787[17]. Discutant trente ans plus tard l'hypothèse Creswell, Paret conteste sa chronologie et lui substitue une autre qui va de 675 à 725[18]. Plus récemment, conciliant ses deux prédécesseurs, Van Reenan a proposé une solution médiane qui fait de l'année 100 de l'hégire (720/721 de notre ère) un *terminus post quem*, et de l'année 160 du même calendrier (775/776 de notre ère) un *terminus ante quem*[19]. Qu'il s'agisse de l'époque umayyade, de l'époque abbasside ou d'une période intermédiaire, les trois hypothèses illustrent le fait selon lequel la querelle de la figuration n'était pas une préoccupation de l'islam primitif. Elles aboutissent de ce fait au même constat que l'"interdiction" des images animées n'a commencé de prendre forme qu'un demi-siècle à un siècle après l'apparition de l'islam.

---

16 Al-Qurṭubī, op. cit., B. Farès est le premier à signaler cette information et à en identifier les protagonistes dans « Philosophie et jurisprudence illustrée. Appendice : La querelle des images », in *Mélanges Louis Massignon*, Damas, IFEAD, 1957, 3 vol., II, p. 101-104.

17 K.A.C. Creswell, « The Lawfulness of Painting in Early Islam », in *Ars Islamica* 11-12, 1946, p. 159-166.

18 R. Paret, « Textbelege zum islamischen Bilderverbot », in H. Fegers (éd.), *Das Werk des Künstlers : Studien zur Ikonographie und Formgeschichte. Hubert Schrade zum 60. Geburtstag*, Stuttgart, Kohlhammer, 1960, p. 36-48.

19 D. Van Reenen, « The *Bilderverbot*, a new survey », in *Der Islam* 67, 1990, p. 27-77.

C'est bien ce qu'attestent les sources littéraires, historiques et traditionnelles. Elles montrent que les élites politiques et religieuses islamiques du premier siècle de l'hégire, et au-delà, n'ont pas toutes manifesté de la répugnance à l'égard des images figuratives, au contraire. Leur environnement privé et social ne manque pas de traces qui le confirment.

Selon ʿAbd al-Razzāq (m. 211 ?/826 ?) qui le tient de Maʿmar (m. 153/745) qui le tient de Qatāda (m. 108/721), originaires l'un et l'autre de Basra, l'empreinte (*naqsh*) du sceau d'Abū Mūsā al-Ashʿarī (m. entre 662 et 672) était constituée d'un lion se tenant entre deux hommes. Abū Mūsā, qui a été gouverneur de Basra, aurait porté ce sceau découvert à Suse et attribué au prophète Daniel avec la permission du calife ʿUmar 1er[20]. Autre compagnon de Muḥammad dont il a été le transmetteur apprécié de ses paroles, avant d'exercer plusieurs fonctions officielles, Anas b. Mālik (m. entre 709 et 712) a également utilisé un sceau dont la marque était un fauve au repos, les pattes ployées[21]. Que leur aîné ʿAbd Allāh b. Masʿūd, que le même calife ʿUmar Ier avait envoyé à Koufa pour éduquer ses habitants à la nouvelle religion, ait possédé un sceau frappé d'un volatile qui serait une grue cendrée (*kurkī*) à deux têtes[22], tendrait à prouver que les premiers responsables politiques et religieux musulmans ayant exercé en Irak ont naturellement pris pour symboles de leur identité des expressions figuratives qui étaient celles des anciens maîtres du pays.

Une autre chronique vient le soutenir qui porte sur une importante personnalité religieuse mise en relation avec le calife ʿUmar Ier. Converti de la première heure, ʿImrān b. Ḥaṣīn (m. 52/672) est dépêché à Basra pour éduquer ses habitants aux principes de la nouvelle religion. Il y a vécu toute sa vie, avant d'être nommé juge en 665. S'appuyant sur le témoignage de son père, un des clients de sa famille rapporte que l'empreinte de son sceau était constituée d'un personnage sur pied ceint de son épée, comme ceux qui sont gravés sur les pièces de monnaies umayyades du type « *standing caliph* »[23]. Ce client

20 ʿAbd al-Razzāq, *al-Muṣannaf*, x, p. 394, n° 14970 ; al-Ṭabarī, *Taʾrīkh*, p. 856, 880 [alwaraq.net].

21 ʿAbd al-Razzāq, *al-Muṣannaf*, x, p. 394, n° 14970 ; Ibn Saʿd, *Ṭabaqāt*, p. 1218 [alwaraq.net]. C'est la version transmise par son affranchi et secrétaire Ibn Sīrīn. Une autre chronique donne à la place du lion « un renard ou un loup ».

22 Al-Damīrī, *Ḥayāt al-Ḥayawān*, p. 629, citant : ʿAbd al-Razzāq, *al-Muṣannaf*, avec une chaîne allant du maître de l'auteur, Miʿmar, qui tenait la tradition de Qatāda qui la tenait de Anas b. Mālik qui la tenait d'Abū Mūsā al-Ashʿarī. Le même corpus signale l'existence d'un autre sceau orné d'un « *kurkī* à deux têtes » possédé par Abū Mūsā al-Ashʿarī, *al-Muṣannaf*, *ḥadīth* n° 19470.

23 J. Walker, *A Catalogue of the Arab-Byzantine and Post-Reform Umaiyad Coins*, Londres, The British Museum, 1957, XXXI-XXXII.

atteste que son père a lui-même porté un sceau à effigie (*timthāl*) dont il disait qu'il avait appartenu à son maître.

Le juge qui lui succède n'a pas dérogé à la règle. Le célèbre Shurayḥ b. al-Ḥārith (m. 69/688) signait d'un sceau dont le chaton était orné de deux lions placés de part et d'autre d'un arbre, image qui ne va pas sans rappeler certaines mosaïques romaines ayant influencé l'art figuratif umayyade[24]. Cette signature iconographique était-elle portée au bas des documents judiciaires qu'il était appelé à émettre ou valider ? Difficile d'y répondre. Mais la possibilité d'une double signature officielle, par les mots et par l'image, n'est pas exclue, même si les sources littéraires ont parfois tendance à prétendre le contraire[25]. N'ont-elles pas affirmé que ʿAbd al-Malik n'avait qu'un type de sceau, celui-ci possédant un contenu graphique ? Or nous avons la preuve matérielle que ce calife n'a pas dédaigné l'attestation iconographique de soi. Un de ses sceaux parvenu jusqu'à nous exhibe une scène d'affrontement de lions sur un côté, deux oiseaux et un alpha byzantin côtoyant dans un curieux syncrétisme la profession de foi musulmane, sur l'autre. Pour Oleg Grabar, ce sceau a dû être exécuté avant la réforme monétaire « aniconique » entreprise par ce calife. Ce que l'épigraphie invalide quand elle atteste que la formule « Muḥammad est le prophète d'Allah » est une innovation qui, jusqu'à preuve du contraire, ne figure que sur les monnaies réformées – celles d'avant la réforme aniconique ne faisant mention que de la seule unicité d'Allah[26]. L'historien de l'art islamique suppute, par ailleurs, qu'un tel sceau ne pouvait avoir qu'un caractère privé, ce qui en limiterait la signification potentielle. Celle-ci serait assurément bien mince si, dans la génération du calife, dignitaires politiques et religieux n'avaient fait du symbolisme iconique un marqueur d'identité. En revanche, Grabar a raison de souligner que la réforme de ʿAbd al-Malik, qui visait à donner à l'islam des symboles qui lui soient spécifiques, a sciemment détourné

24 Voir par exemple D. Behrens-Abouseif, « The Lion-Gazelle at Khirbat al-Mafjar », in *Muqarnas* 14, 1997, p. 11-18.

25 Une chronique rapporte que les paroles suivantes étaient écrites sur son anneau sigillaire : « [la preuve du] sceau est supérieure à la présomption » (*al-khātam khayr min al-ẓann*). Une autre chronique parle de la mention de son nom sur son sceau, al-Iṣbahānī, *Kitāb al-Aghānī*, p. 1499. Cela aurait été, par ailleurs, le cas de celui d'un autre juge de la ville, Ibn Sīrīn (m. 110/728) qui y faisait figurer un nom de relation : Abū Bakr, Ibn Saʿd, *Ṭabaqāt*, p. 1292.

26 J. Walker, *A Catalogue of the Arab-Byzantine and Post-Reform Umaiyad Coins*, Londres, The British Museum, 1957, planche XII (pour le type arabe-byzantin) et planches XXIX ou XXX par exemple (pour les monnaies post-réforme).

l'art officiel de l'Empire de la figuration, alors même que la culture environnante dans sa totalité semblait indifférente au problème[27].

Ce tournant aniconique n'a pas empêché certaines autorités religieuses de penser que, si les lieux de cultes devaient être vierges de la présence des images figuratives, dans la vie profane, celles-ci ne présentaient pas de danger susceptible d'affecter d'une manière ou d'une autre l'unicité d'Allah. À l'époque de la réforme de ʿAbd al-Malik, certaines d'entre elles ont continué d'utiliser le symbolisme figuratif comme expression de leur identité. Abū ʿUbayda en est une. Il possédait un sceau au chaton présentant le même oiseau bicéphale que nous avons vu figurer sur le sceau de l'un des compagnons de son père, Anas b. Mālik. Sauf que dans ce cas, le volatile identifié à une grue est entouré de deux autres qui pourraient être une dourine (*ajbal* = *trepanosoma, equiperdum*) et un vautour (*rakham* = vautour percnoptère, buse). Le personnage a du poids : en tant qu'autorité religieuse, les traditionnistes d'époque abbasside le tiennent pour le garant sûr (*thiqa*) de nombreux *ḥadīth*s dits authentiques[28]. Il en est de même d'un autre uléma en renom : al-Ḍaḥḥāk b. Muzāḥim (m. 105/723). Tenu pour une autorité en matière de traditions prophétiques et d'exégèse coranique, il signait ses documents d'un sceau en argent dont l'empreinte (*naskh*) avait « la forme d'un oiseau[29] ».

Dans la génération suivante, cet usage des images aurait disparu, prétendent les sources traditionnelles. Le juriste de Basra, Maʿmar b. Rāshid (m. 153/745), aurait été témoin avec d'autres d'une scène qui atteste du contraire. En sa présence, un petit-fils de ʿUqayl, frère du calife ʿAlī, a exhibé un sceau dont il prétendait provenir du prophète de l'islam sur le chaton duquel figurait l'image (*timthāl*) d'un lion[30]. Accordant foi à sa provenance, un membre de l'assistance a demandé à tenir entre ses doigts le sceau avant de le tremper dans un verre d'eau qu'il s'est ensuite empressé d'ingurgiter avec fébrilité.

Ce geste dévotionnel nous rappelle d'autres gestes rituels associés plus directement aux images. Car la croyance en l'efficacité des symboles figuratifs est un phénomène attesté dans le Proche-Orient de l'époque. Même islamisés, les Arabes n'y ont pas échappé. Leur élite en a donné l'exemple à maintes reprises. Ainsi savons-nous que le gouverneur umayyade d'Irak de 673 à 684, ʿUbayd

27 O. Grabar, *La formation de l'art islamique*, Paris, Flammarion, 2000 (rééd.), p. 130.

28 Ibn Saʿd, *Ṭabaqāt*, p. 1155.

29 Ibn Saʿd, *Ṭabaqāt*, p. 1118. Il aurait reçu le *Commentaire coranique* d'Ibn ʿAbbās *via* le koufiote Saʿīd b. Jubayr.

30 ʿAbd al-Razzāq, *al-Muṣannaf*, x, p. 394, n° 19469. Cette chronique, ainsi que celle qui la précède, est citée dans al-Dhahabī, *Siyar*, VII, p. 505.

Allāh b. Ziyād, qui avait frappé des monnaies à effigie (la sienne ?)[31], avait fait peindre différentes scènes animalières dans son palais de Basra, en particulier une grande fresque dans l'allée principale qui mettait « en parallèle » un bélier et deux puissants carnassiers, l'un domestique et l'autre sauvage. Al-Jāḥiẓ, natif de la ville, explique que c'est pour tirer augure (*fa'*) de la présence de l'animal frondeur que l'homme politique l'avait fait peindre en bonne place[32]. Ce qui devrait permettre d'expliquer ce pourquoi pareilles scènes avaient été reproduites sur les murs d'autres châteaux umayyades[33], mais pas seulement. Car l'époque abbasside, et plus généralement le Moyen Âge, offre de cet usage magico-rituel des images figuratives quantité d'illustrations[34].

Ces usages n'étaient pas les seuls dont les images figuratives pouvaient alors faire l'objet. Il y en avait un qui nous intéresse au plus haut point dont Mālik b. Anas (m. 179/795) nous offre, en creux, l'une de ses plus anciennes traces littéraires : le plaisir procuré par leur dégustation. Le juriste médinois qui n'aimait pas les images disait en effet les réprouver moins pour des raisons religieuses qu'éthiques : l'engouement qu'elles provoquaient chez leurs admirateurs l'écœurait[35].

De qui Mālik tenait-il son dégoût des images figuratives ? Certainement pas de Saʿīd b. al-Musayyib (m. 94/712) dont il fut l'élève. Car ce prestigieux uléma ne récusait pas les monnaies frappées à l'effigie de leurs émetteurs musulmans[36], pas plus qu'il ne réprouvait les échecs malgré les formes zoomorphes et anthropomorphes de leurs pièces[37].

---

31 J. Walker, *A Catalogue of the Arab-Sassanian Coins*, Londres, The British Museum, 1941 [reprint 1967], planche XI.

32 Al-Jāḥiẓ, *Kitāb al-Ḥayawān*, p. 485.

33 Voir par exemple G. Fowden, *Qusayr Hamra : Art and the Umayyad Elite in Late Antique Syria*, Berkeley-Londres, University of California Press, 2004.

34 Ainsi en est-il des statues de cavalier surmontant les dômes des palais ou des grandes mosquées proche-orientales : celle de Basra qui était fixée sur le minaret de la grande-mosquée est la plus ancienne [elle est signalée au temps où le grammairien Sībawayh (mort vers 180/798) était un jeune étudiant], al-Khaṭīb al-Baghdādī, *Ta'rīkh Baghdād*, p. 2319. Sur la plus célèbre – celle du palais abbasside de la Coupole verte à Bagdad – voir également le même al-Khaṭīb al-Baghdādī et Ibn al-Jawzī, *al-Muntaẓam*, p. 998. Sur celle de Ḥimṣ qui paraît avoir été dressée sur le dôme de la principale mosquée, voir al-Thaʿlabī, *Thimār al-Qulūb*, p. 312 et al-Idrīsī, *Nuzhat al-Mushtāq*, p. 120.

35 Ibn Qudāmā, *al-Mughnī*, VII, p. 111.

36 Al-Maqrīzī, *al-Nuqūd al-Islāmiyya*, p. 5. L'auteur dit qu'il s'agit des pièces de monnaie frappées par le premier calife umayyade, Muʿāwiya, à son effigie.

37 Sur la signification de cette expression, voir al-Waṭwāṭ, *Ghurar al-Khaṣā'iṣ al-Wāḍiḥa*, p. 102-103. Cet auteur rappelle, lui aussi, que les pièces du jeu d'échec ont la forme de figures d' « êtres parlants et d'êtres silencieux », expression que la suite du texte permet

Autour de lui, d'autres juristes ont entretenu des relations paisibles avec la figuration. Qāsim b. Muḥammad avait coutume de porter une mantille (*malḥafa*) de couleur rougeâtre et de prendre place sur un canapé (*majlis*) de même couleur, couvert d'un riche voile orné de griffons (*ʿanqāʾ*)[38]. ʿUrwā b. al-Zubayr (m. 93/711) devait lui aussi vivre entouré de pareilles images. N'avait-il pas validé la *ṣalāt* faite sur le tapis sur lequel étaient représentés des êtres vivants (*taṣāwīr*)[39] ? Ces ulémas avaient vu leurs aînés avant eux jouir de la présence d'images figuratives, comme l'atteste le sévère al-Bukhārī (m. 256/869) en éditant une tradition selon laquelle le général Saʿd b. Abī al-Waqqās a vécu à Médine entouré d'objets sur lesquels figuraient des images d'êtres vivants (*taṣāwīr*)[40].

Il revient, semble-t-il, à ʿUmar Iᵉʳ d'avoir permis aux premiers musulmans de nouer des rapports pacifiques avec la figuration, en faisant de cette dernière un symbole d'identité. Selon Ibn Saʿd (m. 230/845), il aurait de manière surprenante interdit à ses gouverneurs de graphier quoi que ce soit qui fût en arabe sur leurs sceaux. L'historien établit expressément le lien entre cette interdiction et le recours à la figuration dans la chronique selon laquelle Anas b. Malik possédait un sceau représentant un animal. Il y revient une nouvelle fois à l'évocation du sceau d'un autre agent du calife : ʿUtba b. Farqad. Puis, donnant la parole au juriste et historien de Koufa, ʿĀmir al-Shaʿbī (m. 103 ?/721 ?), il confirme que la décision du deuxième calife de l'islam a concerné tous les gouverneurs de province[41].

Cette attitude sinon de bienveillance du moins d'indifférence à l'égard des images zoomorphes et anthropomorphes a laissé perplexes ceux des ulémas des époques ultérieures qui les ont interdites ou réprouvées au nom de la Tradition[42]. En même temps, elle n'a pas manqué de donner à ceux qui vou-

---

de comprendre comme étant celles d'êtres humains et d'animaux. L'auteur reprend l'encyclopédiste irakien du Xᵉ siècle, al-Masʿūdī, qui est le premier à avoir utilisé cette expression dans sa description du jeu dont les pièces, dit-il, ont « la forme d'êtres au langage articulé et d'autres parmi les animaux au langage inarticulé », *Murūj al-Dhahab*, p. 29.

38 Ibn Qutayba, *Kitāb al-Ashriba*, p. 17. À la manière des Perses, comme le rappelle al-Jāḥiẓ, *Kitāb al-Ḥayawān*, p. 633.

39 L'information est crédible d'abord parce qu'elle est transmise *via* un canal familial, ensuite parce qu'elle est éditée par un traditionniste, Yaḥyā b. Maʿīn, *Taʾrīkh*, p. 132.

40 En particulier des *wisāda*-s (coussins, oreillers), al-Bukhārī, *Taʾrīkh*, p. 361.

41 Ibn Saʿd, *Ṭabaqāt*, p. 1096.

42 Commentant la tradition rapportée par ʿAbd al-Razzāq concernant le sceau iconographié d'Ibn Masʿūd, al-Damīrī par exemple écrit : « Si tant est qu'elle soit authentique, cette information ne peut être tenue pour une preuve (*ḥujja*) de la licéité [de la pratique] en

laient défendre ces images, l'occasion d'invoquer le précédent des « pieux Anciens » érigé en *exemplum* juridique.

Si les Modernes se sont parfois plaints de ne pas entendre la voix de ces prétendus défenseurs des images, c'est sans doute parce qu'ils n'ont pas cherché là où il fallait. Car les lettrés iconophiles n'ont pas manqué. Le Pseudo-Jāḥiẓ, qui écrit à Bagdad vers l'an 900, est l'un d'eux. Son « miroir aux princes », qui met en garde son royal lecteur contre l'accès des femmes à certains ouvrages, comme les recueils de poésie grivoise, les traités d'érotologie et les « livres à images » (*kutub muṣawwara*) accusés d'attiser en elles « l'embrasement à son paroxysme », lui recommande en revanche comme une chose louable qu' « elles regardent les images des prophètes, de la Kaʿba, de la mosquées de Médine et du dôme du Rocher de Jérusalem pour que leurs cœurs puissent connaître l'humilité et s'ouvrir aux subtilités spirituelles (*riqqa*)[43] ».

En prônant une pédagogie par l'image, le Pseudo-Jāḥiẓ projette des lumières nouvelles sur un phénomène ignoré jusqu'ici, à savoir l'existence dans le Bagdad de la fin du IXᵉ siècle d'une production iconographique biblique proposée à la dévotion des femmes en milieu musulman à l'appui d'arguments qui rappellent singulièrement ceux avancés trois siècles plus tôt par le pape Grégoire le Grand[44]. Le théologien chrétien qui interdit l'adoration mais également l'iconoclasme assigne néanmoins aux images une triple fonction d'instruction tournée spécialement vers les illettrés, de mémoire des histoires qu'elles racontent et, enfin, de piété car leur vue doit susciter la componction qui désignait chez Grégoire « le sentiment d'humilité douloureuse de l'âme qui se découvre pécheresse[45] » et qui constituait une notion importante dans sa théologie morale.

Quelques années plus tard, un autre écrivain de la cour de Bagdad, al-Ṣūlī (335/946), signe une défense et illustration des échecs qui soulève de nouveau la question de la figuration. Ce traité qui a, selon toute vraisemblance, été composé pour le calife al-Rāḍī (934-940) par un écrivain qui fut en même temps son précepteur est d'un grand intérêt pour l'histoire des images figuratives dans la culture abbasside. À l'instar des images zoomorphes et anthropomorphes qui leur ont prêté leur forme, les échecs ont fait l'objet d'attaques virulentes de la

---

raison de son abandon par les gens et de l'interdiction par le prophète d'Allah de la représentation des êtres animés (*taṣwīr*) », *Kitāb al-Ḥayawān al-Kubrā*, p. 629.

43 Pseudo-Jāḥiẓ, *Adab al-Mulūk*, Ms. N° Or. Oct. 2673, Staatsbibliothek zu Berlin, fol. 23.

44 M. Camille, « The Gregorian Definition Revisited : Writing and Medieval Image », *in* J. Baschet et J.-C. Schmitt (éd.), L'image. *Fonctions et usages des images dans l'Occident latin, Cahiers du Léopard d'Or* 5, 1996, p. 89-107.

45 J.-C. Schmitt, *Le corps des images*, op. cit., p. 54.

part des traditionnistes et de certains juristes. Al-Ṣūlī juge nécessaire de les réfuter en utilisant le seul langage que les détracteurs du « jeu des sages[46] » connaissent : celui des arguments d'autorité.

En bon écrivain chiite, al-Ṣūlī inaugure son propos en invoquant l'autorité de l'imam ʿAlī dont une tradition dit que, à des joueurs d'échecs, il aurait fait cette réflexion : « Qu'est-ce que ces *tamāthīl* qui vous captivent tant et si fort ? » Commentant la déclaration du quatrième calife de l'islam, l'écrivain abbasside en tire la conclusion qu'elle constitue « la plus grande des solutions de tolérance » qu'il connaisse en faveur des échecs[47]. Avant d'expliquer que la « forme » (*ṣūra*) des pièces du jeu – « celle que nous leur connaissons de nos jours » – est restée identique à ce qu'elle était du temps de ʿAlī. Elle fut et reste celle de « personnages sur pied, d'éléphants ou de chevaux[48] » représentés de façon réaliste (*ʿalā ḥaqīqati ṣuwarihā*). Seule une personne éprouvant du dégoût pour pareilles images pouvait par conséquent s'en écarter : « voyant qu'elles représentaient des êtres vivants, il les aurait réprouvées. » Tel n'est pas le cas du calife. Sa réflexion ne comporte de réprobation d'aucune sorte. Aussi permet-elle de valider non seulement les échecs mais également les images figuratives (*tamāthīl*). Dans le cas contraire, le calife n'aurait pas manqué d'exercer son devoir de « commander le bien » et de « pourchasser le mal ». Au lieu de quoi, il ne fait grief à ses interlocuteurs ni en tant que joueurs ni en tant que dégustateurs d'images figuratives.

Que les pièces du jeu d'échecs aient gardé à leur introduction en islam la forme figurative qui était la leur à l'origine, al-Ṣūlī en décèle la preuve dans une autre tradition d'inspiration sunnite qu'il tenait de Muḥammad b. Ruwayz, qui la tenait de Ḥamza b. Abī Ḥamza al-Khudrī, qui la tenait du petit-fils d'Abū Bakra, qui la tenait de son père... lequel rapporte, l'ayant surpris jouant aux échecs avec ses frères, que le compagnon du prophète lui aurait exprimé son agacement en ces termes : « Qu'est-ce que ces *tamāthīl* qui vous retiennent [toi et tes frères] pareils à des captifs ? » Et ce, avant de proférer d'autres paroles desquelles il ressort que les images d'êtres vivants (*tamāthīl*) sont réprouvées. Par un tour de force rhétorique, al-Ṣūlī en vient à expliquer que cette tradition condamne moins le jeu que la forme de ses pièces[49]. Les échecs ne seraient

46 Ibn Qudāmā, *al-Mughnī*, VII, p. 111.

47 Les traditionnistes sunnites pensent exactement le contraire, en ajoutant la phrase suivante : « Plutôt que de toucher l'une de ses pièces, il est préférable de tenir une braise jusqu'à ce qu'elle refroidisse », al-*Dhahabī, Kabāʾir*, p. 31.

48 Abū Bakr al-Ṣūlī, *Manṣūbāt al-Shaṭranj*, fol. 84a., Fonds Riḍwān Kashk, Istanbul, microfilm n° 4 *Shaṭranj*, Le Caire, Institut des manuscrits arabes.

49 Abū Bakr al-Ṣūlī, *Manṣūbāt al-Shaṭranj*, fol. 84b.

ainsi mis en cause que dans la mesure où leurs pièces servaient de supports à différentes représentations animales et humaines.

En synchronisant les deux traditions, al-Ṣūlī met en regard deux attitudes contrastées à l'égard des échecs, l'une validant le jeu ainsi que la forme de ses pièces, l'autre l'invalidant en même temps que le caractère figuratif de celle-ci, et peut-être en raison d'elle. Ce clivage sur le terrain iconographique réitère-t-il la division entre Chiites et Sunnites ? On pourrait le penser.

Al-Ṣūlī invite à le croire lorsqu'il rappelle que les deux précédents ont créé des traditions familiales divergentes : les descendants d'Abū Bakra se sont détournés des échecs alors que ceux de ʿAlī s'y sont livrés en toute bonne conscience. Al-Ṣūlī assure qu'un Alide lui a confié que, dans sa famille, aucun mâle n'est jamais décédé sans avoir laissé dans sa succession une console du jeu indien (fol. 86a). Dans la mesure où les inventaires après décès ne recensent que les objets et les êtres dont la possession est licite, l'écrivain abbasside entend certainement rappeler que, dans certains milieux chiites, vendre et acheter des images figuratives n'était pas illicite.

Sauf qu'al-Ṣūlī ne prête pas sa plume aux seules autorités chiites. Il en appelle également au prestige d'ulémas que les Sunnites tiennent pour leurs maîtres à penser, en particulier ceux de l'an 100 de l'hégire. Toute une cohorte est convoquée, à commencer par ʿUrwā b. al-Zubayr dont la tradition atteste qu'il validait la *ṣalāt* sur le tapis orné d'images d'êtres animés : l'*exemplum* transmis par l'écrivain abbasside raconte que les filles de ce savant médinois s'étaient tellement entichées du jeu d'échecs qu'elles en avaient fait leur passe-temps favori sans jamais soulever la réprobation de leur père, excepté lorsqu'elles s'y livraient à l'appel de la prière.

Dans l'entourage de ce savant, il n'y a pas que ses filles qui sont décrites comme des joueuses d'échecs. Certains de ses élèves le sont aussi. L'un d'eux, Saʿīd b. Jubayr (m. 94/712), originaire de Koufa, est entré dans l'histoire du jeu. Car il est l'un des premiers joueurs d'échecs à pratiquer le « *blindfoldchess* », technique qui consiste à jouer les yeux bandés ou le dos tourné à l'adversaire dans laquelle al-Ṣūlī était lui-même passé maître. L'un de ses compatriotes et amis, Ibrāhīm al-Nakhaʿī (m. 96/714), un spécialiste en droit et en tradition, allait, aux dires du même al-Ṣūlī, jusqu'à pratiquer le jeu à la mosquée au grand dam de l'un de ses étudiants khurassaniens qui s'est détourné de son enseignement[50]. D'autres sources, abondant dans le même sens, racontent que ʿĀmir al-Shaʿbī (m. 103 ?/721 ?) – que Koufa tient pour l'une de ses autorités en matière de droit, de *ḥadīth* et d'histoire – avait réagi comme le jeune persan en

50 Ce n'est pas l'avis d'autres ulémas qui lui prêtent d'avoir condamné les échecs comme une activité ludique « maudite » (*malʿūna*), al-Dhahabī, *Kabāʾir*, p. 31.

refusant d'étudier la Tradition auprès d'un maître doublé d'un joueur d'échecs, non sans l'avoir regretté, avoue-t-il[51]. Entre temps, il avait pris goût aux échecs au point d'être compté par al-Ṣūlī parmi les maîtres de cet art en Irak (f. 88a).

En revenant aux élèves de ʿUrwa b. al-Zubayr, l'écrivain abbasside décrit l'un d'eux, tenu pour une référence en matière de droit à Médine, Saʿīd b. al-Masayyib (m. 98/716), comme un passionné du jeu. L'information correspond au portrait laissé de ce juriste par d'autres sources le montrant indifférent à l'égard de la figuration, au contraire de son élève Mālik b. Anas (m. 179/795) qui n'aimait pas les échecs, et encore moins les images figuratives.

Al-Ṣūlī ne fait étrangement place dans son inventaire à aucun des juristes d'époque abbasside. Or l'un d'eux, et non des moindres, al-Shāfiʿī (m. 204/820), rendait licites les échecs, pourvu qu'on n'en joue pas aux heures de prière. Il en aurait été lui-même un adepte. Sa position réitère, il est vrai, le point de vue exprimé un siècle plus tôt par ʿUrwa b. al-Zubayr. Mais ne querellons pas l'écrivain de cour sur ses omissions volontaires ou involontaires. Son libelle est d'autant plus important qu'il illustre un fait majeur de la culture islamique classique, à savoir la pluralité des voix et des discours ayant œuvré à sa fabrique. Ce dont témoigne le discours juridique.

3 Images et droit

À l'époque où al-Ṣūlī écrit son Traité des échecs, les traditionnistes ont déjà gagné la partie. Ils ont réussi à faire du *ḥadīth* une source de l'autorité religieuse immédiatement après le Coran, mais aux compétences encore plus grandes puisque qu'ils avaient décrété qu'on ne pouvait accéder à celui-ci sans passer par celui-là. Dans la mesure où, pour la plupart, ils étaient réfractaires à la figuration, ils ont inventé – au sens juridique du terme – toutes sortes de traditions révélatrices de leur iconophobie. Le débat juridique en a été affecté.

Pour comprendre le statut légal des images, il n'est pas inutile de savoir que, dans le système normatif islamique, tous les actes humains sont soumis à deux échelles de qualification qui s'appliquent concurremment à ces actes : l'une est religieuse, l'autre légale. L'échelle religieuse comporte cinq qualifications : 1) l'obligatoire (*wājib, farḍ*) ; 2) le recommandé (*sunna, mandūb, mustaḥabb*) ; 3) l'indifférent (*mubāḥ*) qui doit être distingué du *jā'iz*, c'est-à-dire ce qui est permis, sans objection ; 4) le répréhensible ou le désapprouvé (*makrūh*) ;

51 Abū al-Qāsim al-Kaʿbī, *Qabūl al-Akhbār wa-Maʿrifat al-Rijāl*, éd. Abū ʿAmr al-Ḥasanī, Beyrouth, 1421/2000, 2 vol., I, p. 229.

5) et enfin l'interdit (*ḥarām*) dont le contraire est le *ḥalāl*, c'est-à-dire tout ce qui n'est pas défendu, illicite.

S'agissant de l'échelle de qualification légale, le concept le plus large est celui de *mashrūʿ* qui englobe tout ce que la loi reconnaît, à savoir ce qui est en accord avec elle. Selon le degré de conformité, un acte ou une transaction est dit : 1) *ṣaḥīḥ*, valide, si sa nature (*aṣl*) aussi bien que ses situations (*waṣf*) sont en accord avec la loi ; 2) *makrūh*, répréhensible, désapprouvé, si son *aṣl* et son *waṣf* correspondent à la loi, mais un élément défendu lui est associé ; 3) *fāsid*, erroné, si son *aṣl* est conforme à la loi, mais son *waṣf* lui est contraire ; 4) *bāṭil*, invalide, nul et vide d'effet. Il s'ensuit qu'il n'y a que ce qui est *ṣaḥīḥ* et ce qui est *makrūh* qui produisent des effets légaux. Comme *ṣaḥīḥ* est le terme fréquemment utilisé dans le sens de juridiquement efficace, il arrive qu'il recouvre les deux catégories[52].

À en croire l'une des rares études sur le statut juridique des images figuratives, le débat légal concernant ces dernières a oscillé entre l'interdiction (*taḥrīm*) et la répréhension ou la réprobation (*karāhiyya*)[53]. Les pages qui suivent ont pour but de montrer qu'en réalité ce débat a débordé les limites de ces deux catégories juridiques. Ici et là, le droit s'est démarqué de la Tradition. Alors que les recueils de *ḥadīth* condamnent (quasiment) en bloc la production et la consommation des images zoomorphes et anthropomorphes, les ouvrages de droit les traitent au cas par cas.

Parmi les fondateurs des quatre écoles juridiques d'obédience sunnite existant aujourd'hui, Aḥmad b. Ḥanbal (m. 241/855) fut le seul à manifester une hostilité radicale aux images figuratives. Lorsqu'on lui posait la question de savoir que faire des images figuratives (*ṣuwar*) de la maison qui vient d'être louée, il répondait : les effacer. Et lorsqu'on lui demandait ce qu'il pensait de la baignade dans le hammam dont les salles de repos étaient couvertes de peintures figuratives, il rétorquait immanquablement qu'elle n'était recevable que si les images incriminées étaient « décapitées » (*qaṭʿ al-ra's* = décapitation). Dans le cas contraire, l'endroit reste interdit. Après les murs, ce sont les supports suspendus qui sont l'objet de la vindicte de l'uléma qui préconisait, comme on s'y attend, de ne pas répondre à l'invitation à se rendre chez celui qui possède des rideaux décorés de motifs figuratifs si l'on n'était pas certain de pouvoir en

52 J. Schacht, *Introduction to Islamic Law*, Oxford, Oxford University Press, 1964, trad. P. Kempf et A. Turki, *Introduction au droit musulman*, Paris, Maisonneuve et Larose, 1983, p. 104-105.

53 A.M. ʿIsā, *Painting in Islam. Between Prohibition and Adversion/al-Taṣwīr fī'l-Islām bayna al-Taḥrīm wa-l-Karāhiyya*, Istanbul, ISARV, 1996, cité in S. Naef, *Y a-t-il une « question de l'image » en Islam ?*, Paris, Téraèdre, 2004.

détourner son regard. « Et si mon regard ne peut les éviter, interroge un disciple ? » La réponse est brutale : « Arrache-les si jamais il est en ton pouvoir de le faire[54] ! » répond l'intransigeant Aḥmad b. Ḥanbal qui traque la *ṣūra* partout où elle loge, y compris sur les innocentes poupées pour fillettes.

Ṣūra, lui fait-on remarquer, est un terme générique. Il répond par un argument d'autorité : « ʿIkrima (m. 105/723) a dit : tout objet [représenté] ayant une tête est une *ṣūra*[55] ». On reconnaît là le point de vue de la Tradition à laquelle Aḥmad b. Ḥanbal a consacré sa vie en collectant ses matériaux dans une vaste recension condamnant la *ṣūra* comme une « abomination[56] ». On comprend que l'un des rares exemples de destruction d'images figuratives donnés par nos sources médiévales soit l'œuvre d'un Ḥanbalite[57].

Contre toute attente, tous les juristes ḥanbalites n'ont pas suivi la ligne dure de leur maître. Ibn Qudāma est de ceux qui s'en sont écartés. Or sa position au sein du hanbalisme n'est pas des moindres : son grand Traité de droit en est une référence. Pour braver la doctrine officielle, il a recouru à l'autorité de l'andalou Ibn ʿAbd al-Barr (m. 463/1070).

Avec ce juriste et traditionniste mālikite, Ibn Qudāma se range à l'avis que toutes les images figuratives ne sont pas condamnables. À l'instar de la majorité des juristes mālikites et shāfiʿites, il établit une distinction entre celles qui ornent les dalles de sol, les tapis, les lits, les sofas ou les coussins qu'il juge « permises » et celles qui sont peintes ou gravées sur les murs et qui doivent être décapitées. Il s'agit-là, souligne-t-il, de « la solution la plus juste[58] ». En quoi cette solution, qui consiste à considérer les mêmes images licites lorsqu'elles sont à plat et illicites lorsqu'elles sont dressées, est-elle juste ? En ce qu'elle permet de discerner le bon du mauvais usage qui est en fait : « Lorsque les images sont salies, souillées ou usées à l'usage, assure-t-il, personne ne songerait à les honorer ou à les tenir pour une expression de la grandeur. » Ainsi malmenées, les images figuratives sont empêchées de ne jamais devenir des « idoles » (*aṣnām*) ou d'être prises pour des « divinités ».

---

54 Abū Ṭālib al-Makkī, *Qūt al-Qulūb*, p. 646 [alwaraq.net].

55 Ibid., p. 647.

56 Ibn Qudāma, *al-Mughnī*, VII, p. 115.

57 Il s'agit d'Ahmad b. ʿAlī al-ʿUthalī (m. 503/1110) qui était plâtrier à Bagdad : un jour qu'il est appelé à exercer son métier avec d'autres artisans dans une demeure princière, il ne supporte pas la vue des peintures et des sculptures qu'elle recèle au point de s'en prendre à elles dans un accès de colère et de les détruire. Il est présenté au souverain qui veut le punir mais qui s'interdit de le faire lorsqu'on lui fait savoir qu'il s'agit d'un « homme de vertu reconnu pour sa piété » (*rajul ṣāliḥ mashhūr bi-l-diyāna*), Ibn Rajab, *Dhayl Ṭabaqāt al-Ḥanābila*, p. 42.

58 Ibn Qudāma, *al-Mughnī*, VII, p. 110.

Malgré le risque que les images figuratives dressées présentent, Ibn Qudāma ne les frappe pas d'interdit, au contraire d'Aḥmad b. Ḥanbal. Il se contente de les réprouver, tout en épargnant les autres jugées « non répréhensibles » (*mubāḥa*). Encore que cette réprobation ne soit valable que dans un cas : lorsque la tête est représentée séparée des corps, elle n'a plus lieu d'être. Ibn Qudāma ne le dit pas, mais sa réponse offre deux possibilités. Soit l'artiste opère lui-même cette « séparation » en peignant les « têtes » de ses personnages d'une certaine manière, soit le commanditaire ou l'acheteur défigure lui-même l'œuvre figurative pour en rendre la consommation *ḥalāl*. Ibn Qudāma ne dit pas si les peintures des manuscrits sont concernées par cette dislocation. À sa manière, l'un des propriétaires du manuscrit de Saint-Pétersbourg des *Séances* d'al-Ḥarīrī nous donne la réponse : de sa plume, il a barré les visages représentés, tantôt au niveau du cou tantôt au niveau des yeux, tout en prenant soin de ne pas les endommager irrémédiablement[59]. D'autres manuscrits sont agressés de manière plus violente[60].

Les cas où le consommateur d'images figuratives doit lui-même procéder à leur « décapitation » (*qaṭʿ al-ra's*) effective ou symbolique pour les valider sont toutefois rares. Pour ne pas en venir à pareilles extrémités, Ibn Qudāma recommande à l'artiste de s'abstenir de représenter les visages, sinon de les peindre de manière irréaliste[61]. Aujourd'hui, le musulman qui suivrait l'avis du juriste ḥanbalite serait conduit à réprouver le célèbre *Femmes d'Alger dans leur appartement* de Delacroix sans juger répréhensible sa réplique par Picasso. Au Moyen Âge, la même personne ne devait pas regarder d'un mauvais œil les figures chimériques ou fantaisistes abondant dans les manuscrits iconographiés, comme les *Merveilles de la création* d'al-Qazwīnī[62]. De manière générale, cette tolérance devait profiter à toutes les peintures dans lesquelles les sujets étaient de dos ou avaient le visage dérobé, lorsque celui-ci n'était pas couvert d'un voile, aveuglé par un halo de lumière ou laissé prudemment en blanc, comme l'illustrent nombre de manuscrits peints par des artistes sunnites aussi bien que chiites.

---

59 MS. S. 23, Institut Oriental, Académie des Sciences.

60 Un exemple dans : M. Cook, *Commanding Right and Forbidding Wrong in Islamic Thought*, Leyde, E.J. Brill, 2001. L'auteur ne cite malheureusement que les opinions défavorables aux images.

61 Ibn Qudāma, *al-Mughnī*, VII, p. 112.

62 E. Atil, *Art of the Arab World*, Washington, Smithsonian Institution, 1975, p. 55-70. (Voir les reproductions des miniatures d'un manuscrit des *Merveilles de la création* peintes à la fin du XIVe siècle).

Pendant que des juristes ḥanbalites comme Ibn Qudāma s'écartaient de l'iconophobie officielle de leur école, des représentants des écoles sunnites rivales y ont succombé. Toute une frange du shāfiʿisme s'est convertie à l'intransigeance d'Aḥmad b. Ḥanbal. Le grand théologien al-Ghazālī (m. 505/1111) est l'un des premiers à le clamer : « Aḥmad [b. Ḥanbal] a dit : « Parmi les abominations interdites, il faut compter la peinture [d'êtres vivants] », écrit-il, avant d'ajouter : « Ce qu'il a dit est vrai[63]. »

Venu enseigner la doctrine shāfiʿite, en 1091, à la Niẓāmiyya de Bagdad, le théologien iranien s'en est donc écarté sur la question de la figuration. Certes, al-Shāfiʿī (m. 204/819) n'était pas un farouche défenseur des images figuratives. Sa position à leur égard n'était pas moins différente de celle d'Aḥmad b. Ḥanbal. Comme la plupart des juristes sunnites, il était indifférent aux images au sol et réticent à celles exposées en hauteur[64]. Il avait en cela suivi son maître Mālik b. Anas (m. 179/795). Or, telle n'était pas la solution d'Aḥmad b. Ḥanbal qui contestait à l'image figurative son principe d'existence même.

En revenant à al-Ghazālī, dans un autre passage de sa Vivification des sciences religieuses, il reprend langue avec al-Shāfiʿī. Tout en continuant de compter les images figuratives des rideaux qui en sont pourvus « parmi les abominations (*munkar*) », il concède à celles figurant sur « les tapis au sol et les coussins » de ne pas en faire partie. Mais il ne manque pas de condamner les ustensiles zoomorphes et anthropomorphes, tels que les aiguières et les braseros. En se rapprochant de la solution sunnite médiane, il finit par s'écarter d'autres juristes shāfiʿites hanbalisants. Son collègue à la Niẓāmiyya de Bagdad, Abū Saʿd al-Muṭawallī (m. 478/1085), professait un point de vue ouvertement « anticonique » Quand bien même était-elle défigurée, selon lui, l'image figurative ne devait pas être tolérée[65].

---

63 Al-Ghazālī, *Iḥyāʾ ʿUlūm al-Dīn*, 372. Voir aussi Ibn Abī Yaʿlā, *Ṭabaqāt*, I, 234.7 et Ibn Qudāma, *al-Mughnī*, VII, p. 84.

64 Une telle position, rappelle al-Muzanī, qui est l'un des transmetteurs de son œuvre, interdisait à al-Shāfiʿī de se rendre en des endroits dont les murs étaient décorés d'images d'êtres vivants (*ṣuwar dhawāt rūḥ*).

65 Cette tendance aniconique dans le shāfiʿisme hanbalisant a trouvé à mieux s'exprimer en Syrie et en Égypte, à partir du XIIIe siècle. Soit l'exemple d'al-Nawawī (m. 676/1277) ; l'intransigeance de ce juriste et traditionniste est celle du hanbalisme traditionnel : « Les images d'animaux [figurant] sur les plafonds et les murs, les vêtements, les tissus suspendus ou étendus, les coussins et, par analogie, les assiettes, les plateaux, les tables, dénonce-t-il, sont des abominations. » À peine a-t-il concédé que la représentation des arbres et des astres (le soleil, la lune, etc.) échappe à cette condamnation qu'il ajoute : « Encore que dans un cas de figure les images d'arbres sont réprouvées. » Dans sa lancée, il entoure de suspicion les « images d'animaux à la tête coupée ». Même défigurées,

À cette époque, une orientation analogue à celle du shāfiʿisme hanbalisant se dessine chez certains mālikites. En Orient, Abū Ṭālib al-Makkī (m. 386/996), l'auteur célèbre des *Nourritures des cœurs*, est celui qui l'illustre le mieux[66]. En Occident musulman, c'est le juge de Cordoue, Abū Bakr b. al-ʿArabī (m. 543/1148), qui en est le meilleur représentant[67]. L'un et l'autre ont ouvertement répudié la solution dominante de leur école telle qu'elle est résumée par Abū Zayd al-Qayrawānī (m. 386/996) dans sa fameuse *Épître*.

Par leur proximité, toutes les écoles juridiques sunnites se sont mutuellement influencées. Nous avons pu déceler des traces de la doctrine mālikite des images chez shāfiʿites et ḥanbalites. Les ẓāhirites permettent d'en repérer d'autres. À Cordoue, Ibn Ḥazm (m. 456/1064), le dernier de leurs grands maîtres, en accord avec son compatriote et contemporain, le mālikite Ibn ʿAbd al-Barr, juge répréhensibles les images figuratives dressées mais ne les interdit pas. Au contraire, déclare-t-il, qu'elles figurent sur les dalles de sol, les tapis, les coussins ou les oreillers « les images ne sont pas réprouvées dans l'usage qui en est fait[68] ». Ce rapprochement du juriste ẓāhirite de la position sunnite médiane consiste, en quelque sorte, à avaliser les images à plat et à blâmer les images dressées, même s'il marque une dernière fois sa différence à propos des poupées pour fillettes dont, selon lui, « la possession est tout à fait licite (*ḥalāl ḥasan*)[69] ».

Ici et là, les mêmes images sont prises individuellement et discutées séparément. Mais leur statut est négocié non pas tant en fonction de leur contenu que de leur disposition dans l'espace. Autant dire que c'est leur fonction d'exposition qui est prise à partie par des juristes obsédés par la crainte de leur métamorphose en instruments de culte. D'avoir été incapable de penser leur statut légal indépendamment de celui de l'idole et de l'icône, mālikites,

---

rappelle-t-il, « pareilles images restent interdites au regard d'al-Mutawallī », al-Nawawī, *Rawḍat al-Ṭālibīn*, p. 1065. Ou encore, cet autre exemple offert par al-Dhahabī (m. 748/1348) qui traduit une plus grande aversion à l'égard des images : « la 48e des abominations » de son *Livre des péchés capitaux* est radicale qui frappe « la peinture d'êtres vivants sur les tissus (*thiyāb*), les murs, la pierre, la monnaie, et sur toute chose qu'il s'agisse de cire, de pâte, de fer, de cuivre, de laine. Le règlement légal est de s'en détourner », al-Dhahabī, *Kitāb al-Kabā'ir*, p. 69. À ces exemples, on peut également ajouter celui d'Ibn Ḥajar al-ʿAsqalānī, le commentateur du *Ṣaḥīḥ* d'al-Bukhārī.

66 Voir plus haut les notes 48 et 49.

67 « L'exigence des *ḥadīth*s donne la preuve que les images figuratives (*ṣuwar*) sont défendues », cité dans al-Qurtubī, *Tafsīr*, p. 2809.

68 Ibn Ḥazm, *al-Muḥallā*, p. 1319 [alwaraq.net].

69 Ibid., p. 119.

shāfiʿites, ẓāhirites et ḥanbalites ont sans exception entretenu un lien problématique entre ces trois ordres de la représentation.

En a-t-il été de même dans le chiisme ? Comme ceux des sunnites, les corpus de la Tradition chiite ne sont pas animés des meilleures intentions à l'égard de la figuration. Les mêmes *ḥadīths* sont ressassés ici et là. Le *Kitāb al-Maḥāsin* d'al-Barqī (m. 274 ?/887 ?), qui constitue l'une des plus anciennes références chiites, collige plusieurs variantes de la même tradition qu'il partage avec les recueils sunnites correspondants, une somme selon laquelle « les anges n'entrent pas dans une maison où se trouve un chien ou une image d'homme [ni dans une pièce dans laquelle il y a un *timthāl*]. » À ce *ḥadīth*, il associe d'autres admis par l'une et l'autre des deux traditions, tel celui stipulant que « quiconque fabrique un *timthāl* est sommé au jour du Jugement dernier de lui insuffler vie [*rūḥ* = âme][70] ». En accordant un statut dogmatique aux enseignements de leurs imams, les traditionnistes chiites élargissent leurs sources de l'autorité traditionnelle. Ainsi prêtent-ils, comme al-Barqī, crédit à cette tradition selon laquelle « l'imam ʿAlī a réprouvé (*karraha*) les images figuratives (*ṣuwar*) dans les maisons[71] ».

Dans un cas comme dans l'autre, les images figuratives ont été indistinctement condamnées ou réprouvées. Ce que les juristes des deux bords se sont bien gardés de faire en se montrant plus pragmatiques et en recourant à la même technique casuistique. De manière générale, les juristes chiites se réfèrent au quatrième imam duodécimain, Abū Jaʿfar al-Bāqir (m. 125/742) lequel a validé, comme n'importe quelle autorité sunnite, la représentation visuelle des règnes minéral et végétal et a agi de manière circonspecte avec celles des mondes animal et humain[72]. L'imam se fait le porte-parole d'une réprobation nourrie de considérations que traditionnistes et juristes sunnites n'auraient pas désapprouvées. Bêtes et hommes, déclare-t-il, ont une âme qui empêche qu'on les représente. Il incombe par conséquent à quiconque possède des images, de les défigurer, quitte à laisser intact le reste du corps[73]. L'obligation est impérative lorsque de telles images se trouvent dans la direction de la *qibla*[74].

Au regard de pareilles opinions, l'imam chiite ne paraît guère disposé à l'égard des images zoomorphes et anthropomorphes. Al-Barqī n'en fait-il pas l'éditeur de l'injonction prêtée à son illustre ancêtre, le calife ʿAlī, de mettre en

---

70 Al-Barqī, *Kitāb al-Maḥāsin*, éd. Jalāl al-Dīn al-Husaynī, Qum, 2e éd., 1328, (1ère éd. : Téhéran, s.d.é.), p. 615-616.

71 Al-Barqī, *Kitāb al-Maḥāsin*, p. 617.

72 Ibid., p. 618.

73 Ibid., p. 619.

74 Ibid., p. 620.

garde les croyants contre l'élévation d'édifices funéraires avec, au plafond, des images figuratives[75] ? Pourtant, au fur et à mesure, il va infléchir sa position. Soulignons que dans ce qui précède, déjà, il avait laissé entendre qu'il y avait des différences de degré dans la qualification légale des *tamāthīl* dans le lieu de prière. La réprobation est tenue pour forte ou faible selon que les effigies se trouvent devant, derrière ou sur les côtés de l'orant. Ce relativisme est poussé plus loin dans une opinion dans laquelle l'imam, rectifiant sa position initiale, considère qu'il n'est pas nécessaire de détruire les effigies dans la direction de la *qibla* pour rendre la prière recevable, il suffit qu'elles soient recouvertes d'un voile quelconque le temps de l'acte rituel. Explicitant sa nouvelle position, l'imam en vient à exprimer une indifférence quasi-totale à l'égard des images figuratives dans le lieu de prière contrastant singulièrement avec la tradition selon laquelle son ancêtre ʿAlī blâmait l'ornementation des plafonds d'images figuratives dont il est censé être le transmetteur. Pour bien signifier que *ṣalāt* et images figuratives peuvent faire bon ménage, il ajoute que les pièces de monnaie frappées à l'effigie de leurs émetteurs et portées par l'orant sur lui au moment où il fait sa prière n'invalident pas cette dernière[76].

Avec ce descendant du Prophète, nous ne sommes pas au bout de nos surprises. Il a vécu au milieu d'images figuratives, confie al-Barqī. Toutes les fois qu'on lui en faisait grief, il répondait amusé que ces images étaient une exigence des femmes, ou que seules « les chambres des femmes[77] » en étaient pourvues. Plutôt que d'oblitérer l'iconophilie de leur quatrième guide spirituel, les successeurs d'al-Barqī l'ont confirmée. Al-Ṭabarsī (m. 548/1158) rapporte, en effet, qu'un fidèle, incommodé par les décorations figuratives du tapis (*bisāṭ*) sur lequel le maître avait pris place pour le recevoir, est rassuré en des termes qui rappellent le tour ironique de l'*exemplum* précédent : « C'est pour mieux les bafouer (*uhīnu*)[78] ! », lui assène le maître – histoire de lui signifier que s'il vit entouré d'images figuratives il n'ignore pas le sentiment d'étrange inquiétude qu'elles suscitent. En milieu sunnite, sa réponse n'aurait pas été désavouée. Sauf qu'en possédant des peintures figuratives chez lui, l'imam chiite est allé au-delà de ce que la plupart des juristes sunnites pouvaient admettre. En milieu chiite, il a au contraire permis aux amateurs d'images de les posséder en toute légalité.

---

75 Ibid., p. 612.

76 Al-Barqī, *Kitāb al-Maḥāsin*, p. 261 ; al-Ṭūsī, *Tahḏīb al-Aḥkām*, éd. Ḥasan al-Musāwī, Nadjaf, 1959/1378, II, p. 313.

77 Ibid., p. 621. L'auteur cite deux filières de transmission par lesquelles cette tradition lui est parvenue.

78 Al-Ṭabarsī, *Makārim al-Akhlāq*, éd. ʿAlāʾ Āl Jaʿfar, Qum, 1414, 2 vol., I, p. 204 ; *al-Kāfī*, V, p. 476.

Que l'un des plus beaux manuscrits de l'école irakienne combinant peinture figurative et calligraphie ait pu être commandité par un dignitaire religieux chiite doit pouvoir trouver explication dans l'iconophilie de l'imam[79]. Enhardis par son attitude, certains chiites ont été jusqu'à orner leurs livres religieux de telles images, comme l'atteste le « portrait d'auteur » couvrant le frontispice des *Règles fondamentales* (un traité de droit) du théologien Ibn al-Muṭahhar al-Ḥillī (m. 725/1325)[80], sans compter que les peintres les plus audacieux parmi eux ont peint les imams aussi bien que leur ancêtre prophétique[81].

Cela n'a pas empêché certains secteurs chiites de refuser cette iconophilie décomplexée[82]. Or, eux aussi devaient trouver leur compte dans la Tradition imamite. Pour satisfaire leur refus de la figuration, al-Barqī (m. (m. 274 ?/887 ?) s'y emploie avec la même énergie en mettant dans la bouche de l'imam duodécimain d'autres opinions qui tranchent par leur iconophobie. Celles-ci ne manquent pas de frapper de nullité la *ṣalāt* dans l'endroit orné de peintures figuratives quel qu'en soit l'emplacement. Dans le cas où l'orant n'a pas pris soin de s'en débarrasser en les posant derrière lui, en les mettant dans la direction opposée à la *qibla*, les pièces de monnaie zoomorphes et anthropomorphes deviennent également invalidantes[83]. De la même manière que le tapis de prière présentant des figures animales et/ou humaines est récusé, à moins que bêtes et hommes ne soient représentés de profil uniquement[84]. Il en sera ainsi dans les traités chiites qui suivront celui d'al-Barqī. Lorsque, au siècle suivant, le théologien al-Kulaynī (m. 329/940) expose les opinions de l'imam duodécimain, il prend le parti de les aligner dans un ordre qui va de l'indifférence (deux opinions) à l'hostilité (trois opinions) en passant par le compromis (deux opinions)[85].

---

79 *Le Livre de la Thériaque*, Paris, BnF, Ar. 2964.

80 B. Farès, « Philosophie et jurisprudence illustrées par les Arabes. Appendice : La querelle des images en Islam », in *Mélanges Louis Massignon*, Damas, IFEAD, 1957, 3 vol., II, p. 77-109 [référence, p. 88-89].

81 P. Soucek, « The Life of the Prophet : Illustrated Versions », *in* P. Soucek (éd.), *Content and Context of Visual Arts in the Islamic World*, University Park/Londres, Pennsylvania State University Press, 1988, p. 193-209.

82 Ainsi qu'il est rappelé dans R. Paret, « Das islamische Bilderverbot und die Schia », *in* E. Graft (éd.), *Festschrift Weber Castel*, Leyde, E.J. Brill, 1968, p. 224-232.

83 Al-Barqī, *Kitāb al-Maḥāsin*, p. 620.

84 L'auteur de l'opinion utilise une expression plus cocasse : à moins que bêtes et hommes représentés « ne regardent (*sic* !) d'un œil [uniquement dans la direction de l'orant] » (*yanẓur ilayhi idhā kāna bi-ʿayn*), al-Barqī, *Kitāb al-Maḥāsin*, p. 620.

85 Al-Kulaynī, *Furūʿ al-Kāfī*, éd. ʿAlī Akbar al-Ghifārī, Beyrouth, Dār al-Aḍwāʾ, 1985, 8 vol., III, p. 369, 392, 402.

Al-Bāqir a-t-il prôné une doctrine et son contraire ? Le procédé qui consiste à associer des opinions divergentes à la même autorité n'est pas étranger à la culture islamique classique. En campant l'imam duodécimain dans le rôle d'un porte-parole d'opinions contrastées, al-Barqī lui assigne exactement la même fonction consistant à valider des intérêts divergents dans le cadre d'un dispositif de tractations dont découlent des arrangements dogmatiques devant trouver une égale satisfaction[86]. Cela signifie-t-il que les autorités chiites ont été plus téméraires que celles des Sunnites ? Les écoles juridiques sunnites – du moins celles que nous avons passées en revue – n'ont guère convaincu du contraire. Mais c'est parce que nous n'avons pas encore parlé du ḥanafisme, la plus ancienne d'entre celles qui existent aujourd'hui.

Assurément, les juristes ḥanafites sont les seuls parmi les sunnites à avoir défendu un point de vue proche de celui des chiites iconophiles. Serait-ce parce que leur doctrine a commencé de prendre forme à une époque où le développement du *ḥadīth* n'avait pas encore imprimé ses crispations à la culture religieuse sunnite ? Peut-être bien. Malheureusement, d'Abū Ḥanīfa (m. 150/767) et de son rapport aux images figuratives nous ne savons rien, sinon que, de tous les grands juristes sunnites, le fondateur du ḥanafisme fut le seul à valider la vente des images figuratives[87]. Grâce à son élève al-Shaybānī (m. 189/804), la possibilité s'offre peut-être à nous de reconstituer sa doctrine en la matière.

Comme tous les juristes ayant abordé le sujet, al-Shaybānī commence par souligner le caractère inoffensif des images présentant un caractère non-figuratif. À son disciple et éditeur Abū Sulaymān al-Jawzajānī qui l'interroge, il répond que les effigies situées à l'emplacement de la qibla ne sont pas cause de « dommage » (*ḍarar*) si toutefois elles sont décapitées. Et si elles ne le sont pas et qu'elles font face à l'orant, insiste le disciple ? Sans condamner, al-Shaybānī réprouve. Supposons, ajoute le disciple, qu'elles ne font pas face à l'orant ? « Ce n'est pas comme si elles étaient dans la *qibla* », réplique le maître. Dans ces conditions, y a-t-il invalidation de la *ṣalāt* ? Non, répond al-Shaybānī. Car chez lui, la réprobation n'invalide pas l'acte rituel quel qu'en soit le degré. Ce que le juriste ḥanafite s'empresse de confirmer lorsque son disciple l'interroge à propos du vêtement à motifs figuratifs dans lequel l'orant s'acquitte de son

86 On ne peut dire de manière aussi abrupte : « si l'art figuratif semble s'être épanoui davantage en pays chiite, il faut en chercher les raisons ailleurs que dans une attitude doctrinale plus favorable » au motif que « les chiites condamnent l'art de la peinture (*sic* !) tout autant que les sunnites », même s'il faut effectivement chercher les autres raisons qui ont permis le développement de l'art figuratif dans les milieux de culture persane, S. Naef, *Y a-t-il une « question de l'image » en Islam ?*, op. cit., p. 22.

87 Al-Sarakhsī, *Mabsūṭ*, p. 3529 [alwaraq.net].

obligation canonique. En même temps qu'il réprouve l'association de pareil vêtement à l'acte rituel canonique, il juge qu'il ne porte pas préjudice à sa conformité à la Loi religieuse. Quand al-Jawjazānī en vient à évoquer le tapis de prière orné de figures animales et/ou humaines, al-Shaybānī s'en tient à sa doctrine de base en rappelant que, pas plus que les autres supports discutés, le mobilier textile n'empêche la *ṣalāt* de se dérouler dans des conditions jugées valables par lui malgré la réprobation dont il le frappe.

Al-Jawzajānī est satisfait, il a les réponses qu'il voulait. Il entreprend d'en faire la synthèse et en tire la conclusion que « les images figuratives sont plus acceptables (*ahwan*) sur le tapis [de prière] que dans la *qibla* ». D'où, explique-t-il, la « solution de tolérance[88] » adoptée par son maître lorsqu'il s'agit du mobilier textile. En vérité, c'est l'ensemble des images figuratives qu'al-Shaybānī avalise dès lors qu'il considère qu'aucune d'elles n'invalide la *ṣalāt*, pas même celles qui sont exposées en hauteur face à l'orant. Al-Sarakhsī (m. 490/1096), qui est le juriste le plus important que l'école ḥanafite ait eu après al-Shaybānī, retient cette leçon lorsque, à son tour, il entreprend dans un remarquable effort d'interprétation personnelle de dénouer le lien problématique entre l'image figurative et l'idole comme aucun juriste n'a su le faire avant lui. Il n'hésite pas pour cela à se confronter aux questions les plus épineuses que ses pairs des autres écoles sunnites ont toujours soigneusement évitées.

Al-Sarakhsī n'hésite pas en effet à affirmer que faire figurer des images d'êtres vivants (*timthāl dhī arwāḥ*) dans les mosquées ou même sur/dans la Kaʿba (qui est annuellement revêtue de tissus d'apparat) n'est pas *ḥarām*. L'acte est *makrūh*. Encore, ajoute-t-il, que la réprobation tomberait si l'on couvrait de quelque enduit – argile ou chaux – les figures des êtres représentés. Elle n'a plus de raison d'être, y compris dans le cas où l'on ferait disparaître l'enduit. Car, explique-t-il, la réprobation porte moins sur l'image que sur « ce qui pourrait signifier la glorification de l'image et l'imitation de celui qui lui voue adoration ».

En droit ḥanafite, cela s'appelle une *ḥīla*, c'est-à-dire un « subterfuge » légal. Autrement, qu'en serait-il des images figuratives se trouvant dans la *qibla* ? Sont-elles réprouvées ? Al-Sarakhsī y répond de manière ambivalente. Elles sont réprouvées si « elles ont une ressemblance avec les idoles (ou les icônes) ». Elles ne sont pas réprouvées si cette ressemblance n'est pas établie. Et pour celles se trouvant ailleurs que dans la *qibla* ? « La réprobation est moindre. » Pourquoi ? Parce que dans leur cas « la signification de la vénération (*taʿẓīm*) et de la ressemblance (*tashbīh*) avec celui qui voue un culte aux images s'anéantit ». Aussi ne mettent-elles pas en péril l'acte rituel canonique.

88 Al-Shaybānī, *Kitāb al-Aṣl*, éd. Abū al-Wafā al-Afghānī, Hyderabad, 3 vol., I, p. 126.

La même notion de ressemblance appliquée à l'acte d'adoration de l'image détermine le statut du tapis sur lequel est effectuée la prière. Tenant compte du double usage profane et rituel du tapis orné de motifs figuratifs, al-Sarakhsī établit une distinction : dans un cas, « la vénération ne peut se produire » quand le tapis est installé dans le salon ou dans la chambre à coucher en tant que mobilier ; dans l'autre, elle peut se produire quand ce même tapis est un accessoire de culte. En particulier si l'un de ses motifs se trouve à l'endroit où l'orant doit poser son front au moment de se prosterner. Là, il y a « signification de la vénération[89] ». Ailleurs sur le tapis, la même image trouverait une quiétude qu'al-Sarakhsī reconnaît *in fine* à toute l'espèce figurative.

Pour parvenir à cette validation globale, il développe une théorie dans laquelle c'est la taille de l'image figurative, et elle seule, qui est le critère décisif de définition de son statut légal. Si cette image est assez grande, il lui est difficile de marquer sa différence avec l'idole (ou de l'icône). Si, au contraire, elle n'est pas assez grande pour être vue de loin, « il n'y a nul dommage » (*lā ba'्s*). Car, explique al-Sarakhsī, l'iconolâtre ne peut pas se contenter de vouer un culte aux images de taille modeste. Toutes les images figuratives peuvent dans ces conditions prétendre à une existence légale et légitime : « Ne sont réprouvés que les *tamāthīl* qui sont visibles de loin[90]. » Dès lors qu'ils ne sont pas perceptibles de loin à l'œil nu, nul ne songerait à leur associer la « signification » (*maʿnā*) de la vénération et de l'imitation pieuse[91]. Cette affirmation de portée générale est assurément novatrice dans la culture islamique de l'époque. Jusqu'alors seule la Sunna – la Tradition – avait su développer un discours holiste pour contrecarrer les images figuratives condamnées individuellement et collectivement, au contraire du *fiqh* – le droit – qui les a discutées au cas par cas. Or voilà qu'un juriste met en œuvre la même approche globalisante non pas tant pour les persécuter que pour en défendre la quiétude pour peu qu'elles répondent à la condition qu'il a pris soin de définir au préalable.

Tout cela n'a pas empêché les images figuratives de l'islam d'avoir vécu jusqu'à l'aube de l'époque moderne sous un régime de haute surveillance, diront les esprits chagrins. Outre qu'une telle assertion est fausse, notre propos n'était pas de la démentir mais de comprendre, par le truchement du droit, comment les images figuratives ont pu proliférer en islam et mener – au regard de certains segments connus et reconnus de la communauté islamique – une existence aussi légale que légitime, sans verser dans l'ethnographie naïve des

89 Al-Sarakhsī, *Mabsūṭ*, p. 162.

90 Al-Sarakhsī, *Sharḥ Kitāb al-Siyar al-Kabīr*, p. 463 [alwaraq.net].

91 Ibid., p. 464.

« survivances[92] », ni recourir à l'explication anomalistique qui fait de leur existence un phénomène aberrant. Que le champ religieux islamique, et donc l'espace public dont il est le garant, se soit constitué en leur absence au contraire d'autres expériences historiques n'a pas empêché la culture islamique classique de développer un authentique régime de la figuration que nous sommes convenu de qualifier de « nocturne » en raison de son investissement de certains espaces plutôt que d'autres, comme les intérieurs des demeures et les manuscrits.

Cette place des images figuratives négociée dogmatiquement n'a pas été instituée sans débats ni polémiques, c'est-à-dire sans tensions ni crispations. De cette « querelle des images », nous pensons avoir fourni suffisamment d'éléments juridiques jusqu'ici ignorés ou négligés pour ne pas en douter.

---

92 K.A.C. Creswell, *Early Muslim Architecture*, Oxford, Oxford University Press, 1969 (2e éd.), 2 vol. [à propos des Sémites supposés être hostiles aux images] ; G. Marçais [opposant Arabes et Persans], K. Otto-Dorn, *L'art de l'islam*, trad. J.-P. Simon, Paris, 1967 [à propos des Turcs et de la survivance de leurs traditions picturales préislamiques].

CHAPITRE 2

Une brève histoire des portraits d'auteurs dans les manuscrits islamiques*

Sheila S. Blair

Les portraits d'auteurs qui ornent les manuscrits islamiques produits durant l'époque médiévale sont connus et bien étudiés. Le plus célèbre d'entre eux (fig. 1-2) est le frontispice double montrant le philosophe grec du Ier siècle av. J.-C., Dioscoride, avec ses élèves, dans une traduction arabe de son traité de pharmacologie transcrite en 626/1229, et actuellement conservée à la bibliothèque Topkapı d'Istanbul[1]. Ces manuscrits ont intéressé les chercheurs depuis longtemps en raison de leur relation avec les œuvres classiques. On les trouvait déjà sur la liste des manuscrits illustrés islamiques antérieurs à 1350, compilée par Kurt Holter en 1937, ainsi que dans le supplément ajouté par Hugh Buchthal, Otto Kurz et Richard Ettinghausen trois ans plus tard[2]. L'article de Kurt Weitzmann de 1952, sur les sources grecques des illustrations scientifiques islamiques, relie spécifiquement les portraits d'auteurs dans ces manuscrits à la tradition classique[3]. Ce type de problématique intéresse toujours les chercheurs actuellement : l'article d'Eva Hoffman consacré au portrait d'auteur dans les manuscrits arabes du XIIIe siècle, paru en 1993, est sous-titré « un nouveau contexte islamique pour une tradition de l'Antiquité tardive[4] ».

---

* *Traduit de l'anglais par Céline Grasser.*

1 Ahmet III 2127. L'ouvrage de R. Ettinghausen, *Arab Painting*, Genève, Skira, 1962, p. 67-74, offre l'accès le plus aisé à ce manuscrit. Pour une liste des copies illustrées de la traduction arabe du *De Materia Medica* de Dioscoride, voir E.J. Grube, « Materialien zum Dioskorides Arabicus », *in : Aus der Welt der islamischen Kunst : Festschrift für Ernst Kühnel*, Berlin, Mann, 1959, p. 163-194.

2 K. Holter, « Die islamischen Miniaturhandschriften vor 1350 », *Zentralblatt für Bibliothekwesen* 54, 1937, p. 1-34 ; H. Buchthal, O. Kurz et R. Ettinghausen, « Supplementary Notes to K. Holter's Check List of Illuminated Islamic Manuscripts Before A.D. 1350 », *Ars Islamica* 7, 1940, p. 147-164.

3 Kurt Weitzmann, « The Greek Sources of Islamic Scientific Illustrations », *in* : H.L. Kessler (éd.), *Studies in Classical and Byzantine Manuscript Illumination*, Chicago, University of Chicago Press, 1971, p. 20-44.

4 E.R. Hoffman, « The Author Portrait in Thirteenth-Century Arabic Manuscripts : A New Islamic Context for a Late-Antique Tradition », *Muqarnas* 10, 1993, p. 6-20.

 | DOI 10.1163/9789004283855_003

Le titre de cet essai « Une brève histoire » est donc provocateur pour plusieurs raisons. Il renvoie, quelque peu ironiquement, à la longue histoire du portrait d'auteur remontant aux siècles précédant l'essor de l'islam et aux discussions prolixes auxquelles il a donné lieu à l'époque contemporaine. Un sujet que je voudrais aborder ici, en notant en particulier comment des attributions et des suggestions ont parfois été transformées en faits rigoureux et établis. En outre, le titre renvoie plus directement à la période relativement brève d'épanouissement de ce type de portraits dans les manuscrits islamiques, les exemples survivants les plus célèbres – qui sont également ceux auxquels s'intéressera cet article – ayant été réalisés entre la fin du XIIe siècle et le début du XIVe, une période que je qualifierai sommairement de « long XIIIe siècle ». Globalement, cet essai tente de situer ces portraits d'auteurs dans le contexte plus large de la production artistique de la période, et cherche à répondre à des questions plus vastes : pourquoi ont-ils été réalisés alors en terres d'islam, quelle fonction jouaient-ils, et pour quelle raison ont-ils finalement été remplacés par d'autres types d'illustrations ?

1 Définitions

Avant d'en venir au sujet principal de notre recherche, je commencerai par définir les termes que j'utilise. D'abord, qu'entend-on par « manuscrits islamiques » ? L'art islamique est généralement conçu comme étant l'art produit dans les zones où les musulmans constituent une part importante de la population[5]. Une telle définition est cependant trop vaste pour notre propos et cet article ne concerne que les manuscrits s'adressant essentiellement à un public musulman. Sont ainsi exclus, des textes chrétiens produits durant cette période en Égypte ou en Syrie, tel un manuscrit des Évangiles transcrit en 1178-1180 par Michel, métropolitain de Damiette, probablement pour le patriarche d'Alexandrie, Marc II, dont le portrait apparaît au début du volume[6], ou encore un lectionnaire syrien jacobite réalisé au monastère de Mar Mattaï près

5 Sur les problèmes qu'il y a à définir ce que recouvre (ou non) le terme d'islamique, voir S.S. Blair et J.M. Bloom, « The Mirage of Islamic Art : Reflections on the Study of an Unwieldy Field », *Art Bulletin* 85/1, mars 2003, p. 152-184.

6 Paris, BnF ms. copte 13 ; M.-G. Guesdon et A. Vernay-Nouri (éd.), *L'art du livre arabe : Du manuscrit au livre d'artiste*, Paris, Bibliothèque nationale de France, 2001, p. 94. La partie droite du frontispice montrant les quatre évangélistes est à présent conservée à la Freer Gallery of Art (55.11). Voir Hoffman, « Author Portrait », fig. 8.

de Mossoul dans le nord de l'Irak en l'an 1531 de l'ère séleucide, soit 1220 de notre ère[7].

En outre, le sujet étudié ici n'englobe pas tous les manuscrits destinés à un public musulman. Les exemplaires du Coran, le codex le plus important produit pour ce public, ne sont pas ornés d'images[8]. Le principal type de manuscrit islamique n'entre donc pas dans le champ de cette enquête, bien que la période considérée ait été un moment clé pour la production de copies du Coran, les calligraphes développant et codifiant alors divers styles d'écritures rondes connus sous le nom de « Six Plumes ». Le Coran réalisé pour Quṭb al-Dīn Muḥammad b. Zanjī, qui règne sur Sinjār, sur le Khābūr et sur Niṣībīn de 1198 à 1219[9], en constitue un bon exemple. Chaque page de texte du manuscrit en trente parties possède cinq lignes d'écriture *thuluth* pleine et dorée, l'un des styles compris dans les Six Plumes. Cette écriture est habituellement réservée à des fins ornementales, comme les en-têtes des manuscrits ou les inscriptions architecturales, et son utilisation inhabituelle ici, parallèlement à celle d'encre dorée, fait ressortir le caractère particulier de cet exemplaire. Mais, si à proprement parler les manuscrits chrétiens et les corans sont tout deux au-delà du champ de notre enquête, ils ont néanmoins un impact important sur le développement des portraits d'auteurs dans les manuscrits islamiques qui nous intéressent ici.

Ensuite, qu'entend-on par portrait ? La monographie récente de Richard Brilliant sur le portrait dans le monde occidental fournit un cadre théorique général. Il considère le portrait comme une construction culturelle reliant un sujet, un créateur et un public, et le définit de manière large comme une œuvre d'art créée intentionnellement par un artiste utilisant une technique quelconque parmi de nombreuses possibles, et représentant des gens vivants

7 Vatican, Biblioteca Apostolica, ms. siriaco 559 ; illustration dans Ettinghausen, *Arab Painting*, p. 94.

8 Il n'existe pas d'étude d'ensemble des manuscrits du Coran produits durant cette période au cours de laquelle les Six Plumes supplantent les styles angulaires plus anciens. Sur les changements d'écritures, voir S.S. Blair, *Islamic Calligraphy*, Edimbourg, Edinburgh University Press, 2006, partie III.

9 Paris, BnF 5949, Londres, Khalili Collection QUR497 et ailleurs ; voir David James, *The Master Scribes : Qur'ans of the 10th to the 14th Centuries AD*, Julian Raby (éd.), The Nasser D. Khalili Collection of Islamic Art, Londres, The Nour Foundation in association with Azimuth Editions and Oxford University Press, 1992, n° 7 ; *L'Orient de Saladin : L'art des Ayyoubides*, Paris, Institut du Monde Arabe/Gallimard, 2001, n° 216 ; Guesdon et Vernay-Nouri, *L'art du livre arabe*, n° 42.

ou ayant un jour existé. Le portrait est ainsi une interface entre l'art et la vie sociale, dont la réception est fonction des traditions culturelles[10].

Depuis la Renaissance, les Européens ont attendu des portraits qu'ils aient un caractère individuel. Le portrait en buste du Doge vénitien Leonardo Loredano, peint par Giovanni Bellini en 1501, constitue un bon exemple du portrait ressemblant qui devient populaire en Europe au cours du XVe siècle[11]. En transformant la tête vue de profil inspirée des pièces de monnaie antiques en un buste qui apparaît de trois quarts par rapport au plan du tableau, Bellini non seulement confère un relief supplémentaire au personnage, mais intensifie également la confrontation psychologique entre le modèle et le spectateur. Ce portrait est ainsi une étude psychologique du pouvoir, montré à travers le regard impérieux du Doge, ses lèvres subtilement incurvées et son front ridé. Le portrait de Bellini révèle néanmoins également son contexte social. Il s'agit aussi d'un portrait formel du souverain vêtu de son habit de fonction officiel, portant un *corno* au-dessus d'une toque de toile et une robe avec des boutons ornés en forme de glands. Le dessin minutieux du motif floral sur la soie par Bellini constitue un commentaire sur l'amour vénitien pour les riches soieries – et sur le profit qui en est tiré.

Les portraits ne sont néanmoins pas nécessairement réalistes. Ceux d'Afrique, par exemple, ont souvent un caractère emblématique, utilisant des dispositifs symboliques pour évoquer l'image du sujet dans l'esprit du spectateur[12]. Un bon exemple en est fournit par le masque en cuivre de la tête d'un *oba*, ou chef ancestral du peuple Edo, réalisé à la cour du Bénin, au Nigéria, au milieu du XVIe siècle, peu après le portrait de Bellini[13]. Les masques comme celui-ci accordent de manière caractéristique plus d'importance aux insignes royaux qu'aux traits individuels, et ici l'artiste a délibérément juxtaposé la peau lisse du visage avec une coiffe et un collier à la texture élaborée. Ces atours repré-

10 R. Brilliant, *Portraiture*, Cambridge, MA, Harvard University Press, 1991, p. 11. Voir également P. Soucek, « The Theory and Practice of Portraiture in the Persian Tradition », *Muqarnas* 17, 2000, p. 98.

11 Le portrait de Bellini, conservé à la National Gallery de Londres, est visible sur le site internet du musée : http://www.nationalgallery.org.uk/cgi-bin/WebObjects.dll/CollectionPublisher.woa/wa/work ?workNumber=NG189.

12 Sur la tradition des portraits à emblèmes dans l'art africain, voir J. Turner (éd.), *The Dictionary of Art*, Londres, Macmillan Publishers Limited, 1996, Africa, IV, 3 : Imagery and iconography : Portraiture.

13 Ce masque est au Metropolitan Museum of Art, Michael C. Rockefeller Memorial Collection, Legs de Nelson A. Rockefeller, 1979 (1979.206.86) ; des informations sont disponibles sur le site internet du musée : http://www.metmuseum.org/toah/ho/08/sfg/hod_1979.206.86.htm.

sentent les insignes royaux en corail, un matériau qui revêt une importance particulière pour le peuple Edo du fait de son association avec les royaumes ancestraux de la mer et avec l'immense richesse acquise par l'*oba* dans le commerce au long-cours avec l'Europe.

On peut faire une analyse relativement similaire d'un grand buste (40 cm) en argent doré au mercure représentant un souverain sassanide[14]. Comme le masque du Bénin, la tête du monarque sassanide se présente de manière frontale, le regard fixé droit devant. Son importance est indiquée par la couronne dorée, les boucles d'oreilles et le collier, insignes royaux qui véhiculent un sentiment de majesté et mettent l'accent sur la position plutôt que sur la physionomie. Pour des raisons stylistiques, on pense que le buste représente Shāpūr II (307-379), dont le long règne a vu le rétablissement de l'autorité centrale de la monarchie sassanide[15].

Concernant la notion d'auteur, j'adopte un point de vue large, et utilise le terme pour désigner non seulement ceux qui ont compilé les textes, mais également ceux dont les œuvres y sont citées, résumées ou décrites[16]. Le problème de l'identification des auteurs est particulièrement sujet à controverse, les textes étant souvent retravaillés à maintes reprises par de multiples personnes. Comme nous allons le voir, les textes étudiés ici recouvrent toute une diversité de sujets et de formes. Certains sont non seulement des traductions du grec ou du sanscrit, mais constituent également des paraphrases et des commentaires du texte initial, les commentateurs ou traducteurs jouant alors un rôle particulièrement important. L'ouvrage du sage grec Dioscoride, par exemple, a été traduit dans un premier temps du grec en syriaque, version qui sert de base à la traduction arabe d'Iṣṭifān b. Basīl, qui est ensuite corrigée par Ḥunayn b. Isḥāq à Bagdad au IXe siècle, puis révisée par Ḥusayn b. Ibrāhīm al-Natalī en 380/990, probablement à Samarkand[17]. Les contes animaliers connus sous le nom de Kalīla et Dimna ont quant à eux été traduits du sanscrit d'abord en arabe, puis

---

14 Metropolitan Museum of Art 65.126. Voir *Splendeur des Sassanides : L'Empire perse entre Rome et la Chine* (224-642), Bruxelles, Musées Royaux d'Art et d'Histoire, 1993, n° 23. L'image, ainsi qu'une description, est également disponible à l'adresse suivante : http://www.metmuseum.org/Works_of_Art/viewOne.asp ?dep=3&viewMode=0&item=65%2E126.

15 Sur l'art sassanide, voir les brefs commentaires dans Turner, *Dictionary of Art*, Sasanian.

16 Je remercie Françoise Micheau d'avoir soulevé cette question au cours de la discussion qui a suivi ma conférence à Paris.

17 Voir *EI2*, « Diyuskuridīs » ; M.M. Sadek, *The Arabic Materia Medica of Dioscorides*, Québec, Les Éditions du Sphinx, 1983.

en persan[18]. D'autres textes font l'objet d'une réécriture par plusieurs auteurs à l'époque islamique. Les *Maqāmāt* (Assemblées), par exemple, ont été rédigées d'abord par al-Hamadānī (m. 1008), puis retravaillées par al-Ḥarīrī (m. 1122)[19]. Les illustrateurs jouent sur cette ambiguïté et, comme nous le verrons, bon nombre des portraits d'auteurs avait probablement pour fonction d'enregistrer visuellement cette chaîne de transmission.

En ce qui concerne plus spécifiquement les portraits d'auteurs dans les manuscrits islamiques, j'entends par là les grandes peintures, souvent sur une pleine page, voire sur deux, qui apparaissent au début ou à la fin d'un volume ou d'une section d'un texte, comme dans l'exemple du manuscrit de Dioscoride réalisé en 626/1229. Ces grandes peintures peuvent être distinguées d'enluminures plus petites insérées au sein du texte, qui montrent un auteur engagé dans une activité savante caractéristique. On en trouve plusieurs exemples dans une copie du début du XIIIe siècle des *Mukhtār al-ḥikam wa-maḥāsin al-kalim* (Les meilleures sentences et les plus précieux dictons) compilés par le savant égyptien al-Mubashshir b. Fātik au XIe siècle[20]. L'une de ces peintures montre ainsi un Socrate à turban dans l'attitude d'un penseur classique. Une autre représente Solon, caractérisé par sa barbe et ses cheveux d'un blond roux qui émergent furtivement d'un long foulard lui couvrant la tête, en train d'enseigner devant des étudiants. Des vignettes encore plus élaborées apparaissent dans des exemplaires d'un traité sur la thériaque, l'antidote contre les morsures de serpents. Un exemple tiré d'un manuscrit du *Kitāb al-diryāq* complété au mois de Rabīʿ I 595/décembre 1198-janvier 1199, à présent à Paris, montre le médecin Andromachos préparant une thériaque (fig. 3)[21].

---

18 Pour des exemplaires illustrés datant de cette période, voir B. O'Kane, *Early Persian Painting : Kalila and Dimna Manuscripts of the Late Fourteenth Century*, Londres, I.B. Tauris, 2003.

19 *EI2*, al-Ḥarīrī. Pour des exemplaires illustrés, voir O. Grabar, *The Illustrations of the Maqamat*, Chicago, University of Chicago Press, 1984.

20 Istanbul, Bibliothèque du palais de Topkapı Ahmet III, 3206 ; pour une brève description de ces illustrations, voir Ettinghausen, *Arab Painting*, p. 74-79. L'auteur est discuté dans *EI2*, al-Mubashshir.

21 La scène agricole vient d'un exemplaire du *Kitāb al-diryāq* (Paris, BnF Arabe 2964, ancienne page 22) qui est décrit et discuté par Ettinghausen, *Arab Painting*, p. 82-84. Le manuscrit a été publié pour la première fois par B. Farès, *Le livre de la Thériaque : manuscrit arabe à peintures de la fin du XIIe siècle conservé à la Bibliothèque Nationale de Paris*, Art Islamique, Le Caire, Institut français d'archéologie orientale, 1953. Il constitue également le sujet d'une thèse récente de J.J. Kerner, « Art in the Name of Science : Illustrated Manuscripts of the *Kitāb al-Diryāq* », Institute of Fine Arts, New York University, 2004, qui

Ces autres illustrations se distinguent non seulement par leur taille plus petite et leur place au sein du texte, mais également par leur fonction, les éléments narratifs y étant plus importants que la représentation des auteurs. Dans la scène agricole, par exemple, le médecin Andromachos et son serviteur sont réduits à de petites figures à l'arrière-plan dans le coin supérieur gauche, tandis que la plus grande partie de l'illustration est consacrée à des scènes montrant la progression naturelle des travaux de la ferme, qui n'apparaissent pas dans le texte : des laboureurs, un moissonneur qui coupe une plante à l'aide d'une faucille, un homme avec un outil de battage tiré par deux bœufs, deux paysans en train de vanner et de tamiser des grains, et un petit âne transportant un fardeau. Ces peintures narratives plus petites n'entrent pas dans le cadre de cet article et je me concentrerai sur les portraits plus grands sur lesquels s'ouvre ou se ferme régulièrement le texte.

2 Iconographie et sources

Il existe au moins une douzaine d'exemples survivants de ce que je définis comme des portraits d'auteur – de grandes illustrations montrant un auteur, placées au début ou à la fin d'un manuscrit ou d'une section. Ces auteurs peuvent être identifiés par leur costume, leur coiffure, leur attitude et leurs gestes : ils portent de manière typique des barbes, des turbans et sont représentés assis, ou occasionnellement debout, de trois quarts face, occupés à des activités propres aux savants. Les sages aux frontispice et finispice de l'exemplaire du début du XIIIe siècle des *Mukhtār al-ḥikam* gesticulent, leur agitation représentant vraisemblablement la transmission orale enthousiaste du texte. Plus couramment, les personnages tiennent un livre ou sont assis en face d'un élève, comme dans certains exemplaires de la traduction arabe de Dioscoride : ce dernier est assis devant deux étudiants dans le manuscrit d'Istanbul daté 626/1229, tandis qu'une autre copie conservée à la Bodleian le montre debout, un livre à la main[22].

Ce type de portraits d'auteur individuel pouvait aisément être répété pour s'adapter à des textes décrivant les œuvres d'auteurs multiples. Ainsi, deux codex du *Kitāb al-diryāq* comprennent les portraits des neuf médecins de l'Antiquité qui ont inventé et affiné la thériaque, présentés les uns à la suite des autres. Dans l'exemplaire conservé à Paris, complété en 595/1198-1199

---

m'a généreusement fait profiter de son travail. Mon analyse doit beaucoup à son étude de ce manuscrit et de ses illustrations.

22 Pour ces manuscrits, voir Grube, « Materialien », VIII et X.

(fig. 3), le scribe et artiste Muḥammad b. Abīʾ l-Fatḥ ʿAbd al-Wāḥid b. Abīʾ l-ʿAbbās a disposé les neuf médecins par groupes de trois sur trois pages consécutives[23]. Chaque groupe est composé symétriquement : le compartiment central est encadré par un arc lobé rouge qui fait valoir à chaque fois un personnage seul tenant un livre, tandis que les compartiments latéraux montrent des figures allant par paires. Le sage se trouve accompagné d'un assistant souvent imberbe, ce trait signifiant sa jeunesse. Tous les médecins ont une auréole et une barbe et apparaissent de trois quarts face. Ils sont occupés à des activités correspondant à leur position en tant qu'auteurs : ils lisent, écrivent, ou dictent à leurs assistants. Ils sont également accompagnés d'attributs savants tels que livres, pupitres, plateaux, tasses, cruches et autres récipients.

Dans une copie non datée du même texte conservée à Vienne, un artiste non identifié a représenté les neuf médecins en trois colonnes sur une seule page[24]. Les personnages sont disposés dans un ordre pseudo-chronologique accordant davantage d'importance à la symétrie qu'à toute autre considération : les figures de la colonne centrale sont représentées frontalement, tandis que celles des colonnes latérales apparaissent de trois quarts face. Galien, le dernier dans la succession de ceux qui ont élaboré la formule de la thériaque, constitue la seule exception. Il apparaît dans le coin inférieur gauche de profil, comme s'il contemplait, en faisant un retour sur le passé, ses prédécesseurs, grâce à la sagesse de qui il a codifié la thériaque[25].

Comme l'a fait remarquer Richard Ettinghausen il y a cinquante ans, l'iconographie des portraits tant doubles que simples trouve ses origines dans la tradition classique, notamment dans la copie grecque du *De materia medica* de Dioscoride réalisé pour la princesse byzantine Juliana Anicia avant 512 et

---

23 Paris, BnF ms. arabe 2964, renumérotées pages 34, 31, et 32.

24 Nationalbibliothek A.f. 10, folio 3b ; Dorothea Duda, *Islamische Handschriften II Teil 1 : Die Handschriften in arabischer Sprache, in : Die illuminierten Handschriften und Inkunabeln der Österreichischen Nationalbibliothek*, Österr. Akademie der Wissenschaften, Phil.-Hist. Klasse, Denkschriften, 229, Vienne, Verlag der Österreichischen Akademie der Wissenschaften, 1992, p. 46-69. Si l'on suit les rangées de droite à gauche et de haut en bas, les médecins se présentent dans l'ordre suivant : 1) Andromachos l'Aîné (avec une barbe noire), 2) Heracleides, 3) Philagrios, 4) Proclos, 5) Pythagoras, 6) Marinos, 7) Andromachos le Jeune (avec une barbe blanche), 8) Magnos, et 9) Galien. Weitzmann a fait remarquer que l'ordre a pu apparaître chronologique pour l'artiste, mais qu'il s'agit en fait d'une pseudo-chronologie. Voir Weitzmann, « Greek Sources », p. 40.

25 Je dois cette suggestion à Kerner, « Art in the Name of Science », p. 182.

à présent conservé à Vienne[26]. Dans le manuscrit byzantin, par exemple, la grande illustration au folio 4b représente le botaniste assis tendant le bras vers la figure féminine d'Heuresis, personnification de l'investigation et de la recherche scientifiques. Elle tient à la main la mandragore magique, de forme humaine, elle-même attachée à un chien, animal dont, selon une superstition classique, l'aide est nécessaire pour extraire la racine. Ce type de composition fournit le modèle qui a été utilisé dans la copie de 626/1229, mais avec certains changements iconographiques. Dans cette dernière peinture, la femme et le chien sont ainsi remplacés par une figure masculine, les vêtements classiques disparaissent au profit de caftans et de turbans, tandis que la chaise devient une table et un tabouret.

Parallèlement au portrait individuel, on peut faire remonter aux modèles classiques les origines du portrait de groupe qui apparaît dans des manuscrits islamiques du XIIIe siècle. Comme exemples, Ettinghausen cite deux des illustrations d'ouverture du Dioscoride de Vienne du IVe siècle montrant sept médecins : celle du folio 4b représente Galien assis au centre dans un fauteuil, les deux mains levées dans un geste indiquant le discours. Crateuas est assis à sa droite et Dioscoride à sa gauche, leurs mains levées indiquant qu'eux aussi sont en train de parler. La paire qui apparaît dans la zone centrale est constituée d'Apollonium Mys sur la gauche, et de Nicander sur la droite. Nicander tient un serpent, ce qui s'accorde avec l'inclusion de son traité sur le sujet dans le codex de Vienne. En bas sont assis Andreas et Rufus, auteur présumé de la section du texte consacrée à la botanique. Il est possible que le choix du nombre sept remonte à son tour au type littéraire établi par M. Tenertius Varro en 39 av. J.-C., où il traite de sept cents personnages célèbres représentés en cent images, comptant chacune sept figures. Dans la Genèse de Vienne, les sept sages sont disposés sur un fond d'or, un trait repris sur le double frontispice du manuscrit plus tardif conservé au musée de Topkapı.

Ettinghausen a comparé le frontispice du Dioscoride de Vienne au frontispice sur deux pages très endommagé de la copie du début du XIIIe siècle des *Mukhtār al-ḥikam* d'al-Mubashshir. Chaque côté du frontispice dans le manuscrit plus tardif montre sept figures insérées dans un cadre géométrique

---

26 Vienne, Nationalbibliothek, cod. med. gr. 1. Le codex a été publié en facsimile par Hans Gerstinger, *Dioscurides, Codex Vindobonensis Med. Gr. 1*, Graz, 1970, mais les illustrations sont plus facilement accessibles dans K. Weitzmann, *Late Antique and Early Christian Book Illumination*, New York, George Braziller, 1977, pl. 15-20. Voir également les commentaires dans R. Ettinghausen, « Interaction and Integration in Islamic Art », *in* : G.E. von Grunebaum (ed.), *Unity and Variety in Muslim Civilization*, Chicago, Chicago University Press, 1955, p. 118-120 ; Ettinghausen, *Arab Painting*, p. 67-74.

similaire à des panneaux ornementaux de porte. Les personnages et leur disposition apparaissent plus clairement sur le finispice mieux conservé, mais les sept figures de part et d'autre ont vu leur nombre réduit à six, ce qui indique qu'à la date du XIIIe siècle, l'iconographie et la signification du nombre sept revêtent un caractère au mieux ténu.

3 Transmission ou renaissance ?

Étant donné les liens étroits entre les modèles de l'Antiquité tardive et les copies islamiques, nous devons nous poser la question de savoir s'il y a eu une continuité dans la tradition, ou si les exemples du XIIIe siècle réalisés en terres islamiques doivent plutôt être considérés comme la renaissance d'une tradition de l'Antiquité tardive. La plupart des chercheurs, notamment Hoffman, se sont prononcés en faveur d'une continuité[27], mais je penche personnellement pour une renaissance.

Retracer l'histoire des portraits d'auteur dans les manuscrits illustrés plus anciens est difficile du fait de la position qu'occupent ces folios au sein des ouvrages. Ces portraits étant situés de manière typique au début ou à la fin d'un codex, folios qui sont souvent égarés, il est possible que des portraits d'auteur aient été perdus ou détruits. Dans l'exemplaire daté le plus ancien des *Mukhtār al-ḥikam* d'al-Mubashshir, un manuscrit transcrit par Garshasp b. ʿUmar al-Nasawī en 618/1221, par exemple, les dix premiers folios ont été remplacés, peut-être dès le XIIIe siècle, par des nouveaux contenant une recension du texte différente de celle utilisée dans le reste du manuscrit[28]. Du fait des destructions, nous ne possédons donc que quelques exemples de manuscrits illustrés intacts réalisés durant les siècles intermédiaires.

Ceux qui ont survécu, cependant, ne contiennent pas de portraits d'auteur, à l'image, par exemple, de la copie datée la plus ancienne de la traduction arabe du traité médical de Dioscoride, un manuscrit qui a été complété, d'après le

---

27 Voir, en particulier, Hoffman, « Author Portrait ».

28 Dublin, CBL ms. 3027 ; Franz Rosenthal, « From Arabic Books and Manuscripts, XIII-XIV », *Journal of the American Oriental Society* 95/2, April-June 1975, p. 209-213. Les folios de remplacement contiennent un texte lié de très près à l'exemplaire illustré conservé à la bibliothèque de Topkapı. Il existe également des copies non illustrées de ce texte scientifique ainsi que d'autres textes du même type qui datent de ces siècles. Voir, par exemple, la copie des traités de Galien traduits par Ḥunayn b. Isḥāq au début du XIe siècle (Paris, BnF arabe 2859, *À l'ombre d'Avicenne : La médecine au temps des califes*, Paris, Institut du Monde Arabe, 1996, n° 15).

colophon, un lundi au milieu du mois de Ramadan [4]75/6, février 1083[29]. Le texte contient la recension de Dioscoride complétée par le maître d'Ibn Sīnā, Ḥusayn b. Ibrāhīm al-Natalī, un vendredi au milieu du mois de Rabīʿ I 380/13, juin 990, probablement à Samarkand. Cette copie a été réalisée un siècle après la traduction, et Mahmoud Sadek, le chercheur qui a étudié le manuscrit de manière approfondie, suggère qu'il a été transcrit pour l'usage personnel d'un médecin. Extrêmement bien conservé, avec une page de titre (1a) et un colophon (228b) intacts, le manuscrit comprend 620 illustrations plutôt simples, représentant 604 plantes, dont certaines apparaissent de nombreuses fois, mais une seule illustration montrant un personnage – une petite image au folio 8a figurant un homme qui utilise du malabathron pour soigner une infection oculaire. Il n'y a pas d'illustration représentant l'auteur, ni de grand portrait au début, ni même de scène narrative plus petite le montrant occupé à une activité quelconque. Cette copie, la plus ancienne de la traduction arabe du traité de Dioscoride, montre ainsi que certains manuscrits illustrés réalisés en terres d'islam entre la fin de l'Antiquité et le XIIIe siècle, y compris le type de texte même qui sera plus tard orné de portraits d'auteur, ne comportaient pas de représentation de ce type. Ce manuscrit – ou d'autres comme lui – ne prouve pas nécessairement qu'il n'y a pas eu de portraits d'auteur réalisés dans les pays islamiques avant la fin du XIIe siècle. L'absence de preuve n'est pas la preuve d'une absence. Ce fait est suggestif, il n'en est pas pour autant définitif.

En l'absence de preuve physique sous forme de portraits ayant survécu, les chercheurs se sont tournés vers d'autres types d'indices pour suggérer la présence de portraits d'auteur dans les manuscrits réalisés aux périodes antérieures en terres d'islam, et notamment les mentions écrites. Ḥunayn, le savant du IXe siècle qui a traduit le texte de Dioscoride en arabe, mentionne des livres et des rouleaux aux lettres colorées et dorées, qui comprenaient des frontispices montrant des images de philosophes assis sur des estrades avec leurs étudiants debout devant eux[30]. Quand il a réalisé sa traduction, Ḥunayn a indubitablement eu accès à des exemplaires du *De materia medica* de Dioscoride de l'Antiquité tardive qui contenaient des portraits d'auteur, et sa mention de copies

29 Leyde, Bibliothèque universitaire cod. or. 289 ; M.M. Sadek, « Notes on the Introduction and Colophon of the Leiden Manuscript of Dioscorides' 'De Materia Medica' », *International Journal of Middle East Studies* 10, 1979, p. 345-354 ; M.M. Sadek, *Arabic Materia Medica*.

30 F. Rosenthal, « On Art and Aesthetics in Graeco-Arabic Wisdom Literature », *in* : R. Ettinghausen et Otto Kurz (éds), *Four Essays on Art and Literature in Islam*, Leyde, Brill, 1971, p. 4 et n. 2 ; également cité dans Hoffman, « Author Portrait », p. 15 et n. 49.

qu'il a « déroulées » suggère qu'il parle non pas de codex réalisés à l'époque islamique, mais plutôt de rouleaux de la fin de l'Antiquité[31].

Pour établir une continuité entre l'Antiquité tardive et/ou la Bagdad abbasside du IXe siècle et la Syrie et la Mésopotamie du XIIIe siècle, certains chercheurs se sont tournés vers des sources visuelles, tentant de (re)créer une école de peinture fatimide. Le témoignage le plus important est constitué par ce que l'on a nommé les « fragments de Fostat », un groupe de peintures et de dessins fragmentaires, dont un grand nombre est à présent conservé dans la collection Keir à Ham Surrey[32]. La plupart sont des esquisses et des études préparatoires – peut-être destinées à être exécutées sur un autre support – mais quelques-uns, dont celui qui apparaît sur cette figure (fig. 5), publié pour la première fois par Gaston Wiet alors qu'il était conservé dans la collection de Sabry Pasha au Caire, semblent être des pages de manuscrits[33]. Un côté contient quelques lignes d'écriture, dont le titre « Poèmes de Kuthayyir et ʿAzza al-Khuzāʿiyyayn [de la tribu de Khuzāʿa] », le dernier mot ayant été ajouté dans une écriture plus négligée. Kuthayyir (m. 105/723) était un versificateur connu dont le désir brûlant pour ʿAzza constitue un bon exemple de l'école ʿUdhrī de poésie d'amour composée durant la période umayyade[34]. La ligne suivante, écrite d'une autre main, donne le nom du collectionneur de cette version particulière, Abū Ayyūb Sulaymān b. Muḥammad b. Abī Ayyūb al-Ḥarrānī, inconnu par ailleurs. Au sommet et au bas de la page se trouvent deux gloses poétiques ajoutées par des propriétaires plus tardifs. Celle du bas demande ainsi à Dieu d'unir les couples qui s'aiment, à commencer par l'auteur, lui aussi amoureux.

L'autre côté du fragment contient une peinture (13×20,5 cm) représentant un personnage unique vu de trois quarts face, tourné vers la gauche et disposé dans un cadre décoratif, avec des étoiles entrelacées dans les coins, des perroquets sur les côtés, et des lapins affrontés au-dessus et en-dessous. La plupart des chercheurs ont discuté l'iconographie de la peinture, plutôt que sa condi-

31 Je remercie Julia Bray pour cette suggestion.

32 E.J. Grube, « Fustat Fragments », *in* : B.W. Robinson (éd.), *Islamic Painting and the Arts of the Book*, The Keir Collection, Londres, Faber and Faber, 1976, p. 23-66. Grube a également publié des articles individuels sur plusieurs de ces fragments.

33 Keir Collection, Ham Surrey, n° 1.7. Voir Grube, « Fustat Fragments », p. 33-34 et pl. 3. Le dessin a été publié pour la première fois par G. Wiet, « Une peinture du XIIe siècle », *Bulletin de l'Institut d'Égypte* 26, 1944, p. 109-118.

34 Sur lui, voir *EI2* : « Kuthayyir b. ʿAbd al-Raḥmān » et A.f. L. Beeston, et al., « Arabic Literature to the End of the Umayyad Period », in *Cambridge History of Arabic Literature*, Cambridge, Cambridge University Press, 1983, p. 419-421. Bien qu'il ait été prolifique, moins de 2000 vers de sa production ont survécu.

tion matérielle[35]. Wiet, par exemple, a consacré la plus grande partie de son article sur cette page. Et plus particulièrement à une analyse approfondie du costume et d'autres détails comme les paires de lapins. Sa longue description a été à son tour citée de manière étendue par Ernst Grube dans sa discussion des « fragments de Fustat » comme part des peintures de la collection Keir, et dans sa documentation d'un style de peinture fatimide.

Cela ne signifie cependant aucunement que ce personnage puisse être considéré, comme l'ont suggéré Grube et Hoffman, comme un portrait d'auteur. Il existe de nombreuses raisons invitant à rejeter cette interprétation. D'abord, et de manière plus générale, on peut douter de l'authenticité de l'ensemble du groupe des fragments de Fostat. Ils sont apparus exactement au même moment que les fameuses « soieries Bouyides », un ensemble de soieries censées avoir été fabriquées en Iran aux XIe et XIIe siècles. Comme les fragments de Fostat, les soieries sont apparues soudainement, dans les années 1940 au sein d'une collection privée cairote et ont fait l'objet d'une monographie par Wiet[36]. Dès la parution de son ouvrage sur les soieries en 1948, des doutes se sont élevés quant à leur authenticité, la controverse devenant tout à fait véhémente dans les décennies suivantes[37]. Des analyses récentes basées sur l'épigraphie et l'examen au radiocarbone prouvent cependant que la plupart d'entre elles sont des faux modernes[38]. Wiet était un bon historien, mais

35 La position que cette page aurait occupée au sein d'un codex relié ne m'apparaît en outre pas clairement. Wiet, un bon chercheur qui travaillait fréquemment avec des textes, a identifié le côté écrit comme étant le verso. Il ne donne aucune raison à cela, mais a peut-être trouvé le bord droit du côté écrit élimé, ce qui indiquerait sa position comme page de droite, ou verso dans un livre relié. Dans ce cas, le côté illustré serait une page de gauche, et le personnage regarderait en direction de l'extérieur, vers la marge, une disposition complètement en désaccord avec d'autres exemples où les figures regardent vers l'intérieur en direction de la gouttière du livre, comme les frontispices du *Kitāb al-Diryāq* de Vienne et d'une copie des *Maqāmāt* également à Vienne datée 734/1334 (Nationalbibliothek A.f. 9 ; Ettinghausen, *Arab Painting*, p. 148 ; Duda, *Handschriften in arabischer Sprache*, p. 20-46). Grube, un bon historien de l'art, mais travaillant peut-être davantage avec des images qu'avec des textes, fait de la face illustrée un verso. Il ne donne aucune explication à ce changement, et il est difficile d'évaluer sa conclusion sans examiner la page et vérifier la présence d'un bord élimé susceptible d'indiquer la position de ce folio au sein d'un codex relié.

36 Pour leur publication originale, voir G. Wiet, *Soieries persanes*, Le Caire, IFAO, 1948.

37 Voir, par exemple, le compte rendu de la monographie de Wiet par F.E. Day, « Review of *Soieries Persanes* by G. Wiet », *Ars Islamica* 15-16, 1951, p. 231-244.

38 Pour leur réévaluation utilisant d'autres moyens d'analyse, voir S.S. Blair, J.M. Bloom, et A.E. Wardwell, « Reevaluating the Date of the 'Buyid' Silks by Epigraphic and Radiocarbon Analysis », *Ars Orientalis* 22, 1992, p. 1-42.

peut-être pas aussi bien formé en histoire de l'art. Il était également, selon moi, quelque peu crédule.

Même si l'on accepte l'authenticité du groupe des « fragments de Fustat », ce fragment particulier présente une série de problèmes qui lui sont propres. Sa condition est inhabituelle. Selon Wiet, la page a souffert d'avoir été enterrée en pleine terre, où la polychromie s'est vu réduite à divers tons de gris, vert, bleu et brun, seul restant intact l'or de la petite couronne et des bijoux. La survie de l'or, face à la détérioration des autres couleurs, est quelque peu surprenante. Un autre trait troublant est la tête à l'envers serrée entre les jambes du personnage. La meilleure explication à la présence de ce visage au bas de l'illustration est qu'il s'est imprimé alors que le papier, probablement mouillé, était plié en deux. Mais dans ce cas, la conservation intacte du collier d'or face à l'écoulement de rouge qui l'entoure est troublante. De telles incohérences logiques ajoutent au scepticisme quant à l'authenticité de ce fragment.

Plus troublante encore est l'iconographie, y compris le costume et la posture du personnage. Wiet et Grube ont tous deux interprété ses jambes aux genoux fléchis pointant vers l'extérieur comme représentant une figure assise sur un trône, bien que rien ne reste de ce trône qui correspondrait au cadre plausible pour un personnage portant une couronne et des bijoux d'or. Pourtant, une telle iconographie ne coïncide pas avec le statut et le maintien des amants du poème, en particulier Kuthayyir. On dit de lui qu'il était très petit, mince, laid, avec un visage rougeaud, un long cou et une tête énorme, un rustre dont la poésie laisse transparaître le manque de sophistication et la naïveté. Peut-être troublé par l'absence de correspondance entre la description de Kuthayyir dans les sources et le personnage représenté sur l'image, Grube a suggéré que celui-ci n'était peut-être pas un homme, mais une femme, et représenterait donc ʿAzza, qui aurait alors été accompagnée d'une deuxième peinture sur la page lui faisant face, représentant le poète Kuthayyir (ou *vice versa*, s'il s'agit là d'un homme). Les femmes ne sont cependant habituellement pas représentées de cette manière, portant des culottes et une couronne, tandis que les riches bijoux, l'attitude et le costume ne s'accordent pas avec l'iconographie des amants bédouins.

Quoi qu'ait été cette page fragmentaire, il ne s'agit pas d'un portrait d'auteur provenant d'un codex relié, et nous devons conclure, comme l'a fait Wiet, qu'il n'y avait pas de lien en matière de sujet entre la page de titre et la peinture figurée. Cette page ne peut donc être utilisée pour documenter une tradition perdue des portraits d'auteur dans les manuscrits islamiques réalisés durant les Xᵉ et XIᵉ siècles et au début du XIIᵉ. S'il est probable que quelques portraits d'auteur aient été produits durant les siècles intermédiaires, les documents existants suggèrent que les portraits de ce type que l'on trouve dans les manuscrits islamiques réalisés au XIIIe siècle s'expliquent mieux comme part d'un épanouissement général de la fabrication de livres qui a lieu au cours de la période médiévale plus tardive que comme la continuité d'une tradition depuis l'Antiquité tardive. Ces livres sont réalisés pour s'adapter à toute une gamme de goûts et de portefeuilles, les plus beaux étant ornés d'illustrations figurées.

4 Une explosion de livres

De nombreuses raisons peuvent être avancées pour expliquer le fort accroissement de la production de livres en terres d'islam durant le XIIIe siècle, dont des codex ornés de portraits d'auteur[39]. L'une d'elles, au moins, est pratique : le papier devenu aisément disponible rend beaucoup plus facile la transcription de manuscrits qu'au cours des siècles antérieurs[40]. Le schéma de Rosenthal montrant l'arborescence des exemplaires existant du texte d'al-Mubashshir illustre parfaitement ce point, les copies de son traité se mettant à proliférer plus de cent ans après sa composition au XIe siècle[41]. Un grand nombre de ces nouveaux livres comportent des illustrations : les six premières copies illustrées des *Maqāmāt* d'al-Ḥarīrī, un texte composé au début du XIIe siècle, datent ainsi du début du XIIIe[42].

Des raisons sociales et intellectuelles favorisent également un élargissement du savoir écrit à l'époque médiévale. Comme l'a soigneusement retracé Hoffman, les savants d'alors étendent des formes traditionnelles comme la biographie à de nouveaux domaines, dont les sciences et la philosophie[43]. Ibn Abī ʿUṣaybiʿa (m. 1270), par exemple, compile son *ʿUyūn al-anbāʾ fī ṭabaqāt al-aṭibbāʾ*, un dictionnaire biographique d'hommes de science qui contient 380 entrées ;

39 Sur cette question, voir H. Touati, *L'armoire à sagesse. Bibliothèques et collections en Islam*, Paris, Aubier, 2003.

40 Sur l'utilisation du papier en terres islamiques, voir Jonathan M. Bloom, *Paper Before Print : The History and Impact of Paper in the Islamic World*, New Haven, Yale University Press, 2001.

41 F. Rosenthal, « Al-Mubashshir Ibn Fātik : Prolegomena to an Abortive Edition », *Oriens*, 13-14, 1961, p. 158.

42 H. Buchthal, « Three Illustrated Hariri Manuscripts in the British Museum », in : *Art of the Mediterranean World A.D. 100 to 1400*, Washington, D.C., Decatur House Press, 1983, p. 11-17 a déjà présenté cet argument. Pour les six exemplaires illustrés, voir O. Grabar, *The Illustrations of the Maqamat*, n° 1-6.

43 Hoffman, « Author Portrait », p. 12-14 a rassemblé la plupart des documents sur cette question.

le guide biographique d'al-Qifṭī, rédigé entre 1230 et 1235, est similaire[44]. Oya Pancaroğlu a en outre signalé que cette époque a été un temps d'expansion de l'humanisme, où l'acquisition et la transmission de savoirs, notamment de connaissances scientifiques, étaient reconnues comme un avantage social[45]. Le soutien au savoir et à l'érudition, notamment sous la forme d'un scriptorium personnel, devient la marque du souverain idéal.

Une part de cet intérêt accru pour le savoir implique la production de livres de plus en plus élaborés. Les plus beaux sont, non seulement transcrits dans de belles écritures, mais également ornés d'enluminures et d'illustrations recherchées[46]. Et considérer globalement ces pages décorées peut nous aider à comprendre la fonction des portraits d'auteur tels qu'ils apparaissent au début et à la fin de ce type de manuscrits. En matière de format, les artistes de la période islamique s'inspirent d'une longue tradition d'enluminure en pleine page. Comme les portraits d'auteur, ces « pages-tapis » remontent à un grand nombre de siècles en arrière, et s'étendent au-delà de la tradition islamique. Elles sont devenues une marque distinctive, par exemple, de l'art insulaire. L'exemple le plus célèbre et le mieux documenté est l'Évangéliaire de Lindisfarne, une copie latine des quatre Évangiles écrite et enluminée sur du vélin dans le monastère insulaire Northumbrien de Lindisfarne à la fin du VIIe siècle[47]. Outre deux douzaines de pages décorées de tables canoniques, d'initiales et de portraits des évangélistes, ce codex élaboré comprend cinq enluminures en pleine page, constituant chacune des variations sur des motifs de croix et d'entrelacs. Ces pages-tapis font face aux premiers mots de l'introduction et de chacun des Évangiles, et James Trilling a suggéré, que non seulement elles avaient un rôle de glorification du texte, mais encore servaient de gardiens aux « portes d'entrée » vulnérables du codex[48], jouant, en ce sens, un rôle apotropaïque.

Dans le monde islamique, c'est dans les manuscrits du Coran, qui deviennent de manière similaire plus élaborés avec les siècles, qu'on peut le mieux suivre la tradition de ce type d'enluminure en pleine page. Le petit manuscrit transcrit

44 De courtes biographies et des listes des œuvres de ces deux personnages sont facilement accessibles dans *EI2*. Un bel exemplaire du dictionnaire d'Ibn Abī ʿUṣaybiʿa conservé à la BnF (Arabe 2115 ; *À l'ombre d'Avicenne*, n° 21) peut être daté du début du XIVe siècle.

45 O. Pancaroğlu, « Socializing Medicine : Illustrations of the *Kitāb al-Diryāq* », *Muqarnas* 18, 2001, p. 155-172.

46 Par enluminure, j'entends ici des ornements non figurés qui peuvent être distingués des illustrations, présentement entendues de manière restreinte comme décorations figurées.

47 Londres, British Library, Cotton MS. Nero D. IV. Brève description et bibliographie dans Turner, *DoA* : Lindisfarne Gospels.

48 J. Trilling, *Ornament : A Modern Perspective*, Seattle, University of Washington Press, 2003, p. 101 et pl. 7.

et enluminé par Ibn al-Bawwāb à Bagdad en 391/1000-1001, un point de repère dans la production de Coran telle qu'on la connaît actuellement, contient cinq ensembles de pages enluminées, trois au début et deux à la fin[49]. Comme les pages doubles de l'Évangéliaire de Lindisfarne, certaines des pages enluminées du Coran manuscrit transcrit par Ibn al-Bawwāb contiennent des tables ou des compartiments, détaillant dans ce cas la recension précise du texte et énumérant le nombre de versets, de mots, et même de lettres de cet exemplaire particulier. Les ensembles directement contigus au texte (folios 8b-9a et 284b-285a) sont cependant strictement décoratifs et, comme les pages solitaires de l'Évangéliaire de Lindisfarne, peuvent être considérées comme protégeant et délimitant le texte saint.

Ce type de décoration occupant toute une page prolifère dans les exemplaires du Coran réalisés au cours des XIe et XIIe siècles[50]. Un très grand codex copié et enluminé par Maḥmūd b. al-Ḥusayn *al-kātib* al-Hamadānī à la fin du mois de Jumādā I, 559/avril 1164, par exemple, s'ouvre sur une page richement enluminée avec des motifs d'entrelacs[51]. Le finispice double est encore plus spectaculaire, avec un champ composé d'une rosette encadrée par un losange et un fond rempli de motifs de losanges et d'arabesques. Le double frontispice du manuscrit plus petit en trente parties, réalisé pour Quṭb al-Dīn Muḥammad b. Zanjī, montre que des ouvrages décorés de manière élaborée étaient réalisés également dans la Jazīra : un volume au moins s'ouvre sur une double page somptueusement enluminée en bleu et or, indiquant le nombre précis de *juz'*[52].

Placer de grands portraits d'auteur au début et à la fin de manuscrits s'accorde donc avec une tradition islamique continue d'enluminure de manuscrits du Coran avec des frontispices et des finispices élaborés, mais l'ajout de représentations figurées sur ces pages est, selon moi, quelque chose de nouveau. Ces pages ornées de portraits d'auteur devraient être considérées comme part de la

49 Dublin, Chester Beatty Library 1431 ; D.S. Rice, *The Unique Ibn al-Bawwāb Manuscript in the Chester Beatty Library*, Dublin, Chester Beatty Library, 1955.

50 Y. Tabbaa, « The Transformation of Arabic Writing : Part 1 Qur'anic Calligraphy », *Ars Orientalis* 21, 1991, p. 119-148.

51 Philadelphie, University Museum ; la publication par R. Ettinghausen, « A Signed and Dated Seljuq Qur'an », *Bulletin of the American Institute for Persian Art and Archaeology* 4/2, Décembre 1935, p. 92-102, constitue son premier article de recherche. Le finispice a également été publié en couleur par R. Ettinghausen, O. Grabar, et M. Jenkins-Madina, *Islamic Art and Architecture 650-1250*, New Haven et Londres, Yale University Press, 2001, fig. 285, bien qu'il soit identifié là par erreur comme un frontispice. Le texte dans les vingt et un médaillons du frontispice donne le nombre de versets selon les différentes écoles, précisant que les hommes de Médine en comptent 6 217, les gens de Basra 6 214, et ceux de Koufa 6 666.

52 Voir ci-dessus, note 9.

renaissance des représentations figurées qui se produit alors. Cette période est exactement celle où les musulmans introduisent des figures sur leurs pièces de monnaie, affirmation la plus publique d'une iconographie dynastique[53].

Pour trouver des modèles aux portraits d'auteur placés au début et à la fin des manuscrits, les artistes musulmans se tournent, de manière peu surprenante, vers l'iconographie chrétienne, une source d'accès aisée qui comprend de nombreux exemples de scènes figurées. Le même processus d'adaptation à partir de la tradition chrétienne s'est produit à d'autres époques où les musulmans se sont retrouvés confrontés au problème de créer des images figurées. Les créateurs des premières pièces musulmanes frappées en Syrie pour le calife umayyade ʿAbd al-Malik à la fin du VIIe siècle, jouent avec l'adaptation de l'iconographie de pièces byzantines. Les premières pièces d'or émises par ʿAbd al-Malik imitent celles de l'empereur Héraclius, mais suppriment le symbolisme chrétien offensant, en éliminant les croix et en transformant les robes impériales en vêtements arabes. Une deuxième émission frappée deux ans plus tard adapte l'iconographie et crée un portrait du calife debout, ceint d'une épée. On revient rapidement sur ces expériences, et en l'espace de cinq ans, les Umayyades adoptent des monnaies strictement épigraphiques, type qui demeure la norme jusqu'aux temps modernes[54]. Les peintres de l'Iran du début du XIVe siècle font exactement la même chose quand ils cherchent des modèles pour réaliser un nouveau type d'images illustrant des événements de la vie de Muḥammad : ils copient des scènes dans des textes chrétiens, transformant, par exemple, la Nativité en Naissance du Prophète[55].

---

53 Le catalogue le plus complet de ces pièces de monnaies est : W.f. Spengler et W.G. Sayles, *Turkoman Figural Bronze Coins and Their Iconography*, Lodi, WI, Clio's Cabinet, 1992.

54 Pour l'histoire de la frappe de monnaie dans cette région, voir M.L. Bates, « The Coinage of Syria Under the Umayyads, 692-750 A.D. », *in* : M.A. Bakhit et R. Schick (éds), *The History of Bilad al-Sham During the Umayyad Period, Fourth International Conference, 1987, Proceedings of the Third Symposium*, Amman, 1989, p. 195-228. Sur la spécificité de l'iconographie des pièces umayyades, voir W. Luke Treadwell, « The 'Orans' Drachms of Bishr Ibn Marwān and the Figural Coinage of the Early Marwanids », *in* : J. Johns (éd.), *Bayt al-Maqdis : ʿAbd al-Malik's Jerusalem, Part Two*, Oxford Studies in Islamic Art, Oxford, Oxford University Press for the Board of the Faculty of Oriental Studies, University of Oxford, 1999, p. 223-271.

55 Ce point a été mis en lumière pour la première fois il y a trois quarts de siècle par T.W. Arnold, *Painting in Islam*, Oxford, Oxford University Press, 1928. Pour une reconstitution du manuscrit du *Jāmiʿ al-tawārīkh* de Rashīd al-Dīn, à présent divisé entre l'université d'Édimbourg et la collection Khalili, voir S.S. Blair, *A Compendium of Chronicles : Rashid al-Din's Illustrated History of the World*, Londres, The Nour Foundation in association with Azimuth Editions and Oxford University Press, 1995. Ces peintures se trouvent parmi

Dans les deux cas – les pièces figurées umayyades et les peintures ilkhanides représentant le Prophète – un tel emprunt est possible grâce aux liens étroits existant entre les musulmans et les chrétiens dans les sociétés contemporaines. Dans la Syrie umayyade, l'héritage de l'Antiquité tardive est très présent, les pièces byzantines constituant la monnaie couramment utilisée dans la région jusqu'à la frappe des premières émissions sous ʿAbd al-Malik. De même, l'Iran au XIVe siècle est un lieu de syncrétisme religieux entre chrétiens, musulmans et juifs, pour ne rien dire du shamanisme, du bouddhisme et des autres groupes religieux. Le sultan Uljāytū, par exemple, est né d'une mère chrétienne nestorienne, et avait été baptisé Nicolas[56]. Dans les deux cas, en outre, la nouveauté de l'iconographie figurée apparaît clairement du fait de la ressemblance étroite entre le modèle et sa copie, la répétition de celle-ci atténuant l'exactitude, et sa multiplication entraînant des variations et des erreurs de compréhension[57]. Ces copies, par contraste, sont si proches des originaux qu'elles doivent appartenir à la première génération de descendants.

Le XIIIe siècle connaît une situation très similaire, en particulier en Syrie, où les peintres adaptent volontiers des scènes chrétiennes pour illustrer leurs textes, comme dans le cas d'une copie des *Maqāmāt* d'al-Ḥarīrī dont deux peintures portent la date de 619/1222[58]. L'illustration montrant Abū Zayd s'adressant à une audience à Najrān, par exemple, se fonde sur l'épisode du Nouveau Testament montrant le Christ lavant les pieds de ses disciples[59]. Dans l'interprétation islamique, Abū Zayd revêt le rôle et l'attitude du Christ et approche le personnage apparaissant dans la pose caractéristique de Pierre. Les figures situées derrière lui, avec leurs pieds nus, l'un d'eux étant même tendu vers Abū Zayd, pourraient bien avoir été des Apôtres.

---

les fragments conservés à Édimbourg, sur lesquels on consultera D. Talbot Rice, *The Illustrations to the 'World History' of Rashīd al-Dīn*, Basil Gray (éd.), Édimbourg, Edinburgh University Press, 1976.

56 Sur le climat religieux de l'Iran ilkhanide, voir S.S. Blair, « The Religious Art of the Ilkhanids », *in* : Komaroff et Carboni (éds), *The Legacy of Genghis Khan : Courtly Art and Culture in Western Asia, 1256-1353*, New York, Metropolitan Museum of Art, 2003, p. 104-133.

57 Sur l'effet de la copie d'une même image, voir S.S. Blair, « A Mongol Envoy », *in* : B. O'Kane (éd.), *The Iconography of Islamic Art : Studies in Honour of R. Hillenbrand*, Édimbourg, Edinburgh University Press, 2005, p. 45-60.

58 Paris, BnF B 6094 ; O. Grabar, *The Illustrations of the Maqamat*, n° 2.

59 Folio 147a ; discuté dans Ettinghausen, *Arab Painting*, p. 78-79 ; R. Ward, « Style Versus Substance : The Christian Iconography on Two Vessels Made for the Ayyubid Sultan al-Salih Ayyub », *in* : B. O'Kane (éd.), *The Iconography of Islamic Art : Studies in Honour of R. Hillenbrand*, Édimbourg, Edinburgh University Press, 2005, p. 309-313. Voir également Guesdon et Vernay-Nouri, *L'art du livre arabe*, n° 97.

Des scènes du répertoire chrétien étaient également utilisées sur des œuvres d'orfèvrerie réalisées dans la région. Nous connaissons au moins dix-sept récipients de cuivre à incrustations, décorés de scènes de la vie du Christ et de figures de saints et d'ecclésiastiques chrétiens[60]. Certaines de ces pièces étaient faites pour des mécènes musulmans, dont un bassin spectaculaire inscrit au nom d'al-Ṣāliḥ Ayyūb, le sultan ayyubide qui a régné sur le Diyarbakir, sur Damas, et finalement sur le Caire entre 1232 et 1249[61]. Comme l'a fait remarquer Rachel Ward, ces scènes n'étaient pas nécessairement totalement comprises lors de la copie, ni pourvues des mêmes associations. Les images sur des pièces réalisées pour des commanditaires musulmans omettent tous les symboles spécifiquement chrétiens, comme la croix, et les scènes ne forment pas des cycles cohérents[62].

Les artistes illustrant des manuscrits islamiques au XIIIe siècle combinent ainsi une tradition locale de pages enluminées avec des représentations figurées inspirées de la tradition chrétienne. L'iconographie de ces images suggère que les peintres ne se tournent pas vers l'Antiquité tardive, mais vers le monde chrétien tout proche. Comme l'a fait remarquer Ettinghausen, l'iconographie de la double page d'ouverture du manuscrit de Dioscoride daté 626/1229 (fig. 1-2) ne peut être reliée directement aux modèles classiques, mais passe plutôt par l'intermédiaire de manuscrits byzantins d'époque moyenne. Ettinghausen a attiré l'attention sur les plis bouffants en travers du corps du botaniste assis et sur la forme plus élaborée de son siège, traits connus par des portraits d'évangélistes dans des Évangiles byzantins d'époque moyenne. Hoffman a utilisé une peinture de l'évangéliste Matthieu tirée d'un livre d'Évangiles que l'on date du milieu du Xe siècle (fig. 6) pour illustrer ce point[63]. Dans la peinture réalisée en 626/1229 – si l'on excepte le turban de Dioscoride – son costume et son siège demeurent de facture classique et offrent un contraste direct avec les deux figures apparaissant dans la partie gauche du double frontispice. Elles sont en effet vêtues de caftans, avec des brassards portant des inscriptions (*ṭirāz*) – vêtements islamiques courants. Présentant des livres, ces

---

60 E. Baer, *Ayyubid Metalwork with Christian Images*, Supplements to *Muqarnas*, Leyde, E.J. Brill, 1989.

61 Washington, D.C., Freer Gallery of Art 55.10 ; E. Atıl, W.T. Chase, et P. Jett, *Islamic Metalwork in the Freer Gallery of Art*, Washington, D.C., Smithsonian Institution Press, 1985, n° 18.

62 Sur l'usage d'une iconographie chrétienne, qui a pu n'être pas entièrement comprise, voir, tout récemment, Ward, « Style Versus Substance ». Si j'accepte sa thèse quant à l'emprunt de cette iconographie, je ne suis pas persuadée par sa conclusion sur les allusions historiques spécifiques qu'elle donne à voir.

63 Paris, BnF, Coislin 195, fol. 9v ; Hoffman, « Author Portrait », fig. 4.

personnages s'approchent de Dioscoride ; leur attitude pourrait bien avoir été copiée sur des portraits d'évangélistes, tels qu'ils apparaissent sur le côté droit d'une page du manuscrit des Évangiles réalisé à Damiette en 1179.

5 Le sujet

Les artistes musulmans n'insèrent pas des portraits d'auteur dans tous les textes. Au contraire, la douzaine d'exemples survivants couvre une gamme limitée de sujets, et considérer ces manuscrits en fonction de leur contenu peut nous aider à comprendre le sens et la fonction de ces portraits car, avec l'augmentation de la diversité des sujets, qui passent de la traduction de textes grecs à des compilations basées sur la tradition classique, puis à des adaptations musulmanes de formes traditionnelles, l'iconographie des portraits d'auteur dans ces manuscrits se fait de moins en moins spécifique, soulevant des questions quant à qui, voire quoi, ces portraits étaient censés représenter.

Les sujets les plus populaires illustrés de portraits d'auteur sont des textes scientifiques traduits du grec, notamment la version arabe du *De Materia Medica* de Dioscoride, décorée de portraits du botaniste grec. Quatre exemplaires au moins datent du XIIIe siècle[64]. L'iconographie de ces images est immédiatement reconnaissable, en particulier dans l'illustration sur une double page de la copie datée 626/1229 montrant le sage et deux étudiants (fig. 1-2). Il doit s'agir d'une copie dérivant immédiatement du modèle, le nombre de personnages dans le manuscrit islamique plus tardif – deux disciples au lieu de quatre évangélistes – constituant une adaptation au texte, les deux personnages représentant les deux savants auxquels on attribue la traduction arabe du texte de Dioscoride : Iṣṭifān b. Basīl qui a réalisé la traduction originale, et Ḥunayn b. Isḥāq qui l'a corrigée à Bagdad au IXe siècle. Comme l'a fait remarquer Hoffman, le frontispice sur une double page du manuscrit de Topkapı fait ressortir visuellement l'héritage par les savants musulmans de la tradition classique[65].

64 Istanbul, A. Sofya 3704 et TKS Ahmet III 2127 ; Oxford, Bodleian ; et Bologne, Bibliothèque universitaire, cod. arab. 2954, sur lequel on se rapportera à Grube, « Materialien », n° V, VIII-X.

65 Hoffman, « Author Portrait », 12. Un autre frontispice double dans un exemplaire d'un poème sur les constellations, jadis conservé dans la collection Mahboubian, et à présent au musée Rezi Abbasi à Téhéran (N. Pourjavady (éd.), *The Splendour of Iran*, Londres, Booth-Clibborn Editions, 2001, p. 266-270) montre deux personnages identifiés comme ʿAbd al-Raḥmān al-Ṣūfi corrigeant son prédécesseur Ptolémée. Il représenterait alors

Outre les œuvres traduites du grec, les artistes musulmans ont également ajouté des portraits d'auteur à des ouvrages qui incluaient des œuvres d'auteurs grecs. Dans ce cas, les portraits ne représentent pas les gens qui ont compilé ces textes, mais plutôt les auteurs dont la biographie et les ouvrages y sont inclus. Les images elles-mêmes montrent une schématisation croissante qui suggère qu'elles sont plus éloignées de leurs modèles. Les deux copies du *Kitāb al-diryāq* en offrent le meilleur exemple[66]. Le texte contient des portraits biographiques de neuf médecins de l'Antiquité, avec leurs recettes de thériaque, ainsi qu'un petit traité sur les serpents et leur classification, et un ensemble de onze recettes médicinales. Les deux manuscrits contiennent des illustrations composites montrant les neuf médecins. Dans l'exemplaire daté 595/1198-1199 conservé à Paris, les portraits s'étendent sur trois pages, mais dans celui de Vienne, qu'on estime plus récent d'un quart de siècle, les figures n'en occupent plus qu'une seule. La minimisation de l'espace et la simplification de la composition transforment toutes deux les personnages en représentations presque emblématiques[67]. On peut dire pratiquement la même chose des frontispice et finispice qui ornent un septième manuscrit contenant des portraits d'auteur, l'exemplaire des *Mukhtār al-ḥikam* d'al-Mubashshir, texte qui combine des portraits biographiques et des collections de dits de sages anciens, presque exclusivement grecs[68].

Outre les manuscrits contenant les œuvres de sages grecs, les artistes musulmans ont inclus des portraits d'auteur dans des manuscrits contenant des compilations d'œuvres d'hommes de science musulmans, plutôt que grecs. L'exemple le plus connu (fig. 7-8) est la copie des *Rasāʾil ikhwān al-ṣafāʾ* (Épîtres des purs fidèles) transcrite par Buzurgmihr b. Muḥammad al-Ṭūsī à Madīnat al-Salām (Bagdad) et achevée au mois de Shawwāl 686/novembre 1287[69]. Le texte, composé par cinq savants à Basra au Xe siècle pour un public ismāʿīlī, consiste en une série de cinquante-deux épîtres divisée en quatre sections traitant de différentes branches des sciences : les mathématiques, les sciences

---

une idée similaire de transmission du savoir des temps classiques à l'époque islamique. L'iconographie et la peinture, cependant, sont si particulières que le frontispice est très probablement une œuvre plus tardive, moderne même, peut-être ajoutée à un manuscrit plus ancien.

66 Paris, BnF, ms. Ar. 2964 et Vienne, Nationalbibliothek A.f. 10 ; voir notes 20 et 23.

67 C'est également la conclusion de Pancaroğlu, « Socializing Medicine », p. 167.

68 TKS Ahmed III 3206 ; Rosenthal, « Al-Mubashshir Ibn Fātik ». Ce texte, entre parenthèses, a longtemps été très populaire : la version anglaise mise en forme par Caxton en 1477 passe pour être le premier livre anglais imprimé en Angleterre.

69 Istanbul, Suleymaniye Library, Esad Efendi 3638, folios 3v-4r.

naturelles et du corps, les sciences physiques et intellectuelles, et la théologie[70]. Les folios 3b et 4a comportent une grande illustration sur une double page placée en-dessous de la fin de la préface et du titre de l'ouvrage.

L'identification des figures sur ce frontispice double, et donc la relation qu'il entretient avec des modèles antérieurs, a généré des discussions. Bishr Farès, le premier à avoir publié cette illustration, pensait qu'elle devait être lue comme deux parties distinctes, montrant chacune les cinq auteurs, trois en bas et deux au-dessus sur le balcon, une première fois sur la droite dans une humeur contemplative, puis à nouveau à gauche, en train cette fois de participer à une discussion plus animée[71]. Ettinghausen s'est opposé de manière convaincante à Farès en notant que les figures de part et d'autre diffèrent trop pour représenter les mêmes personnes, et que le personnage sans barbe au balcon sur la page de droite ne pouvait guère être un cheikh savant[72]. Ettinghausen propose plutôt de voir, sur le côté droit, la représentation de seulement deux cheikhs, qui sont accompagnés d'un scribe, et qui, avec les trois personnages principaux de gauche, constituent les cinq auteurs. François Déroche est du même avis et suggère en outre que la figure centrale sur la page de droite représente l'auteur récitant son œuvre devant un auditeur, tandis que le personnage sur la gauche serait un copiste professionnel prenant note du texte[73].

Cette explication pose également des problèmes. La difficulté majeure réside dans l'identification du personnage en train d'écrire : il a la même taille que les autres protagonistes, et porte les mêmes turban et vêtement que quatre des autres personnages principaux – son homologue à droite et les trois figures principales de la page de gauche. Peut-être troublée par cette sixième personne, qui est à la fois grande et bien habillée, Hoffman a suggéré que chacune des pages était une réinterprétation du portrait de groupe de la fin de l'Antiquité représentant Dioscoride, Hippocrate et Platon sur une page unique[74]. Bien qu'elle considère le frontispice des *Rasāʾil ikhwān al-ṣafāʾ* comme un portrait de groupe totalement islamisé, elle a donc l'impression que le modèle grec a dicté la composition.

70 Sur les *Rasāʾil*, voir EI2, « Ikhwān al-ṣafāʾ » et Farhad Daftary, *The Ismaʿilis : Their History and Doctrines*, Cambridge, Cambridge University Press, 1990, p. 246-249.

71 B. Farès, « Philosophie et jurisprudence illustrées par les Arabes : la querelle des images en Islam », *in : Mélanges Louis Massignon*, Damas, 1957, 2 : p. 77-109.

72 Ettinghausen, *Arab Painting*, p. 101-102.

73 F. Déroche, *Le livre manuscrit arabe : préludes à une histoire*, Paris, BnF, 2004, p. 48 et pl. 32.

74 Hoffman, « Author Portrait », p. 7, note 7, et fig. 5. Comme exemple, elle cite un frontispice italien du XIIIe siècle ayant survécu et conservé à Vienne (Nationalbibliothek, Cod. 93, fol. 27b).

Je propose une interprétation différente du frontispice des *Rasāʾil ikhwān al-ṣafāʾ*, à savoir que la scène sur une double page illustre fidèlement le texte écrit au-dessus. La préface qui le précède se termine par l'affirmation que les épîtres ont été recueillies auprès de tous les fidèles pour Ẓāhir al-Dīn Abī Qāsim al-Bayhaqī, et nomme les cinq philosophes qui ont rassemblé les textes (apparaissant ici sous les noms d'Abū Sulaymān Muḥammad b. Masʿar al-Bustī connu en tant qu'al-Maqdisī, d'Abū l-Ḥasan ʿAlī b. Zahrūn al-Zanjānī, Abū Aḥmad al-Nahrajūrī, al-ʿAwfī, et Zayd b. Rifāʿa) ; elle précise en outre que le premier sage, al-Maqdisī, était responsable des mots (*alfāẓ*). Les cinq personnages principaux avec des turbans sont, selon moi, les philosophes qui ont compilé le texte, celui qui tient la plume (le personnage de gauche sur la page de droite) étant al-Maqdisī, chargé, d'après les derniers mots précédant l'illustration, de sa rédaction. Ces cinq hommes se distinguent non seulement par leur coiffe, mais également par leur attitude : soit ils ont des livres à la main, soit ils font des gestes à la façon des savants. Le sixième personnage, au centre sur le côté droit – le seul qui porte un châle (*ṭarḥa*) lui couvrant la tête à la place du turban – est la personne pour qui l'ouvrage a été compilé : le cheikh al-Bayhaqī. L'artiste a ainsi efficacement illustré exactement ce que dit le texte dans les limites d'une composition disposée de manière symétrique. Comme Ettinghausen l'a si soigneusement décrit, il donne ainsi une impression heureuse et équilibrée de mouvement et d'animation au sein d'un cadre rigide. Cette illustration montre que les peintres musulmans de la fin du XIIIe siècle étaient capables de façonner des idées et des prototypes de l'Antiquité tardive pour répondre aux besoins précis d'un texte particulier. En revanche, la correspondance exacte entre le texte et l'illustration, suggère que l'artiste créait là une composition nouvelle, et n'était pas simplement en train d'en copier une plus ancienne.

Tel n'est pas le cas en ce qui concerne le texte écrit sur ces folios. Plusieurs erreurs dans l'orthographe des noms d'auteurs montrent que celui-ci est une copie éloignée de l'original par plusieurs intermédiaires. Le prénom d'al-Maqdisī, connu par d'autres sources et copies du texte comme étant Maʿshar, est ici orthographié Maʿsar, sans les points qui distinguent *shīn* de *sīn*. Il peut s'agir là d'une simple omission, mais le calligraphe Buzurgmihr al-Ṭusī a fait d'autres erreurs dans le nom du père du second auteur. Au lieu de Hārūn, il a écrit Zāhrūn, soigneusement noté avec un crochet pour *sukūn*. Il s'agit là d'une faute écrite faite en copiant le texte, et non d'une erreur orale susceptible de se produire au cours de sa dictée. Le texte et l'illustration de ce manuscrit sont donc quelque peu en désaccord : le premier est altéré, suggérant que plusieurs copies intermédiaires ont été réalisées au cours des deux siècles écoulés entre sa composition au milieu du XIe siècle et la transcription de cet exemplaire particulier en 686/1287. L'illustration, cependant, correspond exactement au texte, suggérant, au contraire, qu'elle constitue un phénomène nouveau.

Les *Rasā'il ikhwān al-ṣafā'* constituent le manuscrit le plus connu avec un portrait montrant des auteurs musulmans, mais il doit y en avoir eu d'autres. Nous savons cela d'un manuscrit plus tardif complété le 11 du mois de Muḥarram 740/20 juillet 1339, qui contient un recueil de textes d'alchimie en arabe et en persan[75]. Le texte, composé par Ibn Umayl au Xe siècle, devient un classique de l'alchimie islamique et, comme le texte d'al-Mubashshir, a été longtemps populaire en Occident, à partir de sa traduction en latin au XIIe ou XIIIe siècle. Cet exemplaire est orné d'un double frontispice. Le côté gauche représente l'auteur, dont l'échelle importante suggère qu'il a été copié, comme les étudiants dans le codex de 626/1229 contenant la traduction arabe de Dioscoride, d'un portrait médiéval d'évangéliste. La page de gauche est réunie, de façon un peu malaisée, à une page de droite montrant des figures plus petites d'oiseaux typiques du style jalayiride de la peinture persane du XIVe siècle. Cette illustration sur deux pages, comme l'a suggéré Persis Berlekamp, semble avoir pour fonction de légitimer le rôle de l'alchimie.

Outre les ouvrages scientifiques, les artistes musulmans du XIIIe siècle semblent également avoir étendu l'usage des portraits d'auteur à d'autres types de textes, dont la littérature. Certaines de ces œuvres littéraires ont une forme similaire à celle des traités scientifiques : ce sont des recueils biographiques, mais évoquant des poètes plutôt que des hommes de science ou des philosophes[76]. Nous connaissons au moins un de ces recueils poétiques à portraits d'auteur par une description dans un texte contemporain, l'histoire des Seldjoukides intitulée *Rāḥat al-ṣudūr wa-āyat al-surūr* (Repos du cœur et merveille de la gaité) composée par Najm al-Dīn Abū Bakr Muḥammad (ou Maḥmūd) al-Rāwandī en 599/1202. L'historien persan y mentionne que le sultan Ṭughril II a demandé à l'oncle de l'auteur de composer et de transcrire une anthologie de poèmes, et qu'à son achèvement, un peintre du nom de Jamāl Iṣfahānī a ajouté un portrait (*ṣūra*) du poète avant son œuvre[77]. Bien que

75 Istanbul, Bibliothèque du palais de Topkapı Ahmet III ms. 2075 ; Persis Berlekamp, « Painting as Persuasion : A Visual Defense of Alchemy in an Islamic Manuscript of the Mongol Period », *Muqarnas* 20, 2003, p. 35-60.

76 Kerner montre que le *Kitāb al-diryāq* est scientifique par son contenu, mais biographique par sa forme.

77 Le texte est traduit dans E.G. Browne, « Account of a Rare, If not Unique, Manuscript History of the Seljúqs in the Schefer Collection Lately Acquired by the Bibliothèque Nationale in Paris », *Journal of the Royal Asiatic Society*, 1902, p. 579-580 et cité dans S.S. Blair, « The Development of the Illustrated Book in Iran », *Muqarnas* 10, 1993, p. 266 et n. 7, et dans l'essai de A.H. Morton, « The Mu'nis al-ahrār and its twenty-ninth chapter », *in* :

l'anthologie de poésie décrite par al-Rāwandī n'ait pas survécu, nous pouvons nous faire une idée de son apparence à partir d'un volume plus tardif regroupant des œuvres poétiques, copié par ʿAbd al-Muʾmin al-ʿAlawī al-Kāshī en 713/1314-1315[78]. Le codex contient cinquante-trois peintures, montrant presque toutes un poète barbu portant un turban représenté de trois quarts face en train de lire à partir d'un rouleau ou l'offrant à un prince mongol. Par leur technique – essentiellement des dessins au trait, égayés de lavis de couleur – ces peintures rappellent celles réalisées dans le style de cour du vizir ilkhanide Rashīd al-Dīn, et ce manuscrit pourrait être une interprétation provinciale du style de la capitale, tel qu'il était pratiqué à Tabrīz. Les illustrations ne sont clairement pas les premières de leur genre, mais des copies quelque peu éloignées de l'original. Le peintre n'a pas totalement compris l'idée du rouleau, qu'il a transformé en quelque chose ressemblant à une serviette ou à une manche (?) roulée.

Les artistes au XIIIe siècle semblent également avoir illustré d'autres sortes de textes poétiques avec des portraits d'auteur, mais ce faisant, l'iconographie devient moins précise et l'identification des sujets se fait parfois discutable, peut-être à dessein. Le célèbre exemplaire des *Maqāmāt* d'al-Ḥarīrī connu sous le nom de Ḥarīrī-Schefer (fig. 9-10) en constitue un exemple[79]. Selon son colophon remarquablement complet, le manuscrit a été copié et illustré par Yaḥyā b. Maḥmūd b. Yaḥyā b. Abī l-Ḥasan b. Kuwwarih al-Wāsiṭī et achevé un samedi, le 6 du mois de Ramaḍān 634/2 mai 1237. Le manuscrit a depuis longtemps acquis une renommée pour sa représentation vivante de scènes de genre[80]. Ettinghausen, l'un des premiers à discuter le double frontispice, a noté la différence existant entre ses deux côtés : le côté droit plutôt raide montre un personnage frontal assis sur un trône, portant un bonnet de fourrure, tandis que le côté gauche composé de manière plus relâchée et plus animé donne à voir un personnage à turban de trois quarts face avec la main levée. Ettinghausen a identifié les deux figures comme un mandataire du pouvoir ou un prince turc représentant la puissance terrestre à droite, et un dignitaire arabe à gauche.

M. Lukens Swietochowski et S. Carboni (éds), *Illustrated Poetry and Epic Images : Persian Painting of the 1330s and 1340s*, exh. cat., New York, Metropolitan Museum of Art, 1994, p. 55.

78 Londres, British Library, ms. 132 ; B.W. Robinson, *Persian Paintings in the India Office Library, A Descriptive Catalogue*, Londres, Sotheby Parke Bernet, 1976, p. 3-10 ; Komaroff et Carboni (éds), *The Legacy of Genghis Khan : Courtly Art and Culture in Western Asia, 1256-1353*, New Haven, Yale University Press in association with the Metropolitan Museum of Art, 2002, n° 8.

79 Paris, BnF arabe 5847 fol. 1v-2r ; O. Grabar, *The Illustrations of the Maqamat*, n° 3.

80 Comme, par exemple, dans Ettinghausen, *Arab Painting*, p. 104-123.

La scène dans son ensemble, fait-il remarquer, se distingue à son tour par les figures servant de repoussoir au premier plan qui jouent le rôle de lien entre le lecteur et l'image sur la page.

Oleg Grabar accepte la description d'Ettinghausen, mais pousse l'interprétation un cran plus loin en suggérant que la miniature sur une double page pourrait littéralement illustrer le titre de l'œuvre, les *Maqāmāt* (assemblées)[81]. Il perçoit le personnage sur la gauche comme représentant l'auteur al-Ḥarīrī s'adressant à son prédécesseur et modèle al-Hamadānī (m. 1008) sur la droite. Grabar prévient cependant qu'une telle interprétation se situe « au-delà d'une hypothèse ferme, et qu'il pourrait être plus sûr de simplement dire que le double frontispice d'al-Wāsiṭī est un rare exemple d'introduction au livre lui-même[82] ». Grabar est plus tard revenu sur son hypothèse[83] et, de fait, la position et le vêtement du personnage de la page de droite permettent d'identifier celui-ci comme un souverain, vraisemblablement le mécène. Des portraits de commanditaires se présentant frontalement sont attestés dans des manuscrits depuis l'Antiquité tardive. Dans le Dioscoride de Vienne réalisé pour Juliana Anicia, par exemple, le portrait du commanditaire se présente ainsi au folio 6b. Le portrait frontal du souverain a également été adopté au début de la période islamique comme le montrent les dinars umayyades ornés du portrait de ʿAbd al-Malik.

La tradition des frontispices ornés de portraits frontaux des commanditaires se poursuit au cours de la période médiévale. On peut en effet trouver un parallèle très proche de la disposition et de la pose du personnage de la partie droite du frontispice du Ḥarīrī-Schefer (folio 1b) dans les figures apparaissant sur deux des frontispices de la copie contemporaine du *Kitāb al-aghānī*. Ce Livre des chants a été transcrit par Muḥammad b. Abī Ṭālib al-Badrī pour Badr al-Dīn Lu'lu', vizir et, plus tard, souverain de Mossoul. Ce long manuscrit comprenait à l'origine vingt volumes. Seuls sept ont survécu, dont six avec frontispices[84]. Cinq d'entre eux montrent le mécène Badr al-Dīn Lu'lu'

81 O. Grabar, *The Illustrations of the Maqamat*, p. 22-23.

82 Une décennie plus tard, néanmoins, son étudiante Eva Hoffman (Hoffman, « Author Portrait », p. 7-8) accepte l'hypothèse comme une identification assurée. Elle interprète le couple de personnages trônant entièrement islamisés, comme dérivant du portrait double classique montrant des dirigeants allant par paire, comme dans les portraits consulaires ou appliqué aux portraits d'auteurs comme dans un livre de botanique de la fin de l'époque carolingienne, du Pseudo-Apulée de Fulda.

83 Voir la brève préface de O. Grabar à l'édition fac-similé du manuscrit, publiée en 2003.

84 Le manuscrit est dispersé. Les volumes 2, 4, 11 et 13 sont au Caire (ms. adab farsi nº 579) ; les volumes 17 et 19 sont à Istanbul (Milletkutuphanesi, Fayzullah nº 1564 ; voir D.S. Rice, « The Aghānī Miniatures and Religious Painting in Islam », *Burlington Magazine* 95, 1953,

pratiquant des activités royales[85]. Il apparaît parfois de trois quarts face, occupé à des passe-temps princiers tels que monter solennellement à cheval, chasser au faucon, ou faire la fête avec des concubines et des musiciens. À deux reprises, il est montré de manière frontale, assis, accordant une audience. Il porte dans tous les cas le même costume : un long manteau fait de tissu violet moiré avec de larges bandes le long des bords et sur les manches, et un chapeau à rebord. En se fondant sur l'étude détaillée du costume mamelouk de L.A. Mayer, D.S. Rice a identifié le manteau comme une *qabāʾ* et le couvre-chef comme un *sharbūsh*, « chapeau rigide garni de fourrure, se relevant de manière légèrement triangulaire sur l'avant, et caractérisé par une plaque de métal au-dessus du front[86] ». L'artiste a été attentif à rendre les détails du costume du mécène avec exactitude. Les bandes *ṭirāz* sur les manches portent fréquemment inscrit le nom de ce dernier, Badr al-Dīn Luʾluʾ. En outre, il est assis sur un trône portable ou *sella curulis*, car au moment où le manuscrit a été commandé, Badr al-Dīn était le vizir du souverain zenguide de Mossoul, Nāṣir al-Dīn Maḥmūd. Ce n'est qu'en 631/1234 qu'il a pris directement le pouvoir, état dans lequel il aurait été représenté sur un trône permanent[87].

La figure sur le côté droit du frontispice des *Maqāmāt*, si elle ne lui est pas identique, est cependant similaire à celle de Badr al-Dīn Luʾluʾ sur les frontispices du *Kitāb al-aghānī* et doit représenter un dignitaire qui lui est comparable. Il est assis en tailleur sur des coussins et semble tenir un gobelet dans la main droite, bien que la peinture ait pu avoir été retouchée et que les détails n'apparaissent pas tout à fait clairement. Le personnage sur la gauche (2v), en comparaison, est légèrement plus petit et montré de trois quarts face avec la main droite levée. Il pourrait bien représenter l'auteur présentant de manière

p. 128-134 ; et un autre est prêté de manière permanente par la Royal Library à la Collection David de Copenhague (sur laquelle voir Kjeld von Folsach, *Art from the World of Islam : The David Collection*, Copenhague, The David Collection, 2001, n° 23). Selon l'article de Dorothea Duda dans Turner, *DoA* : Islamic art §III, 4(iv)(c), Painted book illustrations, le volume 11 est daté de 614/1217-1218 et le volume 20 de 616/1219-1220.

85 Le sixième, correspondant au volume 2 du Caire (adab farsi nº 579), est décrit mais non reproduit par Rice (p. 129) comme ne montrant que des figures féminines. Il est divisé en trois registres, celui du centre représentant un groupe de cinq personnages féminins sur un pont en briques. Toutes ont des tatouages élaborés sur les pieds et de nombreux bijoux, mais la figure centrale se distingue par sa position (frontale) et son costume (un long ensemble à culottes noires). Voir le détail reproduit en noir et blanc dans Mehdi Bahrami, *Gurgan Faiences*, Le Caire, 1949 (Costa Mesa, 1988), pl. 5. Pourrait-il s'agir de la danseuse préférée du mécène ?

86 L.A. Mayer, *Mamluk Costume : A Survey*, Genève, Kundig, 1952, p. 21 et 28.

87 Sur le tabouret pliant dans un contexte islamique, voir Blair, « A Mongol Envoy ».

symbolique son ouvrage oralement. Le frontispice sur une double page combine ainsi l'auteur et le commanditaire au sein d'un cadre qui fait allusion au contexte du texte[88].

Un portrait de ce type montrant l'auteur en train de présenter son ouvrage à son mécène est connu par le double frontispice d'un autre codex contenant une œuvre littéraire, réalisé approximativement au même moment et au même endroit : une copie des contes animaliers évoquant deux chacals, Kalīla et Dimna. Le texte a été traduit du *Pañcatantra* sanscrit en moyen perse au VIe siècle, puis en arabe et en persan ; la production de cet exemplaire particulier de la version persane a été attribuée pour des raisons stylistiques à Bagdad entre 1265 et 1280[89]. Le côté gauche (2r) représente un personnage assis sur un trône entouré de cinq courtisans, dont un avec barbe et turban montré de trois quarts face, qui présente un livre. Le côté droit (1v) représente cinq personnages assis, portant tous également des turbans et montrés de trois quarts face, les deux à l'avant portant une barbe, alors que les trois du fond sont des jeunes gens imberbes. Les peintures sont intercalées entre deux lignes de vers, le couplet d'ouverture du poème épique national persan, le *Shāh-nāmeh*, qui célèbre le nom de Dieu. L'identification de la scène a généré des discussions, celle-ci pouvant être lue à différents niveaux. Le côté gauche semble représenter le premier auteur, le médecin Barzuya, présentant son œuvre au roi sassanide Anūshirwān (r. 531-579)[90]. Le côté droit montre un scriptorium, mais les deux personnages à l'avant, l'un tenant ou donnant un livre à un autre, peuvent également être interprétés comme les deux traducteurs plus tardifs, Ibn al-Muqaffaʿ et Naṣr Allāh. Comme le frontispice sur deux pages de la traduction arabe de Dioscoride datée 626/1229 (fig. 1) qui relie la science musulmane à ses racines grecques, ce double frontispice unit visuellement la littérature persane à son passé arabe et sassanide. Dans le même temps, les robes et les turbans rappellent immédiatement au lecteur le cadre contemporain, où la diffusion du savoir fait nécessairement partie du rôle du destinataire du manuscrit, vraisemblablement un érudit de Bagdad du XIIIe siècle.

---

88 Telle est également la conclusion de Pancaroğlu, « Socializing Medicine », p. 169 et n. 43.

89 Istanbul, Bibliothèque du palais de Topkapı H363. La peinture est reproduite en couleur dans f. Çağman et Z. Tanındı, *The Topkapı Saray Museum : The Albums and Illustrated Manuscripts*, ed, expand & trans J.M. Rogers, Boston, Little, Brown, 1986, n° 25. Sa discussion la plus récente, avec un résumé des explications antérieures, se trouve chez O'Kane, *Early Persian Painting*, p. 49.

90 O'Kane fait remarquer que l'identification de Naṣr-Allāh présentant son ouvrage au souverain ghaznavide Bahrām Shāh est peu probable car cette scène est illustrée au folio 6a (Çağman et Tanındı, *The Topkapı Saray Museum : The Albums and Illustrated Manuscripts*, fig. 26).

L'identification du commanditaire et souverain dans le frontispice du Kalīla et Dimna est renforcée par la comparaison avec des illustrations d'un manuscrit contemporain : une copie du miroir des princes connu sous le nom de *Mārzubān Nāmeh* (Livre de Mārzuban) transcrit par al-Murtaḍā ibn Abī Ṭāhir b. Aḥmad al-Kāshī et complété dans le district est de Bagdạd le 10 du mois de Ramaḍān 698/11 juin 1299[91]. La préface est rehaussée de trois grandes illustrations, le texte qui les entoure contribuant à identifier précisément leurs sujets. Comme l'a suggéré M.S. Simpson, ces peintures sont des transpositions délibérées de formats de frontispices qui lient ce manuscrit à d'autres réalisés plus tôt au XIIIe siècle. La première illustration montre le Prophète. La seconde, placée au milieu d'un long discours sur les tourments de l'inspiration littéraire, montre l'auteur à barbe grise, Saʿd al-Dīn Warāwīnī, assis sur un coussin et tenant un livre, vraisemblablement en train de lire son œuvre au groupe de quatre personnages agenouillés qui l'écoutent attentivement. La troisième illustration, située au milieu d'un long passage hyperbolique célébrant les vertus d'Abū l-Qāsim Rabīb al-Dīn, vizir de Muḥammad b. Ildegiz, atabeg d'Azerbaidjan, la personne qui a commandité l'ouvrage, montre le mécène assis sur un trône entouré de ses courtisans, hommes du livre et hommes de plume. En harmonie avec les titres brillants du texte, dans lequel le vizir est célébré comme Maître de l'Orient et de l'Occident et Roi des Vizirs du Temps, le mécène est montré comme un souverain. Il est assis en tailleur sur son trône, légèrement tourné vers l'un de ses courtisans. Une fois encore, le costume contemporain du commanditaire et de sa cour – des robes mongoles qui se croisent de gauche à droite et des chapeaux à bord ornés de plumes – relie visuellement le destinataire de l'ouvrage dans la Bagdad mongole avec le mécène Ildegizide du siècle précédent. Celui-ci est représenté de manière idéalisée comme un souverain, impliquant par là que le patronage d'œuvres littéraires est un attribut des princes.

Auteur et mécène apparaissent encore au frontispice d'un autre manuscrit contemporain, contenant quant à lui un nouveau texte historique (fig. 8) : un codex du *Tārīkh-i jahān-gushā* (Histoire du conquérant du monde) de ʿAṭāʾ Malik Juwaynī transcrit par Rashīd Khwāfī, probablement à Bagdad, et achevé le 4 du mois de Dhū l-Ḥijja 689/8 décembre 1290[92]. Le côté gauche montre un

91 Istanbul, Bibliothèque du Musée d'archéologie, ms. 216 ; Marianna Shreve Simpson, « The Role of Baghdad in the Formation of Persian Painting », *in* : Chahryar Adle (éd.), *Art et société dans le monde iranien*, Paris, ERC/ADPF, 1982, p. 91-116.

92 Paris, BnF ms. or supp. persan 205, folios 1b-2a. À nouveau, Ettinghausen a été l'un des premiers à discuter cette peinture : R. Ettinghausen, « On Some Mongol Miniatures », *Kunst Des Orients* 3, 1959, p. 56-65 ; Simpson, « The Role of Baghdad », p. 111-112 ; F. Richard,

personnage assis sur un coussin, écrivant, ou rédigeant sous la dictée d'un personnage plus grand debout à sa gauche. Une inscription plus tardive identifie le personnage assis comme ʿAlāʾ al-Dīn *ṣāḥib al-dīwān* (chef du vizirat), l'auteur du texte où apparaît l'illustration. Il est décrit dans l'attitude habituelle d'un auteur : de trois quarts face, écrivant dans un codex. L'identité du personnage debout est plus controversée. Son riche costume et son chapeau font de lui un Mongol important. Ettinghausen a suggéré qu'il s'agissait soit du souverain Hūlāgū soit du vice-roi Amīr Arghūn. Tandis que Francis Richard a proposé de l'identifier comme Hūlāgū ou son successeur Abaqa au service duquel Juwaynī a composé son histoire de Genghis Khan qui va jusqu'à la conquête de Bagdad en 1258. Dans ce cas, l'auteur et le mécène sont habillés de vêtements mongols parce que le texte est contemporain de l'illustration. Au lieu d'un *scriptorium*, le côté droit du double frontispice montre le cheval du mécène richement caparaçonné et un palefrenier accroupi. L'attribut convenant à un dignitaire mongol n'est pas un *scriptorium*, mais une écurie. La peinture souligne l'importance croissante du commanditaire, dont la stature est montrée non seulement par sa position debout et sa main levée, mais également par son entourage : la page de droite de la composition est toute entière remplie de sa suite. Le commanditaire menace d'engloutir l'auteur.

Ces frontispices sur deux pages, dans lesquels l'auteur est littéralement submergé par le mécène et son entourage, présagent la fin du portrait d'auteur au XIVe siècle. À partir de ce moment, celui-ci, sous la forme d'une grande peinture occupant souvent une pleine page au début d'un manuscrit ou d'une section du texte, disparaît, au profit de frontispices montrant le commanditaire ou le souverain. Les manuscrits réalisés au début du XIVe siècle possèdent de manière typique des doubles frontispices représentant un personnage assis sur un trône sur la gauche, et des activités de cour diverses sur la droite. Tel est le cas d'un exemplaire des fables animalières *Kalīla et Dimna* réalisé en 707/1307-1308, de copies du *Shāh Nāmeh* (Livre des Rois) datées 733/1333 et 741/1341, et d'un exemplaire d'une anthologie de poésie intitulée *Muʾnis al-aḥrār fi daqāʾiq al-ashʿār* (Le compagnon des hommes libres dans les subtilités des poèmes) réalisé à Ispahan au mois de Ramaḍān 741/février 1341[93]. Ceci est vrai non

---

Splendeurs persanes : Manuscrits du XIIe au XVIIe siècle, Paris, Bibliothèque nationale de France, 1997, n° 7 ; Komaroff et Carboni, *Legacy of Genghis Khan*, n° 1.

93 Les fables animalières sont à la British Library (ms. or. 13506), le *Shāh-nāmā* de 733/1333 est à la Bibliothèque publique de Saint-Pétersbourg (ms. ex-Dorn 329), et le *Muʾnis al-aḥrār* est dispersé. Les trois frontispices sont reproduits dans Swietochowski et Carboni, *Illustrated Poetry and Epic Images : Persian Painting of the 1330s and 1340s*, figs. 7, 6, et pl. 1, respectivement. Le *Shāh Nāmeh* de 741/1341 est également dispersé. Pour sa

seulement des manuscrits persans, mais également de leurs homologues arabes, comme l'exemplaire des *Maqāmāt* d'al-Ḥarīrī daté 734/1334, ou la copie contemporaine de *Silwān al-mutʿā* (Prescription pour le plaisir) de Ẓafar al-Ṣiqillī[94]. L'auteur a été supplanté par le souverain.

---

reconstitution, voir M. Shreve Simpson, « A Reconstruction and Preliminary Account of the 1341 *Shahnama* with Some Further Thoughts on Early *Shahnama* Illustration », *in* : R. Hillenbrand (éd.), *Persian Painting from the Mongols to the Qajars, Studies in Honour of Basil W. Robinson*, Londres, I.B. Tauris, 2000, p. 217-248. Le frontispice est à la Sackler Gallery, Washington DC (S1986.113b et S1986.112a).

94 Les *Maqāmāt* sont conservées à la Nationalbibliothek, Vienne (A.f. 9) ; voir Ettinghausen, *Arab Painting*, p. 148 ; O. Grabar, *The Illustrations of the Maqamat*, n° 11. La plus grande partie de la *Sulwan al-mutʿa* est dans la collection Homaizi au Koweit ; voir l'édition du fac-similé et la traduction publiés au Koweït en 1985, avec une préface de A.S. Melikian-Chirvani, discutant la date et l'attribution du manuscrit.

CHAPITRE 3

Réflexions préliminaires sur les portraits d'auteurs dans l'art islamique

Le cas de Moïse dans le Jāmiʿ al-Tawārīkh *de Rashīd al-Dīn**

Mika Natif

Tout au long de la période médiévale dans le monde musulman, nous trouvons des peintures représentant des auteurs dans des manuscrits illustrés relevant des travaux scientifiques comme de la poésie et de la prose. Des représentations d'écrivains tels Galien, Platon, Ferdowsī et Neẓāmī accompagnent ainsi leurs propres textes dans divers ouvrages. Peut-on considérer ces peintures comme des portraits ? Qu'est-ce qu'un portrait dans le contexte de l'art islamique ? Est-ce différent du portrait dans la tradition européenne ? Et si oui, en quoi ? Ce sont là de vastes questions qui dépassent la portée de cette étude. Je voudrais cependant proposer ici une façon différente et neuve d'appréhender les portraits dans l'art islamique. Cette explication s'accorde avec la complexité du matériau et reflète la sophistication culturelle et intellectuelle de la société étudiée.

Je commencerai par décrire les conceptions de l'art du portrait dans le monde musulman et la façon dont elles s'expriment dans sa tradition visuelle. Je détaillerai ensuite les divers types de portraits d'auteurs que l'on trouve dans les manuscrits illustrés arabes et persans. Cette partie sera suivie d'une discussion plus spécifique du cycle d'illustrations de Moïse dans le *Jāmiʿ al-Tawārīkh* de Rashīd al-Dīn, montrant que ces peintures se rapportent à l'auteur, avec lequel elles entretiennent un lien direct.

Afin de mieux comprendre l'idée du portrait dans l'art islamique, et plus spécifiquement du portrait d'auteur, je voudrais déterminer certaines des caractéristiques générales de ce type de représentations figurées dans la tradition et les arts visuels. Au sein de l'art occidental, on insiste fortement sur la « ressemblance » d'un portrait, quoique celle-ci n'en soit ni le seul aspect, ni le plus important, en particulier dans l'art moderne. Picasso a ainsi déclaré à propos de son portrait de l'écrivain américaine Gertrude Stein : « Tout le monde dit qu'elle ne lui ressemble pas mais ça ne fait aucune différence, elle

* *Traduit de l'anglais par Céline Grasser.*

 | DOI 10.1163/9789004283855_004

lui ressemblera[1]. » Des chercheurs, Richard Brilliant entre autres, considèrent que l'art du portrait ne peut se limiter à la seule notion d'une ressemblance physique[2]. John Gere a affirmé qu'un portrait est une image « dans laquelle l'artiste fixe son attention sur la personnalité de son modèle et se préoccupe de ce qui le caractérise comme individu[3] ». L'accent est mis ici sur la personnalité de l'individu – un reflet de son aspect intérieur et non uniquement de son apparence extérieure[4].

Les portraits revêtent des formes diverses et relèvent de techniques variées, telle la sculpture ou la peinture. Certains sont explicites, directs et faciles à identifier, comme le portrait de Thomas More par Hans Holbein[5], ou celui de Napoléon par David[6]. Il existe également des portraits dissimulés, où le modèle est dépeint comme un dieu ou une déesse, telle la seconde femme de Rubens qui apparaît sous les traits de Vénus dans le *Printemps* de Botticelli. Au cours du processus de création d'un portrait, l'artiste peut tenter de « plonger dans l'âme cachée » de son modèle, puis par un processus d'individualisation, il fait ressortir les particularités d'expression qui le distinguent du reste de l'humanité[7]. Un examen de la question de l'art du portrait dans la tradition visuelle islamique nous met face à deux principales approches savantes contradictoires : l'une qui affirme qu'il n'y a pas de portraits dans l'art islamique pour des questions religieuses[8], et l'autre qui voit un portrait dans toute représentation d'une figure humaine[9]. Je renvoie ici à Reigl ou à Papadopoulo pour qui « il ne devait jamais y avoir de portraits dans l'art islamique, ni peint, ni sculpté : leur introduction marquerait la fin d'une esthétique musulmane ». Thomas Arnold, pour sa part, identifie et compare les figures représentées à des individus précis, tels qu'ils apparaissent dans plusieurs périodes de l'histoire de l'Islam, sur des peintures murales, des céramiques, des manuscrits illustrés et des pièces de monnaie. Mais il n'établit aucun critère définissant ce qui constitue un portrait.

---

1 A. Blizzard, *Portraits of the 20th century Self*, Francfort-sur-le-Main, New York, Peter Lang, 2004, p. 54.

2 R. Brilliant, *Portraiture*, Londres, Reaktion Books, 1991.

3 L. Campbell, « Portraiture », *Dictionary of Art*, vol. 25, p. 275 ; J. Gere, *Portrait Drawings, XV-XXth Centuries*, Londres, British Museum, 1974.

4 Voir par exemple le portrait de Marilyn Monroe par Willem De Kooning, 1954, huile sur toile, 125×75 cm. New York, Collection de M. et Mme Roy R. Neuberger.

5 Portrait de Thomas More par Hans Holbein, 1527, huile sur panneau de bois, New York, Collection Frick.

6 Jacques-Louis David, *Napoléon dans son cabinet de travail*, 1812, huile sur toile, Washington, D.C., National Gallery of Art.

7 « Portraiture », *Dictionary of Art*, p. 282-283.

8 A. Papadopoulo, *Islam and Muslim Art*, 1979, p. 56.

9 T. Arnold, *Painting in Islam*, New York, Dover Publications, 1965, p. 123.

Les chercheurs n'ont guère abordé la question de ce qu'est un portrait dans l'art musulman, et très peu de choses ont été écrites sur le sujet, l'étude la plus récente sur la théorie du portrait dans l'art islamique étant celle de Priscilla Soucek, parue dans la revue *Muqarnas* en 2000. Elle montre là, en se fondant sur des témoignages écrits et des œuvres picturales, que l'art du portrait a été florissant durant certaines périodes, en particulier en Iran, en Asie centrale et en Inde. Dans le même temps, des interdits théologiques émanant d'autorités religieuses aussi bien chiites que sunnites sont à la base d'une prohibition de la pratique de l'art du portrait dans le monde musulman. Les opposants à l'exécution de portraits s'appuient sur des commentaires du Coran affirmant qu'il n'est pas convenable pour une personne de chercher à imiter le rôle créateur de Dieu en élaborant des images d'êtres animés[10]. Mais malgré ces interdits religieux, nous constatons que les portraits font partie des expressions visuelles du monde musulman.

Afin d'expliquer leur existence dans l'art islamique, il nous faut reconstruire la fonction que remplit ce type de peinture, et tenter de définir ce qui constitue un portrait au sein de la sphère culturelle musulmane.

La théorie la plus courante dans les travaux de recherche traitant de l'art du portrait au sein de la peinture islamique consiste en l'hypothèse que celui-ci est le produit ou la conséquence d'une influence européenne, et à été transmis au monde musulman par des artistes occidentaux. On peut en voir des exemples dans des portraits moghols ou qajars, comme celui de « Shah Jahan examinant le sceau royal[11] », ou de Nadir Shah au Victoria & Albert Museum. Mais cette théorie, comme le dit avec raison Priscilla Soucek, ne s'accorde pas totalement avec les éléments dont on dispose.

En utilisant l'hypothèse de R. Brilliant concernant les portraits occidentaux, Priscilla Soucek met en avant l'idée que le portrait possède le pouvoir d'évoquer la présence d'une personne précise. Une telle peinture ne provoquerait une réponse plus forte et plus personnelle de la part du spectateur que lorsqu'il examine d'autres types d'images[12]. Dans le même temps, un portrait est par essence idéalisé. Il ne s'agit pas de l'enregistrement fidèle d'une expérience visuelle, mais de la construction d'un modèle relationnel qui peut être modifié jusqu'à atteindre le degré d'exactitude souhaité[13]. L'idée qu'un portrait est ainsi une « affaire locale », un « modèle relationnel », élargit la discussion pour inclure des images qui ne sont ni extrêmement individualisées, ni exécutées

---

10 P. Soucek, « The theory and practice of portraiture in the Persian tradition », *Muqarnas* 17, 2000, p. 97.

11 Daté 1628, signé Nadir al-Zaman. Collection du Prince Sadruddin Aga Khan.

12 R. Brilliant, p. 8.

13 E.H. Gombrich, *Art and Illusion*, Princeton, Princeton University Press, 1969, p. 90.

dans un « style occidental », mais n'en auraient pas moins été reconnues par des spectateurs contemporains comme des représentations d'une personne précise, capables d'évoquer le souvenir de cette personne[14].

Dans le monde musulman, la croyance en l'idée qu'une œuvre d'art est une version améliorée de la nature et tire la plus grande part de son pouvoir de la manière dont elle offre un aperçu de la force créatrice centrale de l'univers, a des implications importantes pour l'art du portrait. Elle suggère que, dans des conditions adéquates, un portrait peut exprimer une « réalité intérieure » de ce type, en révélant des aspects significatifs de la personnalité du sujet, notamment ceux qui entretiennent des liens avec des principes universels sous-jacents[15].

Ces idées néoplatoniciennes circulent dans le monde musulman à travers la traduction en arabe de divers textes grecs à partir du VIIIe siècle. Nous savons que ce processus de traduction revêt un caractère dynamique : les auteurs / traducteurs ajoutent leurs commentaires, éditant et modifiant les textes selon leurs idées[16]. Al-Ghazālī (1058-1111) dit ainsi, au sujet de la beauté, que seul le faible se concentre exclusivement sur les apparences extérieures, car la beauté essentielle des créations de l'homme – telles les œuvres poétiques, picturales ou architecturales – reflète les qualités intérieures (*bāṭina*) du poète, du peintre et du bâtisseur[17]. Il affirme également que la beauté intérieure d'une personne est supérieure à toute beauté extérieure, renvoyant par là à l'appréhension mentale des qualités d'une personne, par exemple la beauté du prophète Muḥammad[18].

Le souverain moghol Akbar (1542-1605) déclare qu'un artiste « en esquissant le dessin de n'importe quoi qui contient de la vie, et en élaborant ses membres, l'un après l'autre, doit en venir à ressentir qu'il ne peut conférer de l'individualité à son œuvre, et se voit ainsi forcé de songer à Dieu[19]. » Ce type de notions dérive des idées de Plotin et des écrits néoplatoniciens sur les pouvoirs créateurs de l'univers, et pose les fondations de nombreuses élaborations à venir en matière d'esthétique[20].

---

14 P. Soucek, p. 98.

15 P. Soucek, p. 101.

16 D. Gutas, *Greek Thought, Arabic Culture*, Londres, New York, Routledge, 1998, p. 145-146.

17 Al-Ghazālī, *Kitāb al-uns wa-l-maḥabba* (Revivification des sciences de la religion : le livre de l'amour), trad. A. Moussali, Paris, EnNour, 1990, p. 32.

18 C. Hillenbrand, « Some Aspects of al-Ghazali's Views on Beauty », *in* : Alma Giese et J.C. Bürgel (éds), *Gott ist Schön und Er Liebt die Schönheit*, Berne, Peter Lang, 1994, p. 256.

19 Abd'l Fazl, *Ain-i Akbari*, trad. H. Blochmann, Delhi, Low Price Publications, 1989, 1 : 115.

20 P. Soucek, p. 101.

D'un autre côté, nous trouvons divers auteurs musulmans, s'en tenant à l'apparence extérieure au détriment de l'aspect intérieur, qui produisent des traductions à partir de textes grecs, ou élaborent leurs propres écrits, sur la physiognomonie (*ʿilm al-firāsa*) – une méthode par laquelle le caractère et le comportement d'une personne peuvent se déduire, et même se prédire, à partir de son apparence ou de son portrait[21]. Ces caractérisations en fonction de la physionomie sont en réalité des portraits verbaux, et sont utilisés comme un moyen populaire d'analyser les gens.

Priscilla Soucek conclut que malgré l'existence de textes physiognomoniques, il est clair que c'est sur le reflet de l'être intérieur que les penseurs musulmans mettent l'accent quand ils discutent de l'art du portrait[22].

1 Les auteurs et leurs portraits dans l'art islamique

La question se fait encore plus complexe quand on s'intéresse aux portraits d'auteurs dans l'art islamique. Dans la peinture islamique et ancienne de manuscrits, le portrait d'auteur formel constitue un « thème favori » des frontispices des manuscrits arabes. L'iconographie musulmane assimile ce que l'on nomme le « sage classique » non seulement comme type figuratif, qui acquiert une apparence et un costume totalement islamisés, mais également sous forme de scènes composées, dont le portrait de groupe. Ces peintures dérivent du portrait d'auteur classique et de ses variations, remontant à l'Antiquité tardive et à une tradition visuelle gréco-romaine[23]. La transmission de ces images se fait à travers des ouvrages de savants grecs, traitant essentiellement de philosophie et de science, qui sont traduits et copiés par des auteurs musulmans[24]. Ce transfert concerne non seulement le texte, mais également les images qui l'accompagnent, lesquelles sont perçues comme faisant partie intégrante du contenu du livre.

Durant l'Antiquité tardive, il est courant qu'un livre contenant le texte d'un auteur particulier inclue son propre portrait. Les traducteurs arabes de ce type de textes connaissant cette tradition, nous trouvons dans quelques manuscrits

21 Ibid., p. 103-104.

22 P. Soucek, p. 105-106.

23 K. Weitzmann, *Classical Heritage in Byzantine and Near Eastern Art*, Londres, Variorum Reprints, 1981 ; R. Ettinghausen, *Arab Painting*, Genève, Skira, 1962 ; E. Hoffman, « The author portrait in thirteenth-century Arabic manuscripts : a new Islamic context for a late-antique tradition », *Muqarnas* 10, p. 6-20.

24 E. Hoffman, p. 6-7.

arabes du XIIIe siècle de tels portraits. La pratique consistant à joindre le portrait de l'auteur à son texte est par la suite appliquée aux œuvres des écrivains musulmans. Le plus ancien exemple de ce type orne le frontispice d'un manuscrit arabe des poèmes de Kuthayyir et ʿAzza[25]. Un autre exemple ancien, concernant à nouveau un recueil de poèmes, ne nous est parvenu qu'à travers sa description dans un texte, qui nous apprend que, dans une anthologie de poésie compilée en 1184 à Ispahan pour le sultan seldjoukide Ṭughril, le portrait (*ṣūra*) de chaque poète introduisait la section rassemblant ses vers[26].

La majorité des portraits d'auteurs apparaît cependant dans des manuscrits scientifiques en arabe, à l'image du populaire *Kitāb al-diryāq* (« Livre des antidotes »), texte traduit et enrichi évoquant les divers traitements contre les effets d'un empoisonnement – la thériaque, inventée et affinée par neuf médecins de l'Antiquité. Une copie du nord de l'Irak du XIIIe siècle (actuellement à Vienne) porte sur sa page de titre une peinture représentant leur portrait de groupe. Chaque médecin est cerné d'un décor circulaire, assis en tailleur, adossé à un fauteuil à haut dossier. Les portraits sont disposés par ordre chronologique sur trois rangs (de droite à gauche, de haut en bas), le nom de chacun étant inscrit verticalement à l'or. Tous les personnages ont une auréole et tiennent en main des livres[27].

Ces représentations figurées trouvent leur origine dans les portraits de groupe de médecins et de philosophes de l'Antiquité tardive, tels qu'ils apparaissent sur les deux pages ouvrant le manuscrit de Dioscoride de Juliana Anicia du VIe siècle. Les peintures diffèrent dans les détails et la composition, mais véhiculent le même message et la même idée d'une « chaîne de transmission du savoir ».

Dans un autre *Kitāb al-diryāq* actuellement conservé à la Bibliothèque nationale de France (daté 1199), les portraits des auteurs sont groupés par trois sur trois pages consécutives. Les registres supérieur et inférieur portent des inscriptions dans une écriture anguleuse, commençant par la *basmala* et

---

25 E. Grube, « Fostat Fragments », *in* : B. Robinson (éd.), *Islamic Painting and the Arts of the Book in the Keir Collection*, Londres, Faber and Faber, 1976, p. 33-35, n° 1.7.

26 Selon A.H. Morton, cette description apparaît dans l'ouvrage de Muḥammad b. ʿAlī b. Sulaymān al-Rāwandī, *Rāḥāt al-ṣudūr wa-āyat al-surūr*, ed. Muḥammad Iqbāl, Leyde, Londres, Brill, 1921, p. 57. A.H. Morton, « Mu'nis al-aḥrār and its twenty-ninth chapter », *in* : S. Carboni et M. Swietochowski (éds), *Illustrated Poetry and Epic Images : Persian Painting of the 1330s and 1340s*, New York, Metropolitan Museum of Art, 1994, p. 55.

27 Les médecins sont : Andromachos (l'aîné), Heraklides, Philagrios, Proclos, Pythagoras, Marinus, Andromachos (le jeune), Magnos, et Galien. Pour une discussion détaillée des manuscrits du *Kitāb al-diryāq*, voir la thèse de PhD de J. Kerner, *Art in the name of science : Illustrated manuscripts of the Kitāb al-diryāq*, New York, New York University, 2004.

reprenant des phrases du titre. Le registre médian contient les noms des médecins et leurs portraits. Leur ordre d'apparition n'est pas chronologique et ne correspond pas à leur succession dans le texte[28]. Les médecins sont représentés comme des figures en pied auréolées, en train de s'adonner à des activités que l'on attend de leur position, telles que lire, écrire ou dicter à leur assistant. Ils sont entourés de livres, de pupitres, de plateaux, de tasses, de cruches et autres récipients. Chaque groupe de trois personnages s'inscrit dans un cadre formé par une arcade[29].

Appartenant au même genre de manuscrits scientifiques illustrés, nous possédons un frontispice sur une double page montrant « Dioscoride et deux hommes », dans un *De Materia Medica* produit dans le nord de l'Irak ou en Syrie, en 1229 (fig. 1-2)[30]. À droite, Dioscoride est assis dans un fauteuil, portant un costume de type classique et un turban. Il est barbu. Il fait un geste de la main en direction des deux hommes, que l'on croit être ses élèves. Ces disciples, l'un jeune et l'autre plus âgé, portent turbans, robes et souliers, et semblent en pleine séance d'apprentissage : l'un d'eux consulte son livre, l'autre regarde son maître, un livre à la main. La peinture comporte une arcade formant un cadre architectural sur un fond d'or, qui évoque à K. Weitzmann et à R. Ettinghausen les manuscrits chrétiens / byzantins[31]. La façon dont est représenté Dioscoride présente une similarité avec une peinture de l'évangéliste Matthieu dans un Livre des Évangiles byzantin du Xe siècle conservé à la Bibliothèque nationale de France (fig. 4). Le frontispice d'un Évangile (copte égyptien) de Damiette, daté de 1179, occupant une double page et montrant les évangélistes qui présentent leurs livres au Christ, se rapproche encore davantage du Dioscoride par son langage visuel. Cette association a conduit Eva Hoffman à interpréter le frontispice du *De Materia Medica* également comme une scène de présentation, montrant, cette fois, les calligraphes musulmans en train d'offrir leur œuvre à Dioscoride. Nous possédons leurs noms consignés dans le manuscrit[32]. Choisir le thème de la présentation pour orner le frontispice véhicule le message d'une transmission du savoir du grec à l'arabe, touchant ainsi l'essence même de l'œuvre.

---

28 J. Kerner, Thèse de Ph.D, 2004.

29 Les noms des médecins sont (de droite à gauche) : Marinus, Andromachos (l'aîné), Andromachos (le jeune), Afriqlis, Yuyaguras, Abraqlidis, Galien, Magnis d'Emessa, et Aflguras.

30 Fol. 1v et 2r (frontispice). Actuellement conservé au musée de Topkapı Sarayi.

31 K. Weitzmann, *Classical Heritage*, p. 38-39 ; R. Ettinghausen, *Arab Painting*, p. 70.

32 E. Hoffman, p. 12.

Le même manuscrit du *De Materia Medica* comporte un autre hommage au livre original de l'Antiquité tardive sous la forme d'un portrait de « Dioscoride et un étudiant » (fol. 2v). Le choix de placer cette peinture juste après le frontispice constitue une référence spécifique au texte original et suit de près le motif pictural similaire du Dioscoride de Juliana Anicia du VIe siècle[33].

Dans un ouvrage littéraire intitulé « Les meilleures sentences et les plus précieux dictons », *Mukhtār al-ḥikam wa-maḥāsin al-kalim*, d'al-Mubashshir b. Fātik, le portrait de groupe des auteurs figure à nouveau sur le frontispice[34]. Cette somme est entièrement consacrée aux vies des philosophes grecs et à leurs dits. Leurs portraits dominent les illustrations, sur le frontispice comme dans le texte, ainsi de « Socrate et deux étudiants ».

L'intérêt des auteurs musulmans pour les textes grecs, y compris pour la traduction de biographies, conduit également à l'adaptation de formes, comme ces séries de portraits. Le portrait d'auteur est ainsi le compagnon et le pendant visuel de la biographie littéraire.

Le frontispice du *Rasā'il ikhwān al-ṣafā'* (« Épîtres des Frères de la pureté »)[35] figurant les « Auteurs, assistants et domestiques » marque une autre étape dans l'assimilation du modèle classique du portrait d'auteur dans l'art islamique (fig. 7-8). Sur cette miniature, des portraits d'auteurs musulmans remplacent ceux des auteurs grecs, mais utilisent un langage visuel similaire et les mêmes conventions en matière de vêtement, de cadre et d'activités.

Sur un frontispice des *Maqāmāt* d'al-Ḥarīrī[36] occupant une double page, Oleg Grabar a identifié le portrait de l'auteur d'une part, et celui de son prédécesseur al-Hamadānī sur la page opposée (fig. 9-10). Cette représentation dérive du portrait double classique conçu pour une paire de souverains[37].

Déviant du « modèle classique », on possède un texte historique de la fin du XIIIe siècle décrivant l'invasion mongole, qui s'ouvre également sur un portrait de son auteur, Juwaynī, montré en train d'écrire son texte (fig. 5-6)[38]. R. Ettinghausen voit dans cette peinture une illustration de la tradition classique du portrait d'auteur tel qu'il apparaît dans les traités scientifiques et philoso-

33 Ibid., p. 9-10.

34 Le manuscrit est daté de la première moitié du XIIIe siècle, probablement de Syrie, fol. 173v, actuellement conservé au musée de Topkapı Sarayi, Istanbul.

35 Réalisé à Bagdad, en 1287, et actuellement au musée de Topkapı Sarayi, Istanbul.

36 *Maqāmāt al-Harīrī*, arabe 5847, Bibliothèque nationale de France.

37 O. Grabar, *The Illustrations of the Maqamat*, Chicago, Londres, University of Chicago Press, 1984, p. 23.

38 « L'auteur en compagnie d'un prince mongol, d'un cheval et de son palefrenier », frontispice sur une double page, *Ta'rīkh-i Jahan Gusha*, (histoire du conquérant du monde), Juwaynī, copié en 1290.

phiques arabes plus anciens. Il suggère que ces figures représentent peut-être Juwaynī assis (sa désignation est plus tardive) écrivant sous la dictée ou recevant des ordres d'Amīr Arghūn ou de l'Ilkhān Hūlāgū[39].

Une peinture des *Shāh Nāmeh* de Ferdowsī constitue un autre exemple de la période ilkhanide[40]. Dans cette scène Ferdowsī rencontre les poètes de cour de Ghazna et se mesure à eux. Cette image n'est pas un frontispice, mais fait partie du récit. La même scène est également représentée dans les *Shāh Nāmeh* de Shāh Tahmasp[41], d'une manière très élaborée. De même, on connaît une peinture des années 1314-1315 qui montre le souverain et son poète engagés dans des activités communes[42].

La pratique consistant à placer un portrait sur les premières pages d'un livre se poursuit aux XIVe et XVe siècles dans les manuscrits tant arabes que persans. La personne représentée n'est cependant plus l'auteur, mais plutôt son protecteur. Si certaines de ces peintures revêtent un aspect générique, celles produites au XVe siècle pour des mécènes princiers ont tendance à être plus individualisées, à l'image de celles exécutées pour les princes timurides Bāysunghūr Mīrzā et Sulṭān Ḥusayn Mīrzā[43].

Au cours de la période timuride, l'intérêt pour l'art du portrait paraît se développer, tandis qu'apparaissent des portraits d'auteur intégrés différemment dans des miniatures. Le cadre dans lequel est placée l'image – et l'action qu'elle donne à voir – offrent des indices extérieurs permettant d'identifier le personnage représenté. Loin de l'image formelle figée du frontispice, nous avons un personnage plus dynamique et plus individualisé, dont la représentation est partie intégrante du récit. Saʿadī est ainsi montré dans une illustration de son *Bustān* en pleine conversation avec son maître. Ṭūsī apparaît dans toute sa vigueur dans son observatoire, « pris dans l'action », ses mains

---

39 R. Ettinghausen, « An Illuminated Manuscript of Hafiz-i Abru in Istanbul, part I », *in: Kunst des Orients* 2, 1955, p. 48-50 ; T. Fitzherbert, « Portrait of a lost leader : Jalal al-Din Khwarazmshah and Juvaini », *in* : J. Raby et T. Fitzherbert (éds), *The court of the Il-Khans 1290-1340*, Oxford, Oxford University Press, 1996, p. 71-72.

40 « Ferdowsī rencontre les trois poètes de cour de Ghazna », *Shāh Nāmeh*, Iran, Shiraz, école inju, 1341.

41 « Feirdowsī rencontre les trois poètes de cour de Ghazna », *Shāh Nāmeh* de Shāh Tahmasp, attribué à Bihzād, c. 1525, fol. 7r. Collection de l'Aga Khan, Genève.

42 « Prince, poète et courtisans », tiré de l'*Anthology of Diwans*, Iran, 1314-1315, fol. 1v, Londres, British Library.

43 « Bāysunghur Mīrzā b. Shahrukh assis dans un jardin », fols. 1v-2r (frontispice), d'un *Kalīla wa-Dimna* par Abū l-Maʿālī Naṣr Allāh, Herat, 1429 ; « Une fête à la cour du Sultan Husayn Mīrzā », fols. 1v-2r (frontispice), d'un *Bustān* de Saʿadī, Herat, 1488. Copié pour le Sultān Ḥusayn Mīrzā. Le Caire. P. Soucek, p. 104.

désignant un point dans le ciel[44]. Neẓāmī est quant à lui engagé dans une profonde conversation avec Nawā'ī dans une illustration du texte de ce dernier[45]. L'ombre de Neẓāmī accueille le ministre Nawā'ī, qui lui est présenté par Jāmī, dans le jardin de rêve des grands poètes persans du passé. Figure centrale de la composition, Neẓāmī s'approche de Nawā'ī. Nous avons là une *silsila* de transmission, Nawā'ī étant ordonné par Neẓāmī. Ce type de scène a plus à voir avec la représentation du Maître et de ses disciples – des figures religieuses. Nous connaissons également des peintures indépendantes d'auteurs comme Nawā'ī, ou Hātifī[46].

La fascination des Moghols pour l'art du portrait est probablement due à leur intérêt pour la peinture timuride, qu'ils collectionnent et dont ils constatent qu'elle contient de nombreux portraits, par exemple ceux de Genghis Khān, Akbar et Jahāngīr, ainsi que de nombreux autres personnages[47]. On connaît même des albums spécialement consacrés aux portraits, commandés par Akbar et Jahāngīr, pour garder trace de l'ensemble de leur personnel et de leur entourage à la cour[48]. Cependant, les portraits d'auteurs sont quasiment absents. Nous rencontrons en fait davantage de portraits de calligraphes et de peintres que d'auteurs[49].

Au moment même où augmente la popularité de l'art du portrait, selon Priscilla Soucek, il semble y avoir une évolution parallèle dans les écrits sur le sujet qui explorent les liens entre l'apparence extérieure d'une image et sa signification intérieure. À la fin du XVIe siècle, le poète et peintre safavide Ṣādeqī Beg affirme dans son *Canon* que la forme externe (*ṣūra*) de ses portraits a presque été à même de dépeindre l'essence intérieure ou *ma'nā* de la personne représentée. La tâche du peintre est ainsi d'aller au-delà du monde

44 « Naṣiruddin Ṭūsī et des collègues au travail dans l'observatoire de Marāgha », fol. 1v, d'une *Scientific Anthology*, Shiraz, c.1410. Istanbul.

45 « Conseil de poètes », du *Sadd-i Iskandarī* (Le mur d'Alexandre, en chaghatay) de Mīr 'Alī Shir Nawā'ī. Attribué à Qāsim 'Alī, 1495, fol. 95v.

46 « Mīr 'Alī Shir Nawā'ī », Mawarannahr, c. 1500-1525, attribué à Maḥmūd-i Mudhahheb. Actuellement à Mashhad, Bibliothèque du mausolée de l'imām Riżā. « Portrait de Hātifī », Mawarannahr ou Iran, dédicacé à Bihzād, c. 1511-21. Collection de l'Aga Khan, Genève.

47 Tels qu'ils apparaissent par exemple dans le *Akbarnama* des années 1590, actuellement conservé au Victoria & Albert Museum.

48 La commande d'un album par Akbar est mentionnée par Abū l-Fazl dans le *Ain-i Akbari*, 1:107-9. Pour les albums de Jahāngīr : l'Album Gulshan, c. 1600-1609, à présent à la Bibliothèque Impériale de Téhéran ; et l'album actuellement conservé à la Staatsbibliothek de Berlin, qui contient des œuvres dont la date se situe entre 1609 et 1618.

49 Un exemple est « Le calligraphe 'Abd al-Raḥīm Harawī et son assistant dans l'atelier », colophon, d'un *Anvar-i Suhaylī*, Lahore, 1596, BKB, Varanasi.

de la nature pour atteindre le monde des idées[50]. D'une manière similaire, Abū al-Faḍl, l'historien d'Akbār, commente le lien existant entre l'apparence extérieure et la réalité intérieure. Il affirme que « ce que nous appelons forme (*ṣuwar*) nous conduit à reconnaître un corps ; le corps lui-même nous conduit à ce que nous appelons une notion ou une idée (*maʿnā*) ». Il ajoute que certains peintres habiles sont parvenus à créer des représentations d'« états mentaux » si claires qu' « il peut arriver que des gens prennent une image pour une réalité »[51].

Je voudrais suggérer une autre manière d'appréhender le portrait d'auteur, différente de tout ce que nous avons évoqué jusque-là. Dans ce but, je commencerai par une digression nous éloignant dans un premier temps de ces portraits pour m'intéresser à un cycle de sept peintures du *Jāmiʿ al-Tawārīkh* de Rashīd al-Dīn, avant de finalement relier tous ces éléments.

2 Portrait d'auteur : Les sept peintures de Moïse dans le *Jāmiʿ al-Tawārīkh* de Rashīd al-Dīn, ou « Le portrait de l'auteur en jeune Moïse »

Les célèbres pages illustrées du *Jāmiʿ al-Tawārīkh* (Recueil de Chroniques) de Rashīd al-Dīn, à présent réparties entre la Bibliothèque universitaire d'Édimbourg et la collection Khalili, sont une création originale de la période ilkhanide. Il s'agit d'une copie fragmentaire d'une traduction arabe d'un texte persan, qui contient 90 peintures. Sept d'entre elles sont consacrées à Moïse. Dans cet article, j'aimerai proposer une explication du traitement remarquable dont bénéficie ce dernier, en prenant en compte les origines personnelles de Rashīd al-Dīn, sa vie professionnelle en tant que médecin et homme d'État, son éducation, ses connaissances, ses intérêts et ses croyances. Je décrirai brièvement le manuscrit et comparerai les peintures à d'autres manuscrits illustrés contemporains du même texte, ainsi qu'à d'autres ouvrages. Je discuterai ensuite le rôle de Moïse dans divers textes et traditions, et le mettrai en rapport avec le personnage de Rashīd al-Dīn lui-même.

---

50 P. Soucek, p. 106 ; Y. Porter, « From the "theory of the two qalams" to the "seven principles of painting" : theory, terminology, and practice in Persian classical painting », *Muqarnas* 17, p. 112.

51 Abū al-Faḍl, *Ain-i Akbarī*, 1:102-13. Le vocabulaire utilisé pour décrire un portrait comprend les termes suivants : *ṣūra*, le plus courant, puis viennent *taṣwīr, naqsh, mathal, paykar*. Tous signifient image, forme, ressemblance, portrait.

Avant d'entrer dans le vif du sujet, il est cependant nécessaire de discuter brièvement du manuscrit en général afin de replacer ces miniatures dans le cadre et le contexte qui sont les leurs.

Le texte du *Jāmiʿ al-Tawārīkh* a été divisé par Rashīd al-Dīn en trois, puis, plus tard, en quatre volumes[52]. Le premier traite de l'histoire des Mongols, de l'origine des tribus, des généalogies et des légendes, puis de l'histoire de Genghis Khān et de ses successeurs jusqu'à Ghazan Khān. Le volume deux s'intéresse à l'histoire d'Uljāytū jusqu'en 1310, que suit une longue section sur les peuples non-mongols d'Eurasie. Celle-ci comporte une introduction et deux parties, la première portant sur les anciens rois d'Iran et d'Arabie, et la seconde divisée en chapitres, traitant de l'histoire du Prophète et du califat, des dynasties d'Iran qui ont suivi ce dernier (Ghaznavides, Seldjoukides, shahs du Khwarezm et Ismaʿilis), des Turcs, des Chinois, des Juifs, des Francs et des Indiens. Le dernier volume, qui n'a pas survécu, devait être une géographie. L'ouvrage a été composé initialement en persan, puis traduit en arabe et peut-être dans d'autres langues[53]. Le manuscrit, réparti entre la collection Khalili et la Bibliothèque universitaire d'Édimbourg, appartient à la seconde partie du second volume, l'histoire des peuples d'Eurasie non-mongols ; pris ensemble, ses 210 folios représentent la moitié du texte original du second volume[54]. Bien qu'il ait été commencé plusieurs années auparavant, le manuscrit était apparemment inachevé à la mort de son auteur en 718 (1318). S'il est possible que le texte et les peintures aient été terminés, l'enluminure ne l'était pas[55].

52 Sur la relation entre Rashīd al-Dīn et le *Jāmiʿ al-Tawārīkh*, et sur la question des sources primaires et de l'identité de l'auteur, voir D. Morgan, « Rashid al-Din and Gazan Khān », *L'Iran face à la domination mongole*, Téhéran, Institut Français de Recherche en Iran, 1997, p. 179-188. Il affirme en particulier que les prétendues lettres de Rashīd al-Dīn sont une fabrication de la période timuride (p. 182) ; et A.H. Morton, « The Letters of Rashīd al-Dīn : Ilkhanid Fact or Timurid Fiction ? », *in* : R. Amitai-Preiss et D. Morgan (éds), *The Mongol Empire and its Legacy*, Leyde, Brill, 2001, p. 155-199.

53 T. Allsen, *Culture and Conquest in Mongol Eurasia*, New York, Cambridge University Press, 2001, p. 83-85.

54 S. Blair, *A Compendium of Chronicles*, Londres, New York, Nour Foundation and Oxford University Press, 1995, p. 23-24. Sur les 210 folios (59 dans la collection Khalili et 151 à Édimbourg), 90 sont illustrés de peintures (20 à la Khalili et 70 à Édimbourg), et quinze contiennent des représentations d'empereurs chinois et de leurs suivants (dans la partie conservée dans la collection Khalili).

55 S. Blair, 1995, p. 30. Dans un court article, A. Ivanov propose le nom de ʿAfīf al-Dīn Muḥammad b. Manṣūr b. Muḥammad b. Bumuya al-Qashī comme l'un des artistes du *Jāmiʿ al-Tawārīkh*. A. Ivanov, « The name of a painter who illustrated the World History of Rashīd al-Dīn », *in* : R. Hillenbrand (éd.), *Persian Painting from the Mongols to the Qajars*, Londres, New York, I.B. Tauris, 2000, p. 147-149.

Le manuscrit arabe de Rashīd al-Dīn a été reconstitué et daté par Sheila Blair[56]. Après avoir étudié et comparé divers aspects physiques de ces deux parties et en avoir examiné le texte et l'écriture, S. Blair a conclu qu'elles provenaient d'un unique et même manuscrit[57], portant la date de l'an 714 de l'Hégire (1314-1315 de notre ère) à la fin de l'une de ses sections[58].

L'auteur, Rashīd al-Dīn, est né vers 1247/645 à Hamadan dans l'ouest de l'Iran. Il devient le vizir du Khan mongol Uljāytū et fonde à Tabriz le Rab-i Rashidi, un quartier de la ville construit, entre autres, pour servir de lieu où copier des livres tels que le Coran et des ouvrages scientifiques. C'est probablement là qu'a été rédigé ce manuscrit. S. Blair montre de manière convaincante que Rashīd al-Dīn en était le commanditaire, et établit en outre que le livre arabe a été copié sous la surveillance directe de son auteur, car il répond à des spécifications indiquées dans son acte de dotation (*waqf*)[59]. Le livre, réparti entre Édimbourg et la collection Khalili, était conservé dans le scriptorium de Rashīd al-Dīn, dans son quartier. Après sa mort et avant le pillage du Rab-i Rashidi, il a probablement été emporté par son fils[60].

Au sein de la section traitant des anciens rois et prophètes de la période préislamique, la figure de Moïse reçoit un traitement particulier. Alors que la plupart des personnages dans cette partie ne sont représentés qu'une seule fois, Moïse constitue le sujet de cinq peintures au sein de la section sur les prophètes préislamiques et de deux autres dans la partie traitant de l'histoire des juifs, portant le total à sept miniatures.

La première peinture montre la fille de Pharaon Asa et ses compagnes debout sur les rives du Nil, en train de regarder la caisse flottant sur l'eau[61].

---

56 Comme le mentionne S. Blair dans son texte, les différentes parties avaient déjà été identifiées par Forbes comme appartenant à un même et unique manuscrit il y a plus de 150 ans. S. Blair, 1995, p. 16.

57 S. Blair détaille les lieux où se trouve le manuscrit, évoque l'ancienne identification erronée du texte comme étant l'histoire d'al-Ṭabarī, et précise ses différents propriétaires. Pour sa reconstitution du manuscrit, voir S. Blair, 1995, p. 15-36.

58 La date de l'an 714 de l'Hégire apparaît à la fin de la section sur l'Inde. S. Blair, 1995, p. 16.

59 S. Blair, 1995, p. 27, 30.

60 S. Blair affirme qu'il existait un modèle, auquel étaient liées toutes les copies contemporaines. Elle considère le manuscrit conservé à Édimbourg et dans la collection Khalili comme une copie classique de cet exemplaire. S. Blair, p. 31.

61 « Moïse parmi les roseaux », fol. 9b, *Jāmiʿ al-Tawārīkh* de Rashīd al-Dīn, Édimbourg, Edinburgh University Library (Or. ms. 20). T. Allen montre que la composition utilisée ici apparaît dans tous les Octateuques byzantins. T. Allen, « Byzantine Sources for the *Jāmiʿ al-Tawārīkh* of Rashīd al-Dīn », *Ars Orientalis*, 15, 1985, p. 125.

L'illustration suivante représente Moïse entendant la voix de Dieu[62]. Il est assis au centre de la page contre une bosse représentant la montagne (le mont Sinaï), les mains tendues vers les nuages – signalant la présence de Dieu. Au-dessous et autour de lui se trouve une foule de corps esquissés de manière vague. T. Allen montre que l'illustration représente un développement apparaissant dans les commentaires d'un passage du Coran, qui ne diffère que peu du texte biblique, où soixante-dix notables du peuple d'Israël suivent Moïse jusque dans les nuages sur le mont Sinaï et sont foudroyés par Dieu. Le manuscrit arabe ne mentionne pas ce détail mais suit de près la version biblique. Le texte qui précède l'illustration évoque entre autres la découverte par Moïse des soixante-dix personnes qui le suivent et l'accueil qu'elles lui font après être revenues à elles. Selon Rachel Milstein, cette iconographie rappelle la Transfiguration du Christ. Dans celle-ci, les apôtres représentés endormis sont comparables aux soixante-dix anciens inconscients, les rayons de lumière qui émanent du Christ étant similaires dans ce cas à la lumière qui jaillit de la tête de Moïse[63].

Dans « la traversée de la mer Rouge », Moïse se tient sur la gauche, une verge à la main, en compagnie de trois hommes et deux femmes, qui représentent le peuple d'Israël[64]. À droite, la mer Rouge engloutit les soldats de Pharaon[65]. L'illustration suit le texte décrivant leur noyade et est lié au récit biblique de la poursuite des enfants d'Israël par Pharaon après leur départ d'Égypte. Obéissant à l'ordre de Dieu, Moïse frappe la mer Rouge de sa verge, qui se fend alors en deux (avec douze chemins dans le *Jāmiʿ al-Tawārīkh*, correspondant au nombre de tribus), créant un passage entre deux murailles d'eau, qu'emprunte le peuple d'Israël pour s'échapper. Quand Pharaon et son armée s'y engagent eux aussi pour les suivre, Dieu ordonne aux eaux de se refermer sur eux et tous se noient. R. Milstein montre que la composition et l'iconographie de cette scène s'ancre fortement dans la tradition judéo-chrétienne. Moïse est représenté portant une robe et des sandales, inspirées de modèles byzantins. Une auréole entoure sa tête, couverte par un pan de son vêtement. R. Milstein identifie ce type de couvre-chef comme une *ṭarḥa*, qui au cours de la période abbasside est réservé aux personnages religieux. Elle montre que la représen-

62 « Moïse entendant la voix de Dieu », fol. 10a, *Jāmiʿ al-Tawārīkh* de Rashīd al-Dīn, Édimbourg, Edinburgh University Library (Or. ms. 20).

63 R. Milstein, 1987, p. 206.

64 « Moïse dans la mer Rouge », fol. 10b, *Jāmiʿ al-Tawārīkh* de Rashīd al-Dīn, Édimbourg, Edinburgh University Library (Or. ms. 20).

65 T. Allen désigne les manuscrits byzantins comme modèles de cette composition. T. Allen, p. 125.

tation de Moïse comme un homme au teint pâle et au visage entouré d'un halo de rayons lumineux est liée au passage de l'Exode où il est décrit comme rayonnant de lumière quand il apporte la loi au peuple d'Israël[66].

Sur le folio 11a[67], Moïse se tient à gauche, sa verge à la main, et regarde Qārūn (Koré) et son groupe avalés par la terre[68]. Le texte suit le récit biblique, l'illustration venant à la fin de l'histoire. Dans cet épisode, Moïse est représenté à nouveau portant des vêtements classiques et des sandales, mais cette fois avec un turban et une barbe.

L'épisode suivant montre un minuscule Moïse debout près du géant Og/Uj renversé[69]. Une autre version illustrée de cette histoire apparaît dans le manuscrit al-Ṭabarī-Balʿamī conservé à la Freer Gallery, mais ces peintures diffèrent l'une de l'autre par leur composition[70]. La version d'al-Ṭabarī montre Og debout, dans son intégralité, soulignant la grande différence de taille existant entre le géant d'une part et Moïse et Aaron tout petits de l'autre. C'est l'action même de Moïse frappant Og de sa verge qui a été représentée. Dans le *Jāmiʿ al-Tawārīkh*, Og a déjà été vaincu par Moïse, la peinture montrant la chute du géant. R. Milstein fait remarquer que la tête de Moïse est découverte, sa barbe plus courte, et si l'on exclut la verge qu'il tient à la main, il ressemble à un jeune homme plutôt qu'à un messager de Dieu assez âgé.

La miniature suivante représente un moment particulier de l'histoire du veau d'or[71]. Après que Moïse a brûlé la statue de ce dernier, il la réduit en poudre, qu'il fait boire au peuple d'Israël mélangée à de l'eau, potion inoffensive

66 R. Milstein, 1987, p. 204.

67 « Moïse regardant Koré (Qārūn) avalé par la terre », fol. 11a, *Jāmiʿ al-Tawārīkh* de Rashīd al-Dīn, Édimbourg, Edinburgh University Library (Or. ms. 20).

68 Al-Ṭabarī mentionne une version longue et une version exégétique concernant Koré, mais celles-ci ne sont pas illustrées dans le Ṭabarī-Balʿamī.

69 « Moïse affrontant le géant Og (Uj) », fol. 11b, *Jāmiʿ al-Tawārīkh* de Rashīd al-Dīn, Édimbourg, Edinburgh University Library (Or. ms. 20). Le combat entre Moïse et Og, ou Uj, n'apparaît pas dans l'Ancien Testament ni dans le Coran. L'Ancien Testament décrit Og comme un géant dans Deut. 3:11, tandis que la bataille entre le peuple d'Israël, le roi Sihon et Og apparaît dans les Nombres 21:33-35. L'histoire de Moïse et Og telle qu'elle apparaît chez al-Ṭabarī, al-Thaʿālibī, al-Kisāʾī, et dans le *Jāmiʿ al-Tawārīkh* est fondée sur la littérature juive de la Haggadah. Voir L. Ginzberg, *Legends of the Jews*, Philadelphie, The Jewish Publications Society of America, 1909-1938, vol. 6, p. 120 ; B. Heller – [S.M. Wasserstrom], « Udj », *EI2*.

70 « Moïse affrontant le géant Og (Uj) », fol. 68b, al-Ṭabarī-Balʿamī, *Taʾrīkh al-rusul wa-l-mulūk*, Washington, Freer Gallery, no. 57.16.

71 « Moïse et les Lévites sur le point de décapiter les apostats », fol. 292a, *Jāmiʿ al-Tawārīkh* de Rashīd al-Dīn, Londres, Collection Khalili, (MSS 727).

pour un vrai croyant, mais censée laisser une tache d'or sur la langue d'un apostat. Après avoir isolé les adorateurs du veau d'or, Moïse ordonne aux Lévites de massacrer tous les porteurs d'une telle tache[72]. L'épisode illustré met l'accent sur le rôle de Moïse comme dirigeant, dont l'autorité a été remise en question par son peuple.

La dernière peinture représente la mort de Moïse[73]. Après son discours d'adieu, l'Éternel l'appelle seul au mont Nébo, où il lui fait voir le pays de loin ; après quoi Moïse meurt à un emplacement inconnu au sommet de la montagne (et il est dit dans l'Ancien Testament que Dieu l'a enterré). La mort de Moïse est l'un des moments les plus tragiques et les plus émouvants de l'Ancien Testament. Le texte surmontant la peinture rapporte ses paroles d'adieu, tandis que les lignes qui la suivent évoquent sa mort. La miniature capture la force de l'instant. C'est une peinture expressive touchante, suscitant l'émotion, représentant la triste fin d'un homme qui s'est consacré au service de son peuple et de son Dieu, qui a porté le fardeau de l'État sur son dos, et n'est pas parvenu à atteindre la Terre Promise. La peinture accentue la solitude de la fin de Moïse en montrant son lit de mort naturel entouré de montagnes dénudées et d'arbres mourants, et en le séparant de ceux qui le suivent, qui semblent anxieux, la position de leurs mains indiquant la perplexité, tandis que l'un d'eux pointe du doigt dans la direction du prophète. La figure de Moïse ne fait plus qu'un avec les montagnes qui l'entourent. Son corps et ses vêtements apparaissent comme part du paysage qu'ils prolongent, des tons et un traitement linéaire similaires étant utilisés pour représenter plis et montagnes.

Pour Rachel Milstein, la représentation de Moïse sur ces sept miniatures n'est pas cohérente. Sur les deux dernières, il apparaît, affirme-t-elle, « comme un dignitaire mongol de confession musulmane[74] », la seule chose qui le différencie des autres étant la longueur de sa barbe. Dans les scènes traitant des époques les plus anciennes de sa vie, il est représenté comme une personne plus jeune avec des cheveux et une barbe foncés. Il porte un costume classique, se tient dans des attitudes elles aussi classiques, tandis que son couvre-chef passe du turban à la *ṭarḥa*, et qu'il apparaît même une fois tête nue. R. Milstein interprète l'iconographie diverse et variée de Moïse comme « non encore

---

72 K. Jahn, *Die Geschichte der Kinder Israels des Rashīd al-Dīn*, Vienne, Österreichische Akademie der Wissenschaften, 1973 ; G.M. Meredith-Owens, « Some Remarks on the Miniatures in the Society's *Jāmiʿ al-tawārīkh* », *Journal of the Royal Asiatic Society* 2, 1970, p. 199.

73 « La mort de Moïse », fol. 294b, *Jāmiʿ al-Tawārīkh* de Rashīd al-Dīn, Londres, Collection Khalili, (MSS 727).

74 R. Milstein, 1987, p. 206.

cristallisée[75] ». Une telle incohérence est difficile à imaginer si l'on considère le caractère somptueux et la grande qualité de ce manuscrit, ainsi que de son commanditaire. Nous sommes en fait ici en présence d'un cycle complet de la Vie de Moïse, d'où les variations de son apparence : jeune, d'âge mûr, puis vieux.

Ces peintures, comme le manuscrit dans son ensemble, posent toute une série de problèmes. Je traiterai de ceux qui concernent leur sens et n'aborderai pas les questions de style et de forme.

Je voudrais souligner que le texte de Rashīd al-Dīn suit de très près le récit biblique, avec des ajouts minimes provenant de la Haggadah juive. Rashīd al-Dīn fournit les dates juives, le nom des mois en hébreu, et les noms de certains endroits et personnages en hébreu et en arabe. Son texte diffère grandement du récit que fait al-Ṭabarī de l'histoire des Enfants d'Israël, qui introduit des commentaires et des exégèses musulmans, et se fonde sur la version coranique de ces épisodes.

Afin de comprendre l'originalité et la particularité des peintures de Moïse dans ce manuscrit, il convient de les comparer à d'autres illustrations mosaïques contemporaines. Il existe deux manuscrits persans, contemporains du *Jāmiʿ al-Tawārīkh* d'Édimbourg et de la collection Khalili, qui ont été produits au Rab-i Rashīdī et sont actuellement conservés au musée de Topkapı Sarayi d'Istanbul[76]. Malheureusement, les peintures de la partie sur les juifs du manuscrit MS. H1653 ne peuvent être prises en considération, ces folios ayant été remplacés par la suite donnée plus tard au *Jāmiʿ al-Tawārīkh* par Ḥāfiẓ-i Abrū, lorsque le manuscrit a été enrichi[77]. La section correspondante du manuscrit MS. H1654 peut cependant servir de comparaison avec notre exemplaire[78]. Tous deux illustrent l'histoire de Moïse et du veau d'or – Moïse détruisant celui-ci dans la version persane[79], Moïse mettant à l'épreuve les apostats

75 Ibid., p. 206.

76 S. Blair, 1995, p. 28.

77 C'est un manuscrit qui a été augmenté plus tard pour inclure des parties du texte de Ḥāfiẓ-i Abrū. G. Inal, « Artistic relationship between the Far and Near East as reflected in the miniatures of the Gami at-tawarikh », *Kunst des Orients*, 10, 1975, p. 115.

78 G. Inal montre qu'il s'agit d'un manuscrit inachevé, dont les trois premières miniatures proviennent de la période ilkhanide (1317), tandis que les 195 autres ont été peintes plus tard, vers la fin du XIVe siècle, mais suivent le projet initial. G. Inal, « Some miniatures of the Jāmiʿ al-Tavārīkh in Istanbul, Topkapı Museum, Hazine Library no. 1654 », *Ars Orientalis* 5, 1963 ; *Idem*, 1992, p. 103. Pour une liste des miniatures, voir G. Inal, 1975, p. 142-143.

79 « Moïse détruisant le veau d'or », fol. 283b, Rashīd al-Dīn, *Jāmiʿ al-Tawārīkh*, Musée de Topkapı Sarayi, MS. H.1654.

dans son homologue arabe. Les deux manuscrits comportent également des illustrations de la fin de l'histoire de Moïse : la version persane le représente donnant l'onction à Josué[80], tandis que son pendant arabe montre sa mort.

Dans un manuscrit d'al-Ṭabarī datant également de la période ilkhanide, Moïse apparaît trois fois. Ce manuscrit illustré connu sous le nom d'al-Ṭabarī-Baʿlamī, actuellement conservé à la Freer Gallery (57.16), est une traduction persane du *Taʾrīkh al-rusul wa-l-mulūk* (« Chronique des Prophètes et des Rois »). Il s'agit d'une « chronologie universelle » qui compile un vaste ensemble d'informations sur les prophètes préislamiques connues auparavant soit sous forme de commentaires coraniques, soit par des légendes. Le manuscrit représente Moïse dans les épisodes suivants : Moïse devant Pharaon, le miracle de la verge transformée en serpent (dragon) (fol. 54b) ; l'exécution des adorateurs du veau d'or (fol. 62b) ; et Moïse accompagné d'Aaron, affrontant Uj (Og) (fol. 68b)[81]. Ainsi, comme en témoignent des manuscrits du XIVᵉ siècle, les épisodes du veau d'or et de Moïse affrontant Og sont les scènes les plus populaires. Le choix de ces trois épisodes renvoie à la confrontation de Moïse à trois manifestations différentes d'infidélité, et suit donc l'attitude musulmane orthodoxe à l'égard du texte. Pharaon est puni parce qu'il s'est considéré comme un dieu et a ordonné à son peuple de l'adorer, et non parce qu'il a refusé de laisser partir les enfants d'Israël[82]. Og est connu dans la littérature musulmane pour son refus de se convertir, raison pour laquelle Moïse le tue. Le prophète est représenté comme celui qui combat et anéantit les infidèles obstinés qui adorent des idoles[83].

Il est clair que les manuscrits contemporains qui illustrent l'histoire de Moïse diffèrent dans le choix de leurs sujets du *Jāmiʿ al-Tawārīkh* arabe. Afin d'expliquer cette différence, il convient de considérer le choix des illustrations traitant de Moïse plus en détail. À l'exception du combat entre Moïse et Og, les scènes que choisit d'illustrer Rashīd al-Dīn montrent la figure historique du prophète. Moïse le magicien, le faiseur de miracles, un aspect très populaire de sa personnalité qui apparaît dans les sources de la Haggadah (juives post-bibliques), dans les *Qiṣaṣ al-anbiyāʾ* islamiques, de même que dans des sources chrétiennes, n'est pas mis en avant aussi fortement qu'on pourrait s'y attendre, ni dans le texte, ni sur les miniatures.

---

80 « Moïse donnant l'onction à Josué », fol. 286a, Rashīd al-Dīn, *Jāmiʿ al-Tawārīkh*, Musée de Topkapı Sarayi, MS. H.1654.

81 Al-Ṭabarī-Balʾamī, *Taʾrīkh al-rusul wa-l-mulūk*, Washington, Freer Gallery, n° 57.16.

82 R. Milstein, 1987, p. 200.

83 Ibid., p. 202-203.

Rashīd al-Dīn mentionne dans son texte que Moïse diffère de tous les autres prophètes parce que ses miracles durent longtemps, alors que les leurs sont plus ponctuels et limités, mais il ne s'étend pas davantage sur la question. Il met l'accent sur Moïse comme dirigeant, avec toutes les difficultés auxquelles il doit faire face, donnant ainsi à voir une image spécifique du prophète, différente de l'image populaire.

En matière de modèles iconographiques, comme sur la question de sa relation aux autres manuscrits contemporains du *Jāmiʿ al-Tawārīkh* et aux manuscrits apparentés qui traitent de Moïse, l'ouvrage divisé entre Édimbourg et la collection Khalili présente des différences importantes qu'il convient d'analyser en fonction du personnage de Rashīd al-Dīn lui-même. Qui était Moïse[84] ? Pourquoi était-il si important pour Rashīd al-Dīn au point que celui-ci ait choisi de le représenter sept fois dans son *Jāmiʿ al-Tawārīkh* ?

Dans le Coran, Moïse est compté parmi les cinq grands hérauts *ūlū'l-ʿaẓm*, « ceux dont la résolution est ferme » (*Coran* 46:34), avec Muḥammad, Abraham, Jésus et Noé. Il porte le titre de *kalīm Allāh*, « celui à qui Dieu a parlé » (directement), mais dans la hiérarchie musulmane, il est inférieur à Abraham, qui est un « ami de Dieu », *khalīl Allāh*[85]. Il est considéré comme le précurseur de Muḥammad (Coran 7:156)[86].

L'examen a montré qu'un grand nombre des parallèles les plus évidents et les plus riches de sens existant entre la Bible et le Coran se trouvent dans les récits concernant Moïse. Ce fait est particulièrement frappant si l'on considère la vaste part qu'occupent dans le Coran les récits sur Moïse, et son importance comme figure prophétique dans l'exégèse musulmane. À la différence des textes évoquant de nombreux autres personnages dans le Coran, des récits relativement longs concernant Moïse sont dispersés à travers tout l'ouvrage. Brannon Wheeler fait remarquer que ce parallélisme étroit a poussé les savants à considérer le Coran comme dépendant des sources juives et chrétiennes, tandis que l'on a accordé moins d'attention à la manière dont l'image de Moïse

---

84 Une interprétation très intéressante de Moïse a été proposée bien plus tard par S. Freud, *Moses and Monotheism*, traduit de l'allemand par K. Jones, New York, Knopf, 1939. Il est également fasciné par la sculpture de Moïse réalisée par Michel-Ange, et a publié plusieurs articles sur ce sujet.

85 A. Schimmel, *And Muhammad is His Messenger*, Chapel Hill, University of North Carolina Press, 1985, p. 56-57.

86 D.B. Macdonald, « Mūsā », *EI2*.

apparaissait dans la définition des musulmans par eux-mêmes et dans leurs polémiques contre les juifs ou les chrétiens[87].

Les épisodes spécifiques du Coran auxquels fait référence B. Wheeler manquent dans le *Jāmiʿ al-Tawārīkh*, ainsi de Coran 18:60-82, qui évoque le poisson et le confluent des deux mers. En outre, des interprètes musulmans développent une critique de certaines conceptions juives et chrétiennes de Moïse fondée sur le Coran. Ils utilisent des éléments non-coraniques abondants dans les allusions bibliques pour tracer une image particulière de Moïse, de la Torah et du peuple d'Israël[88].

Moïse et le peuple d'Israël se voient interdire l'entrée en Terre Sainte à cause de leur péché dans le Désert de l'Errance. Ils sont condamnés à y errer pendant quarante ans et à y mourir. Moïse, comme Alexandre le Grand [Dhū al-Qarnayn] et Nemrod, se voit empêché d'atteindre l'Eden à cause de son impureté humaine, par opposition à Muḥammad, dont le cœur a été purifié par les anges.

Moïse apparaît ainsi coupable d'avoir montré de l'impatience avec le peuple d'Israël, de s'être mis en colère et d'avoir échoué à remplir son rôle de dirigeant. Il est également vain, revendiquant comme sienne la connaissance qui appartient à Dieu, et met tout en doute, à la différence d'Abraham et de Muḥammad qui acceptent les commandements de Dieu sans hésitation. Dans son exégèse du Coran 5:25, al-Ṭabarī rapporte, en s'appuyant sur al-Jubāʾī, que Moïse a demandé à Dieu de les séparer, son frère Aaron et lui, du peuple d'Israël le Jour du Jugement, et d'envoyer ce dernier en Enfer, et eux au Paradis.

Cette idée que Moïse est responsable et à blâmer, comme celle des péchés du peuple d'Israël et de sa punition, se trouvent également dans l'exégèse rabbinique des Nombres 20:1-13. Al-Ṭabarī explique que bien que Moïse ait péché en d'autres occasions, le péché évoqué là (consistant à faire sortir de l'eau du rocher) a été commis en public, devant le peuple d'Israël assemblé. Maïmonide conclut que le péché de Moïse et d'Aaron, qui leur a interdit l'entrée en Terre Sainte, est d'avoir dit « nous » allons faire jaillir de l'eau du rocher, plutôt que « Dieu ». Ce faisant, ils n'ont pas reconnu l'acte divin, mais se le sont au contraire attribué devant le peuple d'Israël. Notons ici que ce dernier ne se rebelle pas contre Dieu, mais conteste la direction de Moïse[89].

De ces comptes rendus, il apparaît évident que l'exégèse musulmane ne considère pas Moïse comme un prophète exemplaire à imiter ou à espérer pour l'avenir. Les exégèses juive et chrétienne renvoient quant à elles toutes

87 B. Wheeler, *Moses in the Quran and Islamic Exegesis*, Londres, New York, Routledge Curzon, 2002, p. 7.

88 Ibid., p. 7-9.

89 B. Wheeler, p. 124 ; Ginzberg, vol. 3, p. 311-314.

deux à Deutéronome 18:15, où il est annoncé que Dieu suscitera un prophète à l'image de Moïse, comme promesse d'une figure messianique eschatologique.

La critique musulmane de Moïse s'oppose à l'image du Prophète Muḥammad. Alors que Moïse a été élevé et baigné dans une éducation privilégiée à la cour de Pharaon, et qu'il revendique comme sienne la connaissance qui appartient à Dieu, le Prophète est censé avoir été illettré, un simple véhicule de la révélation. Les exégètes musulmans utilisent ce contraste entre Moïse et Muḥammad pour conceptualiser les différences entre eux-mêmes et les autres Peuples du Livre, en particulier les juifs[90]. L'Islam est la religion d'Abraham qui a montré une obéissance aveugle à Dieu, à la différence de Moïse et du peuple d'Israël, tel que cela apparaît dans le Coran 18:60-82, 5:20-26, 2:67-73, ou 7:163-166. Comme Abraham, le Prophète Muḥammad est dépeint comme un second Adam ; ce dernier passe pour avoir bâti la Kaʿba comme représentation temporaire terrestre de l'Eden. Moïse, comme Iblīs, pèche contre Dieu par la mise en doute orgueilleuse de Ses commandements[91].

Une autre représentation de Moïse, plus populaire, apparaît dans un genre appelé *Qiṣaṣ al-anbiyāʾ*[92]. Là, il est essentiellement discuté sous l'angle des prodiges, de la magie et même de l'alchimie, ce qui diffère également de l'image donnée de lui dans le *Jāmiʿ al-Tawārīkh*.

De manière similaire, la transformation de Moïse en héros d'épopée apparaît clairement dans l'œuvre d'un poète judéo-persan nommé Shahin-i Shirazī, qui compose en 1327 un ouvrage poétique intitulé *Mūsā Nāmeh* (l'histoire de Moïse), utilisant la tradition épique persane classique en vers[93]. Le livre, qui n'a pas été illustré à cette date pour autant que l'on puisse dire, était entièrement consacré aux exploits de Moïse, les récits étant tirés de sources bibliques (Exode, Lévitique, Nombres et Deutéronome), midrashiques (exégétiques), et islamiques (coraniques et *Qiṣaṣ al-anbiyāʾ*)[94]. Ces récits brodent, entre autres, sur les capacités magiques du prophète, à l'image de l'histoire de Moïse tuant un dragon que l'on peut trouver chez al-Thaʿālabī, de la verge de Moïse, ou de

90 Ibid., p. 125.

91 Ibid., p. 125-126.

92 Par exemple la version d'al-Kisāʾī, qui a été écrite vers 1200 et a été traduite peu après en persan par Muḥammad b. Ḥasan al-Dayduzamī sous le titre *Nafāʾis al-ʿarāʾis*. W. Thackston, *Tales of the Prophets of al-Kisaʾi*, traduit de l'arabe, Boston, Twayne, 1978, p. 209-259 et l'introduction.

93 On ne sait pas grand-chose de la vie de Shahin-i Shirazi, si ce n'est qu'il s'est épanoui à Shiraz sous le règne du sultan Abū Saʿīd (1316-1353). V. Moreen, *In Queen Esther's Garden*, New Haven, Londres, Yale University Press, 2000, p. 26-27.

94 A. Netzer, « The story of the prophet Shuʿayb in Shahin's *Musanameh* », *Acta Iranica* 16, 1990, p. 153.

Moïse tuant un loup, ou un lion noir[95]. Ces œuvres poétiques composées par des poètes juifs en Iran empruntent fortement à des sources aussi bien musulmanes que juives[96]. Les métaphores et les épithètes qu'emploie Shahin pour décrire Moïse correspondent aux ornements rhétoriques classiques associés à Muḥammad, sur lesquels ils se fondent[97]. Dans son *Mūsā Nāmeh*, Shahin tente de transformer Moïse en héros épique, sur le modèle des grands héros des épopées iraniennes comme ceux décrits dans le *Shāh Nāmeh* de Ferdowsī. Cet aspect populaire de Moïse comme héros épique n'apparaît pas dans le *Jāmiʿ al-Tawārīkh*, Rashīd al-Dīn tentant de mettre en avant la vie de Moïse comme homme d'État, législateur et messager de Dieu. Pour lui, Moïse est un autre type de héros, un modèle de philosophe rationaliste et de dirigeant, proche de l'image qu'en renvoie Maïmonide. Rashīd al-Dīn ne s'inspire d'aucun aspect de l'image populaire de Moïse, même si celle-ci était déjà courante et circulait dans les écrits musulmans et juifs.

Pour écrire la partie portant sur les anciens prophètes, Rashīd al-Dīn utilise des sources juives, et non islamiques, parmi lesquelles la Torah et la littérature midrashique[98], du fait de sa connaissance profonde de celles-ci. Il est né dans une famille juive. Son père était pharmacien, et lui-même reçoit une formation de médecin (*ṭabīb*) et entre en tant que tel au service de la cour mongole sous le règne d'Abaqa Khān (r. 1265-1282), ou peut-être sous celui de Geikhatu, au pouvoir de 1291 à 1295[99]. Nous ne savons rien des périodes anciennes de sa vie avant qu'il n'entre au service d'Abaqa Khān.

Du judaïsme, il se convertit à l'Islam vers l'âge de trente ans (c. 1277). D. Morgan montre que ses origines religieuses juives demeurent tout au long de sa carrière une source de problèmes pour lui[100]. Il arrive au pouvoir sous le

---

95 Ibid., 1990, p. 160-161 ; V. Moreen, « Moses in Muhammad's light : Muslim topoi and anti-Muslim polemics in Judaeo-Persian panegyrics », *Journal of Turkish Studies* 18, 1994, p. 195-196. V. Moreen évoque une « compétition » dans ces traités poétiques entre Moïse et Muḥammad qui énumèrent leurs miracles.

96 V. Moreen, 1994, p. 186.

97 Ibid., 1994, p. 188. En outre, l'auteur fait allusion à des instants mystiques et utilise une terminologie soufie. V. Moreen, 2000, p. 317, n. 11.

98 Voir également K. Jahn, 1973, p. 9-16.

99 Allsen, p. 75. Rashīd al-Dīn passe pour avoir été le premier à transmettre la médecine chinoise au monde occidental. f. Klein-Franke et M. Zhu, « Rashid al-Din as a transmitter of Chinese medicine to the West », *Le Muséon* 109/3-4, 1996, p. 395-404 ; K. Jahn, « Some ideas of Rashid al-Din on Chinese Culture », *Central Asiatic Journal* 28, 1984, p. 162 ; Allsen, p. 141-160.

100 Voir également A. Netzer, « Rashid al-Din and his Jewish Background », *Irano-Judaica* 3, 1994, p. 118-126.

règne de Ghazan Khān, à qui il sert de premier ministre (principal vizir), poste qu'il partage avec Saʿd al-Dīn Sawajī. Sa position lui confère un grand pouvoir et beaucoup d'influence, lui permettant d'accumuler de vastes richesses. Mais, comme un grand nombre de gens dans sa profession, il a d'âpres rivaux, le plus important étant son co-vizir durant le règne d'Uljāytū, Tāj al-Dīn ʿAlī Shāh. Sous le règne d'Abū Saʿīd, le fils d'Uljāytū, les intrigues de Tāj al-Dīn finissent par entraîner sa chute. Accusé d'avoir empoisonné Uljāytū, il est exécuté en 1318, avec son fils Ibrāhīm (à l'âge de 71 ans). Ses biens sont confisqués, et le Rab-i Rashidi pillé. Plus tard, son fils Ghiyāth al-Dīn parvient à blanchir son nom[101].

Bien qu'il se soit converti à l'Islam, Rashīd al-Dīn continue d'entretenir des relations avec la communauté juive. E. Blochet montre qu'il s'est entouré de juifs, à l'image de Najb al-Dawla, de quelqu'un d'autre appelé « Johukda » (un garçon juif), et de Jawharī[102]. Le nom de Rashīd al-Dīn est également mentionné dans le cadre de son rôle de patron de la restauration du mausolée d'Esther et de Mordecai à Hamadan, sa ville natale[103].

La raison pour laquelle Rashīd al-Dīn a choisi d'intégrer dans son ouvrage un si grand nombre d'illustrations concernant Moïse est cependant, à mon avis, à chercher dans les parallèles existants entre sa vie et celle du prophète. Moïse a été élevé par les Pharaons – les infidèles – tandis que Rashīd al-Dīn s'est élevé dans les rangs des khāns mongols, dont certains s'étaient convertis récemment à l'islam, mais étaient toujours considérés par les autres musulmans comme des infidèles. Tous deux sont des dirigeants et des hommes d'État couronnés de succès, transmettant les lois de Dieu dans le cas de Moïse, et entamant la réforme économique du monde persan en ce qui concerne Rashīd al-Dīn. Moïse est une figure tragique, un dirigeant qui n'a jamais accompli sa destinée, qui n'a jamais atteint la Terre Promise. D'une façon similaire, Rashīd al-Dīn savait qu'il pouvait facilement se faire renverser et périr, mais que l'œuvre de toute sa vie serait préservée. Tous deux ont probablement eu le sentiment de n'avoir pas été assez appréciés de leur vivant. Tous deux, enfin, connaissent une fin dramatique, Moïse au mont Nébo, et Rashīd al-Dīn dans son procès et son exécution, mais ils laissent leur empreinte sur le monde qui les entoure.

Maïmonide a écrit de Moïse qu'il était :

---

101 D. Morgan, « Rashīd al-Dīn Ṭabīb », *EI2*.

102 E. Blochet, *Peintures des manuscrits orientaux de la Bibliothèque nationale*, Paris, Impr. Berthaud frères, Catala frères, succ., 1910, p. 29-30.

103 S. Blair, « Patterns of Patronage and Production in Ilkhanid Iran. The case of Rashid al-Din », *in* : J. Raby et T. Fitzherbert (éds), *The Courts of the Il-Khans 1290-1340*, Oxford, Oxford University Press, 1996, p. 53.

> [...] le chef de tous les autres prophètes avant et après lui, qui tous étaient ses inférieurs. Il était l'élu entre tous les hommes, supérieur à toute autre personne qui n'a jamais vécu ou vivra jamais dans la connaissance de Dieu qu'il a atteinte. Tous les pouvoirs de ses sens et de son imagination ont été réprimés, et seule demeurait la raison pure. C'est ce que l'on veut dire en affirmant qu'il parlait à Dieu sans médiation angélique[104].

Pour Maïmonide, Moïse est celui qui a agi en mettant de manière continue son vaste savoir au service de l'amélioration de sa vie politique et de celle de l'ensemble des hommes[105]. Rashīd al-Dīn affirme à plusieurs reprises dans son texte que Moïse n'est coupable d'aucun péché, qu'il n'y a pas d'autre prophète comme lui, et qu'il est supérieur à tous par ses connaissances et ses actions[106].

En tant que médecin, intellectuel et savant juif, converti à l'Islam à l'âge adulte, il est raisonnable de penser que Rashīd al-Dīn devait bien connaître les écrits de Maïmonide, qui traitent de médecine, de science et de pharmacologie, ainsi que de religion et de philosophie[107]. Tous deux considèrent Moïse comme le plus important des héros bibliques, le guide du peuple d'Israël dans le désert, et le législateur par excellence.

L'image de Moïse que Rashīd al-Dīn choisit de donner dans son ouvrage est très particulière, et ne correspond à aucun des autres exemples antérieurs ou contemporains à sa disposition. La première illustration est liée à son adoption,

---

104 *The Guide for the Perplexed* by Moses Maimonides (Moreh Nevokhim), trad. avec introduction et notes de Shlomo Pines, Chicago, University of Chicago Press, 1963, p. 57-60. Dans l'Ancien Testament, il est dit que Dieu parla à Moïse « bouche à bouche », Nombres 12:8.

105 L.V. Berman, « The Ethical Views of Maimonides within the context of Islamic Civilization », *in* : J. Kraemer (éd.), *Perspectives on Maimonides*, Oxford, New York, Oxford University Press, 1991, p. 20 et 70. Maimonide affirme que la philosophie devrait être un outil pratique à utiliser dans la vie politique et les affaires de l'État. Il lie cela aux quatre perfections des philosophes, un concept connu des philosophes arabes, et en ajoute une cinquième : les perfections physique, économique, éthique et intellectuelle, auxquelles s'ajoute l'imitation des actions de Dieu. Pour Maïmonide, la perfection ultime de l'homme est l'activité politique. Il affirme que le stade final de la perfection de l'homme est l'imitation des actions de Dieu qui, pour l'homme, consiste à fonder ou à gouverner un État.

106 Rashīd al-Dīn, *Jāmiʿ al-Tawārīkh*, manuscrit Hazine 1654 au musée de Topkapı Sarāyi, Chapitre 4, fols 281r, et 283v, par exemple.

107 Maïmonide était célèbre au sein des communautés et des académies babyloniennes et iraniennes. De nombreux commentaires sur ses œuvres ont été rédigés par des savants babyloniens. Houman Sarshar (éd.), *Esther's Children : A Portrait of Iranian Jews*, Los Angeles, The Center for Iranian Jewish Oral History, 2002, p. 121. Je remercie Rudy Matthee d'avoir attiré mon attention sur ce livre.

ou acceptation, au sein d'un monde étranger : c'est le début de son exposition à une culture et à un savoir différents. Dans l'épisode suivant, Moïse entend la voix de Dieu sur le mont Sinaï : pendant que les soixante-dix sages l'attendent au pied de la montagne (Exode 24:9), Dieu lui révèle ses lois pour la première fois. Dans la traversée de la mer Rouge, Moïse est représenté comme le dirigeant, le guide qui marche devant son peuple après que Dieu lui a révélé ses intentions. Cet épisode est suivi par celui de Qārūn/Koré (Nombres 16:1), qui défie l'autorité et la direction de Moïse, et donc d'une certaine manière questionne le choix de Dieu. Dans « l'exécution des apostats » qui fait suite à l'affaire du veau d'or (Exode 32:20), l'autorité du prophète comme dirigeant est à nouveau contestée par le peuple d'Israël, celui-ci ayant craint qu'il ne revienne pas de la montagne. La peinture montre la solution pour laquelle a opté Moïse, consistant à tuer ceux qui n'ont pas obéi aux lois de Dieu et ont quitté la voie qu'Il leur avait tracée. Ce n'est pas l'adoration du veau d'or qui est représentée, comme dans le manuscrit H. 1654, mais la résolution de l'affaire, qui montre la sagesse de Moïse, sa force de caractère, sa foi et son pouvoir comme homme de la Loi. Tous ces épisodes montrent le prophète comme le meneur, le guide, l'homme consacré qui s'implique dans les affaires de Loi, d'État, de religion et prend position sur les questions sociales – le dirigeant parfait tel que le conçoit Maïmonide. L'absence de peinture représentant Moïse en tant que magicien est peut-être due au fait que, comme d'autres intellectuels traitant de science, de philosophie et de médecine, Rashīd al-Dīn est un rationaliste, opposé à la magie, à la sorcellerie, aux amulettes et autres choses de ce type[108].

S. Blair a déjà mentionné dans plusieurs cas l'importance du caractère juif de Rashīd al-Dīn pour expliquer son choix de scènes spécifiques concernant les batailles de Muḥammad (sa victoire contre deux tribus juives), et son intérêt pour l'histoire de la religion[109]. Cependant, une analyse détaillée de cet ensemble unique de sept peintures représentant Moïse rappelle une image bien précise, le portrait mental d'une personne autre que le prophète. Si nous contemplons ces sept miniatures telles qu'elles apparaissent dans le *Jāmiʿ al-Tawārīkh*, l'autre figure qui s'impose est celle de Rashīd al-Dīn lui-même. Pour moi, ce dernier, en donnant à voir dans son ouvrage une image de Moïse unique en son genre, celle de l'homme d'État, du philosophe et du dirigeant, élabore en fait un portrait mental de sa propre personne.

L'idée de l'image comme reflet d'une réalité intérieure est une idée ancienne, connue dans le monde musulman à travers les écrits néoplatoniciens. Dans

---

108 Maïmonide critiquait violemment l'usage des amulettes, de la magie, de la sorcellerie, de l'astrologie et des talismans en général et, plus particulièrement, pour soigner les gens.

109 S. Blair, 1995, p. 56.

son dictionnaire populaire *al-Mughrib fī tartīb alfāẓ al-fuqahāʾ* (qui est une version plus développée de son *al-Muʿrib fī gharīb alfāẓ al-fuqahāʾ*), al-Muṭarrizī du Khwarezm (538-610/1144-1213) écrit que le terme *ṣūra* désigne « une image mentale ; ou une ressemblance, d'un objet quel qu'il soit, formé, ou conçu, par l'esprit ; une idée : un sens qui apparaît fréquemment dans les ouvrages philosophiques »[110]. Cette idée d'images mentales, ou de portraits mentaux, ne se limite, selon moi, pas à la littérature et peut également se retrouver dans l'art. Rashīd al-Dīn s'identifie à Moïse, le perçoit comme son modèle, et aurait de ce fait aimé être considéré comme le « troisième Moïse », après Maïmonide.

À côté des portraits d'auteurs trouvant leur origine dans les modèles visuels et les idées classiques, le *Jāmiʿ al-Tawārīkh* offre l'exemple d'un auteur qui se représente sous les traits de l'un des personnages de son livre. En choisissant de faire apparaître Moïse sept fois dans son manuscrit, Rashīd al-Dīn donne à voir un reflet de lui-même, non pas par sa ressemblance physique avec l'image du prophète telle que la montrent les miniatures, mais plutôt à travers ce qu'il signifie intérieurement… un portrait mental.

110 R. Sellheim, « al-Muṭarrizī », *EI2* ; E.W. Lane, *Arabic-English Dictionary*, édition révisée, Cambridge, Islamic Text Society Trust, 1984, vol. 2, p. 1745.

CHAPITRE 4

Histoire des portraits du prophète Muḥammad[1]

Oleg Grabar et Mika Natif

La représentation la plus ancienne que nous connaissions aujourd'hui du Prophète Muḥammad se trouve dans un manuscrit enluminé perse du milieu du XIIIe siècle, intitulé *Le poème de Warqa et Gulsha*[2]. Dès le Xe siècle, des textes arabes mentionnent l'existence de portraits peints de Muḥammad, de Jésus et de plusieurs figures de l'Ancien Testament. Ces peintures apparaissent dans l'Empire byzantin sous le règne de l'empereur Héraclius (610-641), qui coïncide avec la vie du Prophète, mort en 632, alors que l'Islam a conquis la majeure partie du Proche-Orient. Le propos de cet essai est de saisir l'histoire de ces portraits, de présenter les sources littéraires et iconographiques et d'en souligner les apports à l'histoire de l'art et plus généralement à l'histoire culturelle.

Commençons cette histoire par deux traités écrits par deux auteurs différents. Le premier, *Dalāʾil al-Nubuwwa* (*Preuves* [*ou Signes*] *de la Prophétie*), a été rédigé par Abū Bakr Aḥmad b. al-Ḥusayn al-Bayhaqī, shāfiʿite qui a recueilli les Traditions sur la vie du Prophète. Né au Khorasan, au nord-est de l'Iran, il vécut quelque temps à La Mecque et mourut à Nichapour (Iran) en 1043[3]. Un texte quasiment identique, et qui porte le même titre que le premier, a été composé par un contemporain d'al-Bayhaqī, Abū Nuʿaym al-Iṣfahānī, mort en 1058[4].

---

1 La version originale de ce texte a paru sous le titre de : « The Story of the Portraits of the Prophet Muhammad », in *Studia Islamica* 96, 2003, p. 19-38.

2 P. Soucek, « The Life of the Prophet », dans P. Soucek (éd.), *Content and Context of the Visual Arts in the Islamic World*, University Park, College Art Association of America/Pennsylvania State University Press, 1988.

3 Al-Bayhaqī, *Dalāʾil al-Nubuwwa*, éd. ʿAbd al-Muʿṭī Qalʿajī, Beyrouth, 1985, I, p. 384-391 ; C. Brockelmann, *Geschichte der arabischen Litteratur*, Leyde, Brill, 1937-1942, I, p. 446-447, Supplément I, p. 618-619 ; f. Sezgin, *Geschichte des arabischen Schrifttums*, Leiyde, Brill, 1987. Al-Bayhaqī rapporte l'histoire dans un chapitre intitulé « Ce que l'on sait de l'image (*ṣūra*) du Prophète Muhammad, avec les images de prophètes qui l'ont précédé en Syrie ». Ce chapitre suit une longue description de l'aspect physique, de l'habillement préféré, du comportement du Prophète et précède un court chapitre sur Muḥammad et l'Ancien et le Nouveau Testaments.

4 Abū Nuʿaym al-Iṣfahānī, *Dalāʾil al-Nubuwwa*, éd. M. al-Qalʿajī, Damas, 1970, p. 55-64. Le passage apparaît dans un chapitre où l'auteur décrit tous les signes prophétiques associés à Adam.

 | DOI 10.1163/9789004283855_005

Ces ouvrages rapportent tous deux qu'un certain Hishām b. al-ʿĀṣ al-Umawī, membre d'une famille aristocratique influente à La Mecque et impliquée très tôt dans le commerce et la politique islamiques, se rendit avec un compagnon de la tribu de Quraysh auprès Héraclius, afin de le convertir à la nouvelle foi et lui transmettre une lettre du Prophète. À Constantinople, les deux Mecquois furent admis en la présence d'Héraclius[5], qui siégeait sur un coussin (*firāsh*)[6]. Le « patriarche » des *Rūm*[7] était avec lui ; ses vêtements, ainsi que tout ce qui se trouvait dans la salle d'audience (*majlis*), étaient de couleur rouge, renvoyant à la pourpre associée à l'empereur byzantin. Héraclius posa alors des questions concernant les pratiques et les croyances de l'Islam[8].

La deuxième rencontre avec Héraclius eut lieu la nuit, dans une magnifique résidence (*manzil*) comportant plusieurs logements (*nuzūl*), créant une mise en scène dramatique à l'événement. À un certain moment, Héraclius fit apporter un stupéfiant (*ʿaẓīma*) objet (*shayʾ*) doré (*mudhahhaba*) en forme de cube (*ka-hayʾat al-rabʿa*), dont les nombreux petits compartiments (*buyūt*) pouvaient s'ouvrir (*abwāb*). L'empereur ouvrit un compartiment et en ôta une soie noire qu'il étendit (*ḥarīra sawdāʾ* ; Abū Nuʾaym et d'autres sources utilisent le terme *khirqa* qui signifie « tissu » au lieu de *ḥarīra*, « soie »)[9]. À la grande surprise de ses visiteurs mecquois, il y avait là un portrait (*ṣūra*) de couleur rouge d'un « homme avec de grands yeux, des fesses puissantes (*ʿulyatayn*) et un long

---

5 On peut voir des variantes de cette histoire dans Ibn Isḥāq, *Sīrat rasūl Allāh*, trad. A. Guillaume, *The Life of Muhammad*, Oxford, Oxford University Press, 1978, p. 652-659 ; Ṭabarī, III, p. 99 et suiv. Cet épisode d'un envoyé de Muḥammad donnant une lettre à Héraclius a été mis en image dans un manuscrit du Cachemire au XIXe siècle, British Library, or. 2936, fol. 126 v°, un *Hamla-i Haydari* daté de 1815, reproduit dans N. Titley, *Persian Painting and its Influences*, London, The British Library, 1983, pl. 44 et p. 212. Voir également K. Adahl, « A Copy of the Divan of Mir Ali Shir Nava'i », dans R. Hillenbrand (éd.), *Persian Painting, Studies in Honor of Basil W. Robinson*, London, I.B. Tauris, 2000, p. 11, fig. 12. On peut trouver une analyse intéressante des variantes de l'histoire et son interprétation historique plutôt que mythique dans P. Crone, *Meccan Trade and the Rise of Islam*, Princeton, Princeton University Press, 1987, p. 219 et suiv.

6 Le lieu exact de la rencontre pose problème, mais, comme nous le verrons plus loin, il s'agit d'un lieu fictif qui évoque la Constantinople mythique imaginée par les premiers musulmans.

7 Nous pensons qu'il s'agit d'une autorité religieuse, grâce à l'addition *Rūm*, plutôt que d'un prince séculier, alors que le terme arabe *baṭraqiyya* pourrait s'employer dans les deux cas.

8 Il existe plusieurs versions de cet entretien, qui ont fait l'objet de recherches universitaires d'un point de vue théologique et historique, en dernier, N. el-Cheikh, « Muhammad and Heraclius : a Study in Legitimacy », *Studia Islamica* 89, 1999, avec la plupart des sources et références bibliographiques, voir particulièrement p. 19.

9 Pour le vocabulaire arabe des pièces de tissu, f. Rosenthal, *Four Studies on Art and Literature in Islam*, Leyde, Brill, 1971, p. 62.

cou ; il était glabre mais portait les cheveux tressés en deux nattes (*ḍafīratān*) ; le plus beau que Dieu ait créé ». « Savez-vous qui c'est ? » leur demanda Héraclius. Les visiteurs répondirent que non. « C'est Adam, leur dit-il, que la paix soit sur lui, et il est doté de beaucoup de cheveux ». Une soierie noire d'un second compartiment révéla l'image blanche d'un homme « avec des cheveux frisés comme ceux des chats, des yeux rouges, une grosse tête et une belle barbe ». C'était Noé. Le compartiment suivant contenait une autre pièce de soie noire, sur laquelle apparut un homme très blanc, avec de beaux yeux, un front doux, de longues joues, une barbe blanche et comme s'il souriait. C'était Abraham. Vint ensuite une image de couleur blanche – on ne dit pas si elle est sur soie – au sujet de laquelle le récit ne donne aucun détail quant à l'aspect du corps ou du visage. Héraclius demanda à ses visiteurs s'ils le connaissaient et ils répondirent : « Oui, c'est Muḥammad, le Prophète de Dieu ». Alors ils se mirent à pleurer, réaction caractéristique à une forte impression visuelle dans la plupart des textes du temps. Ensuite Héraclius se dressa, puis se rassit et dit : « Est-ce vraiment lui ? » Les marchands répondirent : « C'est bien lui, comme s'il était devant nous ». Et Héraclius contempla l'image pendant une heure. Il dit enfin : « Il y a un dernier compartiment, mais je me suis hâté de vous montrer celui-ci, car je savais l'importance qu'il avait pour vous ».

Héraclius ouvrit alors un compartiment et en sortit une soie noire qui portait l'image sombre (*admāʾ saḥmāʾ*) d'un homme frisé tel un chat, aux yeux enfoncés, au regard tranchant, avec des dents qui se chevauchaient[10] et des lèvres contractées qui lui donnaient l'air d'être en colère. C'était Moïse. À son côté se trouvait l'image d'un homme lui ressemblant, sauf que sa tête était « huilée »[11], son front large et qu'il louchait. C'était Aaron, fils d'Amram. Dans le compartiment suivant, un morceau de soie blanche montrait l'image d'un homme grand et mince à la peau brune, dressé comme s'il était en colère. C'était Lot. Vint une autre soie blanche accueillant l'image d'un homme tout blanc avec des lèvres rouges, un nez aquilin, des joues claires, de figure agréable. C'était Isaac. Le compartiment suivant contenait également une soierie blanche avec l'image d'un homme ressemblant à Isaac, mais avec un grain de beauté sur la lèvre inférieure. C'était Jacob. Un autre compartiment du cabinet renfermait encore une pièce de soie noire, avec l'image blanche d'un homme de belle figure, avec un nez aquilin, une belle prestance, son visage rosi

---

10 Telle est la traduction de M. Hamidullah, mais le terme *mutarākib* pour les dents nous semble peu clair, M. Hamidullah, « Une Ambassade du Caliphe Abou Bakr auprès de l'Empereur Héraclius et le Livre byzantin de la Prédication des destinées », *Folia Orientalia* 2, 1960, p. 29-42.

11 Traduction de M. Hamidullah pour le terme *midhān*.

par une lumière qui descendait sur lui, empreint de piété et d'humilité. C'était Ismaël, « l'ancêtre de votre Prophète », dit Héraclius. S'ensuivit une pièce de soie blanche avec l'image d'un homme dont le visage était aussi lumineux que le soleil. C'était Joseph. L'image suivante, rouge sur soie blanche, montrait un homme aux jambes fines, les yeux clos, avec une panse imposante, corpulent et ceint d'une épée. C'était David, ressemblant à une femme selon les dires d'Abū Nuʿaym. Vint une pièce de soie blanche, simple tissu selon Abū Nuʿaym, avec l'image d'un homme de haute taille avec de puissantes fesses et de longues jambes, chevauchant un cheval. C'était Salomon. Finalement, Héraclius leur montra une soie noire avec l'image d'un jeune homme avec une barbe très noire, une chevelure abondante, de beaux yeux et un beau visage. C'était Jésus.

Les deux voyageurs demandèrent d'où ces images lui venaient et Héraclius répondit qu'elles avaient été faites sur ordre du Seigneur pour Adam, qui voulait connaître les prophètes qui viendraient après lui. Dieu lui transmit ces portraits, qui furent conservées au trésor d'Adam en Occident (*maghrib al-shams*). Alexandre le Grand les y trouva et les remit au prophète Daniel[12]. « Et ils ne quitteront pas Héraclius jusqu'à ce qu'il meure ». Les voyageurs retournèrent à La Mecque, racontèrent leur aventure à Abū Bakr (le premier calife, 632-634 apr. J.-C.) qui pleura en les écoutant et leur confirma que le Prophète lui avait dit que les chrétiens et les juifs avaient en leur possession des descriptions de Ses caractéristiques (*naʿt*).

Tel est le récit type dérivé du *ḥadīth*, destiné à l'origine à des pieux lecteurs cherchant à s'immerger dans cette littérature qui s'est développée autour de la vie, de la personnalité du Prophète et des preuves de sa mission[13]. Plusieurs versions de ce récit existent autour de l'an mil, avec des variantes mineures. Le propos initial d'al-Bayhaqī est de dessiner et de mettre en relief ce qu'on appelle la « personnalité prophétique » de Muḥammad, c'est-à-dire l'ensemble des miracles et des attributs physiques et moraux qui ont justifié sa mission[14]. Le but du récit est de démontrer que les chrétiens savent précisément que la révélation finale de l'islam est imminente.

Al-Bayhaqī et Abū Nuʿaym nous ont laissé deux autres récits qui comprennent des portraits de Muḥammad[15]. L'un relate dans un long *isnād* l'histoire d'un

12 Dans une version, c'est Daniel qui possède ces images sur soie ; dans une autre, les pièces de soie viennent du Paradis.

13 Pour une introduction complète à cette littérature, A. Schimmel, *And Muhammad is His Messenger*, Chapel Hill, University of North Carolina Press, 1985.

14 Uri Rubin, *The Eye of the Beholder*, Princeton, Princeton University Press, 1995, p. 16.

15 Voir les notes 2 et 3.

marchand mecquois contemporain du Prophète[16]. Le marchand se trouvait un jour dans la région de Buṣra, au sud de la Syrie. Là, des chrétiens qui avaient entendu parler d'un nouveau prophète en Arabie l'emmenèrent à un monastère (*dayr*) qui possédait des sculptures (*tamāthīl*) et des peintures (*ṣuwar*). Les chrétiens demandèrent au marchand si, parmi les personnages figurés, il reconnaissait le Prophète. Le marchand ayant répondu que non, ils l'emmenèrent à un monastère plus important qui conservait davantage de sculptures et de peintures. À nouveau, ils lui demandèrent s'il pouvait voir une image du Prophète ; le marchand répondit qu'il était « en présence de la représentation (*ṣifa*) du Prophète de Dieu et avec son image (*ṣūratihi*). Et je vois aussi la représentation et l'image d'Abū Bakr, dressé à côté du Prophète de Dieu »[17]. Une autre version de ce récit nous est fournie par al-Bayhaqī, qui s'appuie sur la même source, mais passe ensuite par un développement différent. Elle relate qu'un marchand de La Mecque, alors en Syrie, est mené à une résidence privée (*manzil*) où parmi les peintures (*ṣuwar*), il reconnut le Prophète[18].

Le texte d'al-Bayhaqī a attiré l'attention des chercheurs. Ainsi, Muhammad Hamidullah en a traduit une partie en français il y a une quarantaine d'années[19]. Son point de vue est celui d'un historien des relations diplomatiques qui essaye de faire la part entre mythe et réalité dans les relations formelles et informelles entre le Prophète et les premiers califes d'un côté et les dirigeants d'un monde en passe de devenir musulman de l'autre côté[20]. Son intérêt s'est également tourné vers les questions, plus vastes, de l'universalité d'un islam naissant, des moyens employés afin de convertir, en particulier les Gens du Livre et de leur

---

16 Bien que le texte ne soit pas daté, l'*isnād* rapporte que cette histoire est déjà connue vers 900.

17 Les deux textes d'al-Bayhaqī et d'Abū Nuʿaym ne sont pas identiques en tous points et il est possible qu'un examen attentif des deux puisse servir à établir la source originale, mais cette question dépasse le propos de cet essai. La proximité des deux textes a déjà été étudiée par A. Schimmel, *And Muhammad is His Messenger*, op. cit., p. 32-34 et par A.S. Asani, *Celebrating Muhammad, Images of the Prophet in Popular Muslim Piety*, Columbia, S.C., University of South California Press, 1995, p. 64-65.

18 S. Bashear, « The Mission of Dihya al-Kalbi and the Situation in Syria », *Jerusalem Studies in Arabic and Islam* 14, 1991, mentionne ce récit, p. 102, mais sans le commenter.

19 M. Hamidullah. « Une Ambassade du Caliphe Abou Bakr… », op. cit.

20 M. Hamidullah, *Documents sur la diplomatie musulmane à l'époque du prophète et des khalifes orthodoxes*, Paris, 1935 ; M. Hamidullah, « La Lettre du Prophète à Héraclius et le sort de l'original », *Arabica* 2, 1955, p. 97-110. Voir également S. al-Jaburi, « The Prophet's letter to the Byzantine emperor Heraclius », *Hamdard Islamicus* 1, 1978 ; L. Pouzet, « Le hadith d'Heraclius », dans P. Canivet et J.-P. Rey-Coquais, *La Syrie de Byzance à l'Islam*, Damas, 1992, p. 59-65.

révélation à l'islam. M. Hamidullah ne s'est en revanche pas penché sur la problématique artistique du récit et n'a pas cherché à recenser les sources historiques ou littéraires.

D'autres chercheurs utilisent parfois partiellement ces récits. Marius Canard, par exemple, exploite le récit d'al-Dīnawarī dans une étude des relations culturelles entre Arabes et Byzantins[21]. Priscilla Soucek évoque le même texte dans son étude sur les représentations du Prophète dans les manuscrits persans des XIIIe et XIVe siècles, dont le corpus est impressionnant[22]. David Roxburgh s'est récemment penché sur l'œuvre d'al-Dīnawarī et l'idée de *ṣandūq al-shahāda* (« Coffre du Témoignage ») développée au XVIe siècle par les critiques de la peinture[23]. Cependant, aucune de ces études ne se préoccupe du contexte dans lequel ces récits apparaissent, ni de leur intérêt pour l'histoire culturelle.

Notre récit n'apparaît pas uniquement au XIe siècle ; il en existe trois versions antérieures, dans des genres littéraires tout à fait différents, ce qui donne une nouvelle tournure à l'intrigue. Deux d'entre elles ne nomment pas Héraclius, mais le présentent comme le « Roi des *Rūm* » et la troisième modifie totalement le contexte en transposant l'action en Extrême Orient.

Le premier récit, que l'on peut trouver dans les *al-Akhbār al-Ṭiwāl* d'al-Dīnawarī, a été achevé vers 895, un siècle avant les œuvres d'al-Bayhaqī et d'Abū Nuʿaym. Ce texte littéraire est bien connu des historiens actuels pour utiliser des sources iraniennes plus anciennes dans la littérature d'*adab*, alors que celle-ci se base jusqu'à cette époque principalement sur des sources arabes[24]. Le récit qui nous occupe est au début du livre, au milieu d'un chapitre traitant du roi et prophète David. Dans ce passage, un certain ʿAbd al-Malik b. al-Ṣāmit rappelle qu'Abū Bakr l'a envoyé auprès du roi des *Rūm* afin de le convertir à l'islam ou, en cas de refus, de lui déclarer la guerre. Parvenu à Constantinople, il est admis en la présence d'un roi dont on ne cite pas le nom. Le souverain questionna l'envoyé sur l'islam, puis le congédia pour la journée. À leur rencontre suivante, un serviteur (*khādim*) apporta un objet (*ʿātida*) avec de nombreux compartiments (*buyūt*), chacun fermé par une petite porte. Le roi en ouvrit une et sortit un tissu noir (*khirqa*) sur lequel était représenté (*ṣūra*) en blanc

---

21 M. Canard, « Quelques 'à côté' de l'histoire des relations entre Byzance et les Arabes », repr. dans M. Canard, *Byzance et les musulmans du Proche-Orient*, London, 1973, XV, p. 99-100.

22 P. Soucek, voir la note 1.

23 D.J. Roxburgh, *Prefacing the Image : the Writing of Art History in sixteenth Century Iran*, Leyde, Brill, 2001, p. 170 et suiv.

24 Aḥmad b. Dāʾūd al-Dīnawarī, *al-Akhbār al-Ṭiwāl*, éd. ʿAbd al-Munʿim Amīn, Téhéran, 1960, p. 18-19.

le portrait (*hay'a*) d'un homme avec « le plus beau visage que l'on ait vu, aussi rond que la pleine lune ». Il demanda à l'envoyé s'il reconnaissait l'homme. L'envoyé répondit que non. L'empereur lui expliqua que c'était Adam. Il ouvrit une autre porte et prit un tissu noir avec la représentation en blanc d'un vieil homme (*shaykh*), avec un beau visage mais renfrogné (*taqṭīb*), comme s'il était affligé et peiné. C'était Noé. Il ouvrit ensuite une autre porte et en ôta un tissu noir avec une image de couleur blanche, l'image du Prophète Muḥammad. L'envoyé pleura en voyant cette image. L'empereur demanda : « Qu'y a-t-il ? ». ʿAbd al-Malik répondit : « C'est l'image de notre Prophète Muḥammad ». Le roi interrogea encore : « Sur votre religion, est-ce bien la représentation de votre Prophète ? ». L'envoyé répliqua : « Oui, c'est la représentation de notre Prophète, comme s'il était vivant ». Le roi replia alors la pièce et la remit dans son compartiment. Il dit ensuite : « C'était le dernier compartiment ». Après lui avoir montré les images d'Abraham, Moïse, David, Salomon et Jésus, il expliqua à l'envoyé que « ces images appartenaient à Alexandre le Grand et les rois se sont transmis [la boîte] avant qu'elle ne lui soit transmise ».

La deuxième version de ce récit appartient avant tout aux « grandes descriptions du monde » qui ont fait la particularité de la littérature abbasside. Il s'agit de la géographie de Ibn al-Faqīh, ou *Kitāb al-Buldān*, rédigée vers 890-895[25]. Le texte inclut une description générale des *Rūm*, c'est-à-dire du monde byzantin, mais sans apporter de précision aux récits de Dīnawarī ou d'autres et, encore une fois, il ne cite pas Héraclius par son nom.

La troisième version antérieure au XIe siècle est aussi la plus inattendue, puisque l'action est placée en Chine. Le texte le plus accessible se trouve dans les célèbres *Murūj al-Dhahab* (*Prairies d'or*) que Masʿūdī a achevées avant 956[26]. Masʿūdī raconte l'aventure d'un Arabe de la tribu de Quraysh – celle du Prophète – qui réussit à s'insinuer dans les bonnes grâces du roi de

25 Ibn al-Faqīh, *Kitāb al-Buldān*, éd. Yūsuf al-Hādi, Beyrouth, 1986, p. 187-189 ; trad. H. Massé, *Abrégé du Livre des pays*, Damas, 1977, p. 169-171, basé sur un texte moins complet, mais dont les lacunes n'apparaissent pas dans le passage qui nous concerne. A. Miquel, *La Géographie humaine du monde musulman jusqu'au milieu du XIe siècle*, I, Paris-La Haye, Mouton, 1975, p. 458 et suiv., étudie ces histoires en relation avec l'établissement de la légitimité musulmane.

26 Al-Masʿūdī, *Murūj al-Dhahab*, éd. Ch. Pellat, Beyrouth, 1965-1979, I, p. 345. Traduit en français par Barbier de Meynard et Pavet de Courteille, revu par Ch. Pellat, *Les prairies d'or*, Paris, Société Asiatique, 1962-, I, p. 128 et suiv. Le texte est cité sans commentaire par T. Khalidi, *Islamic Historiography*, Albany, Suny Press, 1975, p. 107, et déjà étudié par P. Soucek, « The Life of the Prophet », op. cit. Ahmad M.H. Shboul, *Al-Masʿūdī and his World*, London, Ithaca Press, 1979, étudie les sources de Masʿūdī, mais ne porte pas spécialement attention à notre histoire.

Chine. À un certain moment de leur conversation, le roi demanda au visiteur : « Reconnaîtrais-tu ton maître (*ṣāḥib*), le Prophète, si tu le voyais ? ». Il répondit : « Comment le pourrais-je, alors qu'il est avec Dieu ? ». Le roi reprit : « Je ne parle pas de lui [sa personne], je parle de son portrait (*ṣūra*) »[27]. « Certainement », dit le Quraychite. Le roi prit, d'une boite (*safaṭ*) qu'on lui avait apporté, un rouleau de papier (*darj*) et dit à l'interprète : « Montre-lui son maître ». Le Quraychite reconnut immédiatement les images des prophètes et murmura une bénédiction pour eux. Le roi lui demanda comment il avait reconnu les prophètes. Il répliqua : « Par les traits de leur histoire, qui sont ici dépeints[28] : Noé se réfugiant dans l'Arche, Moïse avec son bâton et les enfants d'Israël, Jésus sur un âne, accompagné des apôtres ». Au-dessus de chaque portrait une longue inscription mentionnait la généalogie du prophète, son pays d'origine, son âge et l'histoire de sa prophétie[29]. Monté sur un chameau, le Prophète Muḥammad était entouré de ses compagnons portant des chaussures bédouines faites de peau de chameau, des cure-dents en écorce de palmier pendant à leur ceinture. À la vue de l'image du Prophète, le Quraychite se mit à pleurer. Il ajouta qu'il avait vu des images de prophètes qui formaient un anneau avec leur pouce et leur index, pour indiquer que la création était comme un cercle, ou pointant leur index vers le ciel, comme s'ils avaient voulu inspirer aux hommes la crainte de ce qui était au-dessus d'eux.

Comme Masʿūdī le reconnaît lui-même, ses sources proviennent d'un texte bien moins connu, écrit en 916 par un certain Abū Zayd Ḥasan de Sīrāf, importance cité portuaire du golfe Persique. Abū Zayd avait lui-même recopié et enrichi un récit de voyage en Chine d'un marchand arabe appelé Sulaymān, daté de 851[30]. C'est la version enrichie par Abū Zayd en 916 qui contient l'histoire des images des prophètes, avec à peu près tous les détails que l'on retrouve ensuite chez Masʿūdī.

---

27 Le passage est en fait assez obscur, mais cette interprétation proposée par Ch. Pellat est la plus acceptable.

28 À nouveau un passage obscur : *biman ṣawwara min amrihim*. Nous suivons pour cette traduction une suggestion de Michael Cook qui propose de lire *bimā* plutôt que *biman*. Cette interprétation nous semble préférable à celle de Ch. Pellat, bien qu'elle demande une légère altération du texte arabe.

29 Le texte ne précise pas la langue de l'inscription (arabe ou chinoise).

30 G. Ferrand, *Voyage du marchand arabe Sulayman en Inde et en Chine*, Paris, 1922 ; J. Sauvaget, *Relation de la Chine et de l'Inde*, Paris, 1948, édite et traduit seulement la partie attribuée à Sulaymān. Le récit est abondamment commenté dans D.D. Leslie, *Islam in Traditional China*, Canberra, The Canberra College of Advanced Education, 1986, particulièrement p. 38-39.

Les versions « chinoises » du récit comportent deux caractéristiques importantes. Tout d'abord, la scène se passe à la cour impériale chinoise et on ne suggère aucune intention de conversion par les Arabes, ni même un intérêt particulier des Chinois pour l'islam. L'aspect anecdotique du récit domine, mêlé de merveilleux (*ʿajāʾib*), ce qui est tout à fait courant à cette époque.

La seconde caractéristique tient aux détails visuels du récit. Les images sont dites peintes sur du papier et non de la soie, peut-être pour mettre en exergue une technique encore exclusivement chinoise à cette époque ; l'iconographie est d'ailleurs plus élaborée que dans la version mettant en scène Héraclius. Les prophètes ne sont plus ici identifiés par leurs caractéristiques physiques, mais par leurs activités et leurs attributs les plus connus, comme l'arche de Noé, le Christ entrant dans Jérusalem, le Prophète Muḥammad chevauchant un chameau, entouré de ses compagnons bédouins. Les gestes de piété décrits, pointer un index vers le ciel, former un cercle avec deux doigts, suggèrent que des modèles chrétiens ou même bouddhistes ont pu être à la source de ces images conservées en Chine. Que les images soient d'origine chrétienne ou bouddhiste, le fait qu'elles soient mises dans un contexte extrême-oriental reste en soi une originalité.

La présence d'une image de Muḥammad apparaît également dans une version beaucoup plus tardive, après la dynastie des Ming, c'est-à-dire après 1644. Cette chronique relate qu'en 587 (! *sic*)[31], un empereur chinois envoya un ambassadeur inviter le Prophète en Chine. Selon ce texte, Muḥammad envoya à sa place un autoportrait, peint sur un support – dont on ne précise pas la nature – qui devait faire disparaître l'image au bout d'un certain temps. Il avait pris cette précaution de crainte que l'empereur puisse être tenté de vénérer son image[32]. Dans une autre version non datée, l'empereur Hiuan-Tsong reçut une image peinte du Prophète. Il l'accrocha dans son palais et se mit à l'adorer. L'image disparut immédiatement, ayant réussi à convertir l'empereur[33].

---

31 L'erreur de date est expliquée dans D.D. Leslie, *Islam* . . ., op. cit., p. 70, comme un malentendu résultant de la réforme du calendrier de 1384.

32 P. Darby de Thiersaut, *Le mahométisme en Chine et dans le Turkestan Oriental*, Paris, Ernest Leroux, 1878, I, p. 27-28, d'après une anthologie littéraire attribuée à un certain Hang-Chi-Tsee et intitulée *Tao-kou-ouen-tsy*, transcrite en 1878. Nous remercions Dr. Michal Biran de son aide pour cette source chinoise.

33 Darby de Thiersaut, *Le mahométisme* . . ., op. cit., II, p. 23, d'après un texte très tardif connu sous le titre *Huihui-guan-lai*. D.D. Leslie, *Islam* . . ., op. cit., p. 73. Heather Egan, doctorante à la Johns Hopkins University, nous a suggéré une comparaison avec la disparition des images des saints du Dernier Jour quand le monde n'en aura plus besoin pour tenir la place des saints ; E. Dahl, « Heavenly Images ; the Statue of Ste Foy in Conques », *Acta ad Archaeologiam et Artium Pertinentis* 5, 1978, p. 180.

On retrouve des variantes de notre récit dans des œuvres à caractère historique et dans un genre tout à fait particulier, les *Qiṣaṣ al-anbiyāʾ* (*Histoires des prophètes*), qui ont donné lieu à de récentes études[34]. Ces sources contiennent toutes des descriptions physiques des prophètes qui coïncident, mais en partie seulement, avec celles d'al-Bayhaqī ou d'al-Dīnawarī. Certaines apportent néanmoins des additions à notre histoire. Ainsi, al-Ṭabarī (mort en 923) relate dans sa chronique historique qu'Adam avait vu dans la main droite de Dieu « une image d'Adam et de tous ses descendants, sur laquelle était inscrite la date de la mort de chacun »[35], mais sans indication de la nature du support de cette peinture. De la même façon, une légende juive médiévale rapporte que Dieu a révélé à Adam les noms des prophètes, maîtres à penser, grandes figures religieuses et héros à venir ; cette liste apparaissait sur une tenture pendue face à Dieu[36].

Selon al-Thaʿālabī (mort en 1035), Dieu « fit tomber (*habaṭa*) du Paradis sur terre une boîte (*tābūt*)[37] dans laquelle [se trouvaient] des images (*ṣuwar*) des prophètes depuis ses fils [les fils d'Adam] ». La boite (*tābūt*) possédait un nombre de compartiments (*buyūt*) identique à celui des prophètes ; le dernier compartiment contenait l'image rouge rubis de Muḥammad, debout en prière. À sa droite se tenait un homme mûr ; sur son front était écrit : « Voici le premier de son peuple qui l'a suivi, Abū Bakr le Pieux ». À sa gauche, al-Farūq (ʿUmar), avec une inscription sur son front, dont la nature n'est pas spécifiée. Derrière lui, Dhū al-Nūrayn – ʿUthmān – qui s'était uni à deux filles du Prophète[38]. Plus loin, le coffre est décrit : d'un bois rare, couvert ou incrusté d'or, de trois coudées sur deux[39]. Enfin, au début du XIIIe siècle, al-Kisāʾī mentionne le coffre

---

34 Parmi les plus récentes, R. Milstein, K. Rührdanz, B. Schmitz, *Stories of the Prophets, Illustrated Manuscripts of Qiṣaṣ al-Anbiyāʾ*, Costa Mesa, Mazda Publishers, 1999, étudient des manuscrits du XVIe siècle et plus tardifs, mais cet ouvrage contient aussi une introduction fort utile à la littérature plus ancienne. Pour les sources antérieures, R.G. Khoury, *Les Légendes prophétiques dans l'Islam*, Wiesbaden, Harrassowitz, 1978.

35 Ṭabarī, VIII, p. 327 et suiv.

36 L. Ginsberg, *The Legends of the Jews*, Philadelphia, Jewish Publication Society, 1968 (repr.), I, p. 61.

37 Ce terme est aussi utilisé pour l'Arche d'Alliance.

38 Plus tard, surtout sous les Ilkhanides, de nombreuses images de généalogies du Prophète ont été fabriquées. On peut en trouver un exemple intéressant dans la traduction de Ṭabarī faite par Balʿamī, Freer Gallery of Arts, fol. 157 v° ; voir T. Fitzherbert, *Balʿami's Ṭabarī*, Ph.D., University of Edinburgh, 2001, p. 167 et suiv. ; P. Soucek, « Life of the Prophet », op. cit., p. 195-198.

39 Al-Thaʿālibī, *Qiṣaṣ al-anbiyāʾ*, Le Caire, Būlāq, 1869, p. 210. Ce récit est évidemment lié à la polémique sur la place d'Adam, élevé au rang de héros sunnite au XIe siècle, J.-C. Vadet,

(*tābūt*) d'Adam, ouvert par Abraham, qui contenait les livres d'Adam et de Seth[40]. L'auteur ajoute que Dieu donna à Adam un tissu ou un feutre blanc (*namaṭ*) où apparaissaient l'une après l'autre les représentations (*ṣuwar*) des prophètes et des pharaons. Ainsi, les prophètes d'Adam à Muḥammad descendent de Seth tandis que les pharaons, rois séculiers, descendent de Caïn[41].

On peut conclure à l'existence, à partir de 900, d'un récit commun à tous les genres littéraires majeurs. Ce récit rapporte que parmi les nombreuses représentations de Muḥammad en tant que prophète, il existe des images le figurant avec d'autres prophètes et quelques fois même avec les premiers califes. Ce dernier fait est assez inattendu si l'on considère la réticence de l'Islam des premiers siècles à représenter des individus dans un contexte religieux.

Autre fait curieux, on ne dit rien des auteurs de ces images. Mis à part la version chinoise de l'histoire, la création des signes identifiant les figures choisies, héroïques et sacrées, est implicitement de caractère divin. Les musulmans ont transformé ces figures en prophètes qui leur ont transmis la révélation divine. À l'époque de la diffusion de ces récits, on ne se demandait pas si ces images existaient encore ou si elles avaient jamais existé. L'existence d'un vaste monde musulman suffisait à prouver ce qu'elles proclamaient, la place de Muḥammad dans une succession de prophètes remontant à Adam. En outre, tous ces récits, à caractère religieux ou pieux, sont associés au monde chrétien, c'est-à-dire à une histoire très ancienne que l'on entrevoit de façon vague, même quand il s'agit de la place de Daniel ou d'Alexandre le Grand dans la transmission des images.

Bien que leur contexte soit chrétien, tous ces récits sont destinés aux musulmans. Dans ces œuvres, les portraits des prophètes ne sont fabriqués ni pour, ni par les musulmans. Dans une culture religieuse islamique, ces images remplissent deux rôles. Le premier est de prouver que les non-musulmans ont prévu depuis toujours la venue possible du prophète Muḥammad, grâce à la liste imagée de ses prédécesseurs, transmise par Dieu. Le second est de démontrer que ce savoir a été réservé aux prophètes et aux souverains jusqu'à l'époque d'Héraclius, date à laquelle les images sont révélées aux nouveaux musulmans. Il n'est pas besoin d'essayer de prouver l'existence réelle de ces images, même

---

« La Légende d'Adam chez al-Kisa'i », *Studia Islamica* 42, 1975, p. 5-38. C. Schöck, *Adam im Islam*, Berlin, Klaus Schwarz, 1993. Aucun de ces auteurs ne mentionne de coffre (*tābūt*).

40 Al-Kisāʾī, *The Tales of the Prophets*, trad. W.M. Thackston, Boston, Twayne Publishers, 1978, p. 76.

41 Ibid., p. 82. Sur les détails de la version de al-Kisāʾī, voir les nombreuses études de Jàn Pauliny dans *Graecolatina et Orientalia* 1-8, 1964-1976, qui ne cite pas ce tissu comme support des images.

si leur rôle est fondamental pour établir la mission de Muḥammad. Ces images ne sont pas faites pour être vues, mais, bien plus important, pour être connues. Une fois révélées, elles ne sont plus nécessaires et peuvent disparaître.

Cependant, une question demeure pour les historiens de l'art et les historiens de la culture islamique. Pourquoi ces œuvres se forment-elles au Xe siècle, voire même plus tôt ? Plusieurs hypothèses s'offrent à nous pour tenter de répondre à cette interrogation.

L'examen de la littérature narrative centrée sur les portraits[42] peut être, à ce sujet, très fructueux. La légende d'Alexandre le Grand est très populaire, depuis le IVe siècle de notre ère, dans toutes les cultures médiévales. Le *Roman d'Alexandre* du Pseudo-Callisthène a ainsi été traduit en syriaque, probablement au IXe siècle, avant d'être traduit en arabe. Ici, un ambassadeur persan obtient d'un peintre un portrait d'Alexandre qui est envoyé à Darius et permet à ce dernier de reconnaître Alexandre, alors que celui-ci s'introduit secrètement dans le camp perse. D'après le récit, Darius n'use pas de sa supériorité pour le capturer. De même, dans une veine toute romantique, le *Roman* raconte comment la reine Candace d'Éthiopie obtient d'un Grec à son service un portrait très ressemblant d'Alexandre. Lorsque celui-ci arrive à sa cour, une fois encore incognito, elle lui présente son portrait, mais craignant pour sa vie, refuse de reconnaître son visiteur royal publiquement[43]. Le poète persan Ferdowsī reprend plus tard cette histoire dans son *Shāh Nāmeh* (*Livre des rois*) en l'attribuant à Kaidafa, reine d'al-Andalus, qui ordonne à un peintre de « faire une grande image représentant la figure et l'allure [d'Alexandre] »[44] qu'elle utilise ensuite afin de le reconnaître quand il vient en secret à sa cour[45].

À partir du XIIe siècle, l'utilisation des portraits devient un procédé littéraire très courant. Ainsi, le poète lyrique Neẓāmī met plusieurs fois en scène des portraits dans une œuvre qui utilise des contes oraux ou écrits de la tradition perse préislamique. Il raconte ainsi comment le roi Bahrām Gūr découvre un palais avec les portraits de sept femmes qu'il allait rencontrer, ou comment Khosrow suspend ses propres portraits dans le jardin où Shīrīn se promène, espérant

42 Par le terme portrait, nous entendons la représentation d'une personne qui peut être identifiée par des traits physiques qui lui sont propres.

43 Pseudo-Callisthène, *Le Roman d'Alexandre*, Paris, Les Belles lettres, 1992, p. 4, p. 23, p. 61 et suiv., p. 100 et suiv. ; G. Cary, *The Medieval Alexander*, Cambridge, Cambridge University Press, 1956, p. 119-120 et p. 219.

44 A.G. Warner et E. Warner, *The Shahnama of Firdausi*, VI, London, Keegan Paul, 1912, p. 121 et suiv.

45 La littérature épique persane fait en outre parfois référence à des portraits accrochés dans le hall de palais, par exemple vol. I, London, 1905, p. 260-261.

ainsi qu'elle tombe amoureuse de lui[46]. Ces deux histoires reviennent fréquemment dans les manuscrits. Tomber amoureux d'un portrait est un thème connu, quoique rare, dans la littérature populaire indienne[47] ; il est en revanche quasiment inconnu ailleurs[48]. Un livre de contes populaires du XIIIe siècle en arabe contient ainsi quelques chapitres sur Alexandre le Grand ou les rois sassanides, dans lesquels on accroche des portraits à des arbres. L'ouvrage décrit un dôme, ainsi qu'une salle close, couverte de peintures d'Alexandre le Grand, ou encore une épée dont le fourreau porte l'image cachée de Khosrow, et Shāpūr découvrant des portraits de lui-même destinés à un empereur romain[49]. À la même époque, peut-être même plus tôt, la littérature épique en arabe se développe autour de l'histoire de Baybars ou de celle d'al-Baṭal, figure héroïque de la frontière anatolienne. Cette littérature mentionne des peintures, murales ou sur des rouleaux, représentant ces héros[50].

Aucun de ces procédés littéraires n'est vraiment comparable à celui des portraits des prophètes. Il n'est cependant pas totalement exclu que ce thème populaire très répandu, de portraits fabriqués en secret et de leur découverte inopinée, ait pu être adapté à la révélation du message du prophète Muḥammad. On retrouve chez Maqrīzī ce thème récurrent de l'image d'un prophète faite pour et conservée par un souverain non-musulman. Maqrīzī rapporte dans un conte curieux comment le *muqawqis*, chef des chrétiens d'Égypte, reçut une lettre du Prophète l'invitant à se convertir à l'islam. Après avoir vu la lettre, il rencontra l'émissaire de Muḥammad. Le *muqawqis* sortit d'un panier un tissu (*samaṭ*) avec des images des prophètes et un autre avec un portrait du Prophète de Dieu. L'émissaire ne pouvait voir le tissu, mais le *muqawqis* lui demanda de décrire le Prophète et confronta la description avec l'image qu'il avait devant lui. Il confirma que la description était exacte, mais ne montra jamais l'image à l'envoyé du Prophète[51].

Une aventure encore plus étrange est relatée dans un ouvrage du XIe siècle contenant des récits et des aphorismes sur les caractéristiques des hommes

---

46 Parmi de nombreuses versions, Neẓāmī, *Haft Paykar*, trad. J. Scott Meisami, Oxford, Oxford University Press, 1995, p. 51-53.

47 S. Thompson et J. Balys, *The Oral Tales of India*, Bloomington, Indiana University Press, 1958, p. 407.

48 S. Thompson, *Motif-index of Folk-Literature*, réédition, Bloomington, Indiana University Press, 1989, volume d'index.

49 R. Khawam, *Le Livre des Ruses*, Paris, Phébus, 1976, p. 229, p. 247-248, p. 266, p. 301, p. 310.

50 M.C. Lyons, *The Arabian Epics*, Cambridge, Cambridge University Press, 1985, particulièrement vol. III, p. 88, p. 341, p. 363, p. 434, p. 466, p. 554. Nous remercions le professeur Remke Kruk de nous avoir indiqué cet ouvrage.

51 Maqrīzī, *Kitāb al-Muqaffā al-Kabīr*, éd. M. al-Yalawī, Beyrouth, 1991, III, p. 25.

et des prophètes. Ce récit rapporte que le dernier roi sassanide, Shirôyé (Kavadh II), envoya au Prophète un peintre qui avait fait une image de Muḥammad. La peinture fut ensuite renvoyée au roi qui la conserva sur son oreiller[52].

C'est probablement ce cheminement littéraire qui permet à notre récit de réapparaître au XVe siècle en Iran. L'historien timouride Mirkhond rapporte l'existence chez Héraclius d'un *tābūt sakina* (terme désignant l'Arche d'Alliance)[53] contenant des images de prophètes. Son récit est ensuite repris au XVIe siècle par Dūst Muḥammad, historien de la peinture et de la calligraphie[54]. Ici, la dimension religieuse ou pieuse du récit est moins importante que la démonstration d'un art de la peinture et du dessin remontant au gendre du Prophète, ʿAlī, et même à Mani, dans la seconde moitié du IIIe siècle. Mani, connu pour ses talents artistiques, particulièrement pour l'usage qu'il faisait de l'iconographie afin de répandre ces idées, devient ainsi un précurseur de la peinture perse[55].

Une autre direction de recherche nous mène à la culture chrétienne du monde byzantin. Une source byzantine mentionne l'existence d'un ouvrage dont les illustrations pourraient avoir quelques similitudes avec les portraits des prophètes de nos récits musulmans. Cet ouvrage est supposé avoir appartenu à l'empereur Léon VI le Sage (896-912), dont la réputation de philosophe s'est répandue surtout après sa mort[56]. Le chroniqueur Nicéphore Grégoras, mort entre 1358 et 1361, relate que ce livre ancien conservé par l'empereur contenait « des lettres énigmatiques et des signes [ou des images, *eikones*] obscurs » montrant tous les souverains à venir. Ce passage, pour le moins ambigu, nous indique cependant que ce livre contenait des lettres et des signes étranges, que ce soit sous la forme d'images ou non, révélant les empereurs ou autres

52 Manṣūr al-Ābī, *Nathr al-Durr*, Tunis, 1983, p. 171.

53 Mirkhond, *Tarikh-i rawzat al-safa*, Téhéran, 1959-1960, II p. 58. Notons le lien entre le terme d'Arche d'Alliance utilisé par Mirkhond et une plaque de verre juive du IIIe siècle de notre ère qui décrit l'Arche comme un grand coffre contenant des rouleaux, tels que l'on pouvait en trouver dans les bibliothèques romaines. Voir L. Casson, *Libraries in the Ancient World*, New Haven, Yale University Press, 2001. Nous remercions le professeur Glen W. Bowersock de nous avoir indiqués cette référence.

54 Dūst Muḥammad utilise les termes *ṣandūq al-shahāda* (« Coffre du Témoignage ») pour décrire le coffre. W. Thackston, *Album Prefaces and Other Documents on the History of Calligraphers and Painters*, Leiden-Boston, Brill, 2001, p. 12 (texte persan).

55 L'intérêt manichéen pour la succession des prophètes a été étudiée par M. Tardieu, « La Chaîne des Prophètes », *Cahiers d'Asie Centrale* 1-2, 1996, p. 357-366.

56 M. Hamidullah. « Une Ambassade du Caliphe Abou Bakr … », op. cit., p. 30.

souverains du futur[57]. Il n'y a ici aucune tentative de représenter réellement les individus concernés, de les identifier ou de les définir par de quelconques caractéristiques physiques. Nous sommes davantage en présence d'un livre de formules magiques, peut-être utilisées à la manière des anciens oracles ou de Nostradamus, pour prédire l'avenir. L'ouvrage apparaît au Xe siècle, le temps de nos récits arabes ; tel est son premier intérêt. Le second réside dans l'utilisation inhabituelle de certains signes visuels afin de dévoiler les futurs souverains. Comme l'a démontré Gilbert Dagron, il est probable qu'une version chrétienne de ces histoires ait réellement existé en Égypte dès le IXe siècle, version qui met en scène le mystérieux astrologue Étienne d'Alexandrie et tente ainsi une justification pseudo-scientifique à l'existence de ces images cachées[58].

L'histoire bien connue du *Mandylion* d'Édesse nous offre une comparaison plus intéressante avec le monde chrétien. Elle apparaît pour la première fois au VIe siècle, avec plusieurs variantes, mais l'histoire centrale reste identique : Jésus remet à un messager du roi d'Édesse, Abgar, un tissu (le Saint-Suaire ou *Mandylion*) avec l'impression de son visage[59]. Adorée à Édesse, la relique est emmenée après la conquête par les musulmans en 944 à Constantinople. Les sources musulmanes et chrétiennes rapportent que le *Mandylion* est alors conservé dans le Grand Palais. Pillée en 1204 par les Croisés, la relique repose ensuite à la Sainte-Chapelle de Paris, avant de disparaître pendant la Révolution française. Cette histoire a été maintes fois mise en images. La représentation la plus ancienne, du Xe siècle, conservée au monastère Sainte-Catherine du mont Sinaï, montre un visage sur un simple tissu[60]. À partir du XIIe siècle apparaissent des représentations plus élaborées de « Saintes Faces », sur des tissus ou des peintures, aussi bien dans le monde oriental qu'occidental.

L'histoire du *Mandylion* enrichit notre réflexion à plusieurs égards. Comme pour les prophètes, il s'agit ici de l'image d'un visage saint sur un tissu. L'objet,

---

57 Migne, *Patrologia Greca*, Paris, 1863, vol. 107, p. 1123-1124. Nous remercions le professeur Glen W. Bowersock de son aide pour interpréter ce passage.

58 G. Dagron, « Les Diseurs d'événements », dans *Mélanges offerts à Georges Duby*, IV, Aix-en-Provence, 1992.

59 Depuis les travaux d'E. von Dobschütz, *Christusbilder*, Leipzig, J.C. Hinrichs, 1899, la bibliographie sur le *Mandylion* est très abondante. Voir l'étude récente de A. Cameron, « The History of the Image of Edessa : the Telling of a Story », dans *Changing Cultures in Early Byzantium*, Ashgate, Variorum, 1996. Il est intéressant de voir (p. 90) que pour des textes chrétiens en arabe, certains auteurs rejettent le terme *sūrah* pour le *Mandylion*, sous le prétexte que celui-ci n'a pas été fait de la main de l'homme. Pour l'iconographie, voir A. Grabar, *La Sainte Face de Laon*, Prague, Seminarium Kondakovianum, 1931.

60 K. Weitzmann, « The Mandylion and Constantine Porphyrogenetes », *Cahiers Archéologiques* 11, 1960.

aisé à transporter et à conserver, est exposé dans un cadre publique ou privé. Il est possible que le choix du support des images des prophètes s'inspire de ce *Mandylion*, au moins pour la version musulmane qui met en scène Héraclius. Autre point commun, l'origine des reliques. Les tissus de soie du récit musulman auraient existé depuis l'aube des temps, créés par une intervention divine. De même, le *Mandylion* est saint parce qu'il n'a pas été fabriqué par la main de l'homme, ce qui dans la piété byzantine en fait un objet sacré tout à fait à part. Plus, l'histoire du *Mandylion* se place dans le contexte du Proche-Orient chrétien du xe siècle. On pourrait ainsi penser que l'histoire de nos prophètes est le parallèle musulman du *Mandylion*. Une grande différence cependant entre les deux : le *Mandylion* ne représente pas un homme saint du futur ; la figure sainte représentée en est en même temps l'auteur. Ainsi, même si des parallèles peuvent être faits avec le mode de transmission de nos images, en revanche l'essence même des deux types de représentations est difficilement comparable.

La technique utilisée pour décrire les attributs physiques des prophètes paraît à première vue un élément de comparaison avec le monde chrétien beaucoup plus intéressant. On trouve entre 850 et 1350 quelques exemples d'ouvrages illustrés sur les prophètes à Byzance, où ils n'ont jamais connu une grande popularité[61]. Les prophètes sont représentés en buste dans des médaillons, ou en pied, parfois même de dos. Les personnages sont quasiment identiques et ne diffèrent que par leur barbe, longue ou courte, grise ou blanche. Un singulier ouvrage connu sous le nom d'*Ulpius le Romain*, composé par un moine du mont Athos en 993, contient une description des caractéristiques physiques des prophètes, de Jésus, ainsi que de quelques saints. Ici, les attributs des prophètes ne correspondent en rien à ceux décrits par les textes arabes. Comme l'a montré Gilbert Dagron, les descriptions tardives de saints mêlent réalisme et symbolisme, par l'utilisation d'une typologie d'attributs, dont les variations permettent de s'adapter à tel ou tel personnage. En somme, comme le dit Gilbert Dagron, de vrais portraits-robots[62]. En tant que genre littéraire, ces descriptions sont comparables aux nôtres. Cependant, le manuscrit d'*Ulpius* n'était pas censé devenir un modèle à suivre et son influence a été extrêmement limitée. Il apporte néanmoins une notion importante à notre réflexion, le jugement des qualités d'une personne par son apparence extérieure, et suggère une corrélation entre aspect physique et vertus morales. Ce

---

61 J. Lowden, *Illuminated Prophet Books*, University Park, Pennsylvania State University Press, 1988.

62 G. Dagron, « L'Image de Culte et le Portrait », dans A. Guillou and J. Durand (éd.), *Byzance et les Images*, Paris, 1991.

dernier point est bien illustré par les descriptions musulmanes traditionnelles du Prophète, des quatre premiers califes et des imāms de tradition chi'ite[63].

On peut enfin tenter de comparer les images de Muḥammad et de ses ancêtres avec l'iconographie des généalogies du Christ, c'est-à-dire avec l'Arbre de Jessé. La généalogie est représentée par un arbre d'où pendent des médaillons avec des étiquettes ; chaque médaillon renferme le portrait d'une personne distincte. Dans certains cas, le médaillon porte seulement le nom du personnage, sans aucune image. Ces généalogies sont issues pour la plupart de l'Occident médiéval chrétien, plus particulièrement du monde hispanique, par exemple dans les manuscrits mozarabes de Beatus, ou dans des manuscrits arméniens aujourd'hui disparus du Xe siècle[64]. Les descriptions des peintures des ancêtres spirituels de Muḥammad que nous avons citées ont peut-être été inspirées par des représentations telles que l'Arbre de Jessé.

La relation entre les documents chrétiens et nos récits musulmans est donc relativement lâche. Il est difficile d'établir une influence directe des premiers sur les seconds. Le seul point significatif est le rôle du Xe siècle dans le vif intérêt porté aux représentations de prophètes. Comme Marius Canard l'a mentionné incidemment, c'est le temps où musulmans et chrétiens reçoivent ces images de la culture populaire, plus facilement accessibles que celles destinées à l'élite[65].

L'évolution de la tradition religieuse musulmane met également en scène des descriptions du Prophète qui aboutiront, comme nous le suggérons, aux images actuelles de Muḥammad. Le nom de cette tradition, *ḥilye*, de l'arabe *ḥilya*, est un terme dont la signification est complexe : *quality or aggregate of attributes and qualities, appearance, something pleasing, ornament* (« qualité ou ensemble d'attributs et de qualités, apparence, quelque chose d'agréable, ornement »)[66]. Dans un *ḥadīth* très ancien, le Prophète promet que « celui qui verra ma *ḥilya* après ma mort, ce sera comme s'il m'avait vu moi-même, et s'il la regarde en me désirant ardemment, Dieu lui interdira les feux de l'Enfer et il

63 Un curieux texte de 1246 mentionne l'existence de portraits de 'Alī dans des bâtiments chrétiens, Ibn Abī al-Ḥadīd, *Sharḥ Nahj al-Balāgha*, Beyrouth, 1965, I, p. 28-29. Cette référence apparaît dans la thèse de doctorat de Dr. S. Laibi, *Artistes et artisans dans l'art islamique*, Lausanne, 2003 ; nous remercions l'auteur de cette mention.

64 Bibliographie récente dans M. Taylor, « Historiated Tree of Jesse », *Dumbarton Oaks Papers* 34-35, 1980-1981 ; V. Milanovic, « Tree of Jesse », *Zograf* 20, 1989. Nous remercions Lois Drewer de nous avoir procuré ces références.

65 M. Canard, *Byzance et les musulmans* . . ., op. cit., p. 105.

66 E.W. Lane, *An Arabic-English Lexicon*, London, 1863-1893.

ne ressuscitera pas nu au jour du Jugement dernier »[67]. Le terme de *ḥilya* a été ensuite repris en perse et en turc. Au début de la période ottomane, le terme a parfois en turc un sens plus restreint : *external personal appearance, form and features, description of the personal virtues and the qualities of the Prophet* (« apparence extérieure d'une personne, allure et traits, description des vertus personnelles et des qualités du Prophète »)[68]. Ce sens s'applique à un corpus de textes qui compilent de courtes formules décrivant la beauté physique du Prophète (beauté qui atteste de ses qualités intérieures), recueillies censément par la famille et les amis proches de Muḥammad. La *ḥilye* est ainsi une image verbale de Muḥammad, qui montre à la fois son apparence physique et sa personnalité[69].

L'exemple le plus connu de *ḥilye* est celui attribué à ʿAlī b. Abī Ṭālib, gendre et neveu du Prophète mort en 661, bien que d'autres sources l'attribuent à Aïcha, épouse du Prophète, et à d'autres proches[70]. Selon ʿAlī, Muḥammad est de taille moyenne, avec des cheveux ondulés (mais non bouclés) ; sa chair est ferme, sa peau d'une blancheur rosée, ses grands yeux noirs avec de longs cils fournis, de beaux cheveux lui descendant jusqu'à la poitrine et il porte le « sceau de la prophétie » entre ses épaules[71].

Cette description devient la base des images stylisées représentées sur une seule page, connues sous le nom de *ḥilye*-s, qui deviennent populaires dans le monde ottoman (fig. 13 à 15)[72]. Au xvie siècle, des calligraphes y développent l'usage de la *hilye* en le transformant en enluminure calligraphique. Cette technique est perfectionnée par Hāfiẓ Osmān, maître de calligraphie de la fin du xviie siècle. La *ḥilye* est alors utilisée, et aujourd'hui encore, comme un talis-

67 A. Schimmel, *And Muhammad…*, op. cit., p. 36. N.F. Safwat cite une version légèrement différente du même *ḥadīth*, N.F. Safwat, *The Art of the Pen*, London, Nour Foundation, 1996, p. 47 et note 8.

68 *New Redhouse Turkish-English Dictionary*, Istanbul, Redhouse Press, 1978.

69 A. Schimmel, *And Muhammad…*, op. cit., p. 34-36. Sur la relation entre portraits et *hilye*, P. Soucek, « The Theory and Practice of Portraiture in the Persian Tradition », *Muqarnas* 17, 2000, p. 106.

70 A. Schimmel affirme que la version dite de ʿAlī apparaît pour la première fois dans le *Kitāb Shamāʾil al-Muṣṭafā* de Tirmidhī, A. Schimmel, *And Muhammad…*, op. cit., p. 34. N.F. Safwat donne une source plus tardive, le *Kitāb al-Shifāʾ bi-Taʿrīf Ḥuqūq al-Muṣṭafā* d'al-Qādī ʿIyāḍ b. Mūsā (mort en 1149), N.F. Safwat, *The Art of the Pen*, op. cit., p. 46.

71 Pour la description complète, A. Schimmel, *And Muhammad…*, op. cit., p. 34 ; N.F. Safwat, *The Art of the Pen*, op. cit., p. 46.

72 Une description de Muḥammad légèrement différente est utilisée en Iran aux XVIIIe et XIXe siècles pour créer un autre *ḥilye*, habituellement accompagné d'une traduction en persan, N.F. Safwat, *The Art of the Pen*, op. cit., p. 47.

man protégeant contre les esprits malins (comme Satan) et qui bénit le calligraphe dans l'au-delà[73]. La fabrication, la possession ou l'exposition d'une *ḥilye* sont alors considérés comme autant d'actes de piété. Il ne semble pas cependant que la *ḥilye* soit couramment pratiquée avant la période ottomane, au XVIe siècle.

La *ḥilye* de la littérature ottomane n'appartient pas à la tradition des portraits du Prophète ; son expression artistique repose uniquement sur la calligraphie. La calligraphie doit représenter l'idée à la source de l'image et non l'image à la source de l'idée[74]. Elle crée un type de représentation conceptuelle et non concrète comme la peinture et laisse au lecteur le soin d'imaginer les détails. Néanmoins, même en Turquie quelques *ḥilye*-s prennent une forme imagée, par exemple dans un manuscrit ottoman du XIXe siècle de la collection Khalili (fig. 14). Ce document comprend le texte de la *ḥilye*, des passages de *ḥadīth*, des versets du Coran, présentés comme des reliques de Muḥammad (*al-mukhallafāt al-nabawiyya*) au même titre que son épée, son manteau, son chapelet, ses bannières, son sceau, etc. Le document comprend aussi des passages écrits.

Néanmoins, les *ḥilye*-s iraniennes sont parfois accompagnées de portraits de Muḥammad ou de ʿAlī et appartiennent par là même à une tradition iconographique différente, tradition dans laquelle l'image peinte joue un rôle important pour les classes populaires[75]. Un exemple de la fin du XIXe siècle illustre cette nouvelle approche (fig. 15). En haut de cette page de *ḥilye* très décorée, on découvre un portrait, probablement celui de Muḥammad[76]. Celui-ci siège au milieu d'un paysage de style européen et porte son épée en travers des cuisses. Suit en dessous une description en arabe, suivie de la traduction en persan. Les cartouches de la bordure intérieure rappellent les noms du Prophète et des douze imams. La bordure extérieure contient le « verset du Trône »[77].

Depuis le règne de Nāṣir al-Dīn Shāh (1848-1896), les représentations de la famille du Prophète et de ʿAlī en particulier sont devenues très populaires en Iran, ainsi qu'en Inde. On en trouve sur des tapisseries, des écrins de miroirs, ou

---

73 A. Schimmel, *And Muhammad…*, op. cit., p. 36, p. 271, note 55.

74 N.F. Safwat, *The Art of the Pen*, op. cit., p. 47.

75 Ibid., p. 48.

76 N.F. Safwat affirme que c'est un portrait de ʿAlī, Ibid., p. 67, cat. 40. Sa conclusion paraît étrange, car aucun indice ne permet d'identifier le personnage à ʿAlī : pas de représentation de l'épée à deux têtes, ni de soleil ou de lion. Stephan Vernoit dit, quant à lui, que ce portrait représente probablement le Prophète Muḥammad, bien qu'il y ait des similarités avec les images de ʿAlī, S. Vernoit, *Occidentalism : Islamic Art in the 19th Century*, London, Nour Foundation, 1997, p. 65, cat. 32.

77 Ibid.

des plumiers. Parallèlement émerge alors le *taʿziyeh*, art dramatique qui met en scène le début de l'histoire chi'ite. Naît ainsi une tradition iconographique populaire de l'histoire sainte[78]. Ce type d'iconographie, qui a assimilé la tradition de la *ḥilye*, trouve son expression ultime dans les images du Prophète que l'on peut trouver aujourd'hui dans l'Iran chi'ite. Voici l'exemple d'une image moderne montrant un adolescent dans une pose sensuelle (fig. 16) : la tête est penchée sur l'épaule gauche, les lèvres s'entrouvrent pour sourire, le regard langoureux. On retrouve le même portrait sur des porte-clés et sur bien d'autres objets du quotidien. Telle se présente aujourd'hui cette imagerie populaire, largement diffusée, accessible à tous, voire omniprésente dans certaines parties du monde. Ce qui en fait la particularité tient au fait que cet adolescent est identifié, grâce à deux lignes de texte en persan, comme étant le jeune prophète Muḥammad, avant qu'il ne devienne prophète. L'inscription qui l'accompagne indique que l'image d'origine a été exécutée au début du VIIe siècle par Baḥīrā, un moine chrétien du sud de la Syrie[79]. Cet original est prétendument conservé au « muze-i Rum », un musée situé quelque part dans le monde chrétien[80]. Ainsi réapparaît la question centrale des portraits de Muḥammad créés pour ou par des non-musulmans. Dans ce cas, cependant, nous avons affaire non pas à une simple description, mais au « vrai » portrait.

Cette image et son inscription sont du plus grand intérêt : connus depuis le VIIIe siècle, les récits qui mettent en scène Baḥīrā et Muḥammad ne sous-entendent pas que le moine ait jamais fabriqué un portrait du Prophète. Il

78 Sur le *taʿziyeh*, voir P. Chelkowski (éd.), *Taʿziyeh, Ritual and Drama in Iran*, New York, New York University Press, 1979. Sur l'emploi des peintures et des images saintes à la même époque, P. Chelkowski, *Staging a Revolution*, London, Booth-Clibbor Editions, 2000.

79 Dans le passage le plus connu, l'ascète chrétien Baḥīrā aurait reconnu le futur Prophète alors que celui-ci, jeune homme, faisait partie d'une caravane arabe. Il l'aurait reconnu à l'un des signes de prophétie qu'il portait sur lui, ou encore à un nuage qui le suivait, ou enfin à une branche qui se déplaçait avec lui pour le protéger de son ombre. Cet épisode a été mis en image vers 1300 par Rashīd al-Dīn, *Jāmiʿ al-Tawārīkh*, Édimbourg, Edinburgh University Library, or. 20, fol. 45 v°. Voir D.T. Rice, *Illustrations to the 'World History' of Rashid al-Din*, Édimbourg, Edinburgh University Press, 1976, pl. 30, p. 98, reproduction en noir et blanc.

80 Il existe plusieurs versions à ce récit, A. Abel, « Baḥīrah », *EI2.* ; plus récemment, S. Gero, « The Legend of the Monk Bahira, the Cult of the Cross, and Iconoclasm », dans P. Canivet et J.-P. Rey-Coquais, *La Syrie de Byzance à l'Islam* . . ., op. cit., p. 47-58. Dans un autre récit, la reconnaissance du Prophète intervient plus tard au cours de sa vie, alors qu'il voyage avec une caravane. Il est ici reconnu par un moine appelé Nastūr ou Sergius, deux noms associés à des sectes chrétiennes du Croissant fertile. Voir les références dans S. Gero, « The Legend . . . », op. cit.

fallait ainsi inventer une image « préexistante », créée par un non-musulman, afin de justifier l'existence de la représentation actuelle. Ce document iranien n'est pas destiné à illustrer un récit ancien, ni à glorifier les faits épiques d'un personnage saint ; son but est de reproduire une image faite au début du VIIe siècle. C'est la représentation d'une représentation du Prophète, au moment où son rôle en tant que dernier des prophètes est un « secret » divulgué à « d'autres ». En cela, cette image nie toute valeur pieuse ou commémorative.

Quelles conclusions pouvons-nous tirer de l'histoire des représentations du Prophète ? L'histoire précise des premières représentations de Muḥammad n'a jamais été faite jusqu'ici. Il n'y a jamais eu non plus de tentative de reconstitution, ni des portraits peints, ni de l'image de Muḥammad telle qu'elle y apparaissait. Au XXe siècle, c'est exactement le contraire qui s'est produit. Selon nous, la littérature de la *ḥilye* basée sur des descriptions soi-disant contemporaines de Muḥammad a abouti à la fabrication d'images du Prophète quand la culture religieuse chi'ite a donné une place importante à l'expression visuelle. Fascinant paradoxe, ces textes accompagnés d'images n'ont pas créé de nouvelle tradition iconographique, alors les descriptions écrites des qualités morales et physiques du Prophète, de sa famille et de ses proches, ont fini par créer un vaste corpus artistique, calligraphies, dessins et même peintures figuratives.

Notre histoire a commencé par des représentations du Prophète Muḥammad dans un livre religieux du XIe siècle de tradition sunnite, pour s'achever à la fin du XXe siècle par l'image du jeune Muḥammad dans l'Iran chi'ite. Bien des conclusions peuvent être tirées de l'étude de ce corpus, mais nous aimerions ici en approfondir quelques unes.

Pour l'histoire de l'art, de la culture matérielle, notre histoire prouve clairement que l'Islam entretient un rapport beaucoup plus complexe avec l'iconographie religieuse, ou pieuse, que l'on a l'habitude de le croire. Dans tous les récits que nous avons étudiés, les musulmans ne cherchent pas à voir des images, ou des copies de ces images et d'après ce que nous savons, il faut attendre le XXe siècle pour les réinventer. Réelles ou imaginaires, ces images sont omniprésentes dans la vie sociale et intellectuelle de l'Islam médiéval[81]. Il est possible que des œuvres d'art d'autres cultures leur aient servi de modèle. Il s'agit aussi peut-être d'un dispositif mnémotechnique créé par une rhétorique savante ou populaire.

---

81 Le rôle des images dans le monde islamique médiéval a été récemment étudié par O. Pancaroglu, « Signs in the horizons : Concepts of image and boundary in medieval Persian cosmography », *RES* [Anthropology and Aesthetics] 43, 2003, p. 31-41.

D'un point de vue philosophique et esthétique, il est nécessaire de préciser un point de terminologie. Le premier texte que nous avons étudié ici distingue le terme de *ṣifa* (description des caractéristiques physiques) de celui de *ṣūra* (image). L'histoire des portraits de la cour de Chine inclut, quant à elle, une distinction difficile à interpréter entre une représentation du Prophète et la connaissance que l'on a de son apparence. Cette distinction illustre le contraste qui existe entre les deux aspects de ces images, d'un côté une présence physique, tangible, de l'autre un savoir cérébral, une vue de l'esprit. Nous rejoignons ici une problématique bien connue en histoire de l'art, la confrontation des formes visibles de l'art avec les images mentales créées aussi bien par les artistes que par ceux qui contemplent leurs œuvres[82].

---

82 P. Brown, « Images as substitutes for writing », dans E. Chrysos (éd.), *East and West : Modes of Communication*, Leyde, Brill, 1999 ; H. Belting, « Face or Trace ? Open Questions around the Prehistory of Christ's Icon », *Palaeoslavica* [*Studies for Professor I. Ševčenko on his 80th Birthday*] 10, 2002.

CHAPITRE 5

Le portrait dans l'Orient musulman pré-moderne

Une décantation du modèle en son essence

Yves Porter
(*en collaboration avec Richard Castinel*)

Elle alla prendre cette effigie
et vit en ce miroir sa propre image

NEẒĀMĪ, *Khosrow et Shīrīn*

Depuis la nuit des temps l'homme se représente ; cette démarche fait partie intégrante de ce que René Girard appelle « le processus d'hominisation[1] ». Au filtre de certains corpus dogmatiques religieux, un paradoxe notable conduit cependant cette « mimétique d'appropriation » à une pure et simple interdiction des images et à « beaucoup d'autres phénomènes qu'on ne songe pas à rapporter aux interdits primitifs mais qui en restent visiblement très proches, la crainte fascinée qu'inspirent le théâtre et les acteurs dans beaucoup de sociétés traditionnelles, par exemple[2] ». Il est de fait que l'élaboration d'une effigie de soi ou de son semblable interroge l'identité et l'origine comme la création et le rapport de l'homme à son univers physique et spirituel.

Dans cette optique, la notion de portrait est loin de faire consensus, comme n'est pas forcément partagée la « représentation de la réalité[3] » selon ce que l'on conçoit et ce que, par-delà, l'on admet, de distance ou de proximité entre l'être et son image.

Le rapport au portrait dans l'art musulman a été abordé suivant des axes parfois diamétralement opposés : à un Thomas W. Arnold, qui en propose une analyse déroulée dans un continuum qui peut paraître artificiel, Alexandre Papadopoulo oppose une négation de l'existence même de la notion de portrait en contexte musulman, au nom du « principe d'invraisemblance » qui présiderait à cet art ; Priscilla Soucek synthétise et enrichit cette divergence de

1 R. Girard, *Des choses cachées depuis la fondation du monde*, Paris, Grasset, 1978, p. 16.

2 *Idem*, p. 26.

3 Voir à ce sujet E. Auerbach, *Mimésis. La représentation de la réalité dans la littérature occidentale*, (1946), trad. Paris, Gallimard, 1968.

 | DOI 10.1163/9789004283855_006

points de vue dans un remarquable article[4]. Elle y rappelle spécifiquement la définition du portrait fournie par E.H. Gombrich en ces termes : « Ce n'est pas l'enregistrement fidèle d'une expérience visuelle, mais la fidèle construction d'un modèle relationnel (…) ce modèle peut être construit à quelque niveau d'exactitude requis que ce soit[5] ».

La grille conceptuelle qui structure l'idée de portrait n'est au demeurant pas linéaire ; elle ne défile pas au long des siècles suivant une perception unique qui traverserait l'ensemble des régions et des époques dominées par l'Islam. Celui-ci s'inscrit au reste dans une histoire qui a évidemment pratiqué le portrait et pensé le rapport de l'homme à cette dimension particulière de la représentation.

Ainsi, les « portraits » sont nombreux dans les périodes qui précèdent l'islam, en particulier pour dépeindre les plus hautes sphères du pouvoir ; dans les régions sous domination musulmane le regard porté sur le portrait, tant dans sa signification profonde que dans la licéité esthétique et morale où il est tenu, va s'infléchir selon des axes en réalité très variables.

L'époque umayyade (661-750), légataire de fait des traditions de représentation issues de l'antiquité tardive (gréco-romaine et sassanide, mais aussi arabe), est profuse en images que l'on pourrait qualifier de « portraits » ; par contraste, les figures du pouvoir issues de la volonté des califes abbassides (750-1258) sont nettement moins fréquentes. Sur la longue durée, on constate ainsi une extrême variabilité du recours à la figuration, celle-ci s'entendant d'ailleurs dans une acception large[6]. Si le domaine des arts plastiques est donc volontiers hésitant face à la réalisation de figures animées, le champ du littéraire connaît une toute autre fortune, avec l'utilisation de *topoï* récurrents, tant dans le cadre de récits destinés à de larges publics qu'au sein d'une littérature beaucoup plus élitiste.

4 Th. Arnold, *Painting in Islam : A Study of the Place of Pictorial Art in Muslim Culture*, Oxford, Oxford University Press, 1928 ; A. Papadopoulo, *L'Islam et l'art musulman*, Paris, Citadelle et Mazenod, 1976 ; P. Soucek, « The Theory and Practice of Portraiture in the Persian Tradition », *Muqarnas* 17, 2000, p. 97-108.

5 P. Soucek, 2000, p. 98, citant E.H. Gombrich, *Art and Illusion : a Study in the Psychology of Pictorial Representation*. Princeton, Princeton University Press, 1969, p. 90.

6 Les « portraits » dans les arts plastiques du monde musulman mériteraient d'ailleurs un traitement plus systématique ; il n'existe jusqu'à présent sur ce sujet que quelques articles ponctuels, dont certains seront signalés opportunément.

Nous nous intéresserons ainsi tout d'abord au sens profond que peut prendre la notion de représentation de l'homme de façon à clarifier ce qui peut troubler son rapport à lui-même dans un tel processus et engendrer, notamment en contexte musulman, un raidissement face au principe ou à la portée d'une telle démarche. Dans la réalité d'une pratique du portrait dans le monde islamique, et particulièrement persan, nous en dégagerons les implications en termes de rapport à soi et aux autres, tant dans la vérité de l'être que dans sa transcendance.

1 Le portrait et la représentation : Mimesis et Transgression

Depuis l'âge classique de l'Antiquité grecque, l'œil occidental porte sur les images qu'il contemple ou analyse un regard qui résulte d'une conception particulière de la « représentation ». Il lui prête de ce fait des valeurs qui plongent leurs racines dans une approche spécifique du rapport de l'observateur au sujet représenté ; ce dernier se voit ainsi investi d'un sens qui interroge classiquement la fidélité au modèle et la dimension rigoureusement descriptive de l'œuvre. Une illustration de la contingence d'un tel postulat, d'ailleurs aujourd'hui largement remis en cause au sein de l'art occidental lui-même, nous est fourni par le premier chapitre du *Mimésis* d'Erich Auerbach, quand il oppose deux modes de récit et donc de représentation : celui d'Homère – en particulier dans l'Odyssée – et celui de la Bible dans le récit d'Abraham et le sacrifice d'Isaac. D'après cette typologie, le style homérique, dont l'essence même est de « présentifier les phénomènes sous une forme complètement extériorisée, de les rendre visibles et tangibles dans toutes leurs parties, de les déterminer exactement dans leurs relations temporelles et spatiales[7] » s'oppose au récit élohiste d'Abraham ; ce dernier se caractérise au contraire par l'absence de détermination temporelle ou locale, par l'absence de « paysage » ; les individus (Abraham, Isaac), n'y sont pas qualifiés au fil d'une déclinaison descriptive, à l'opposé de l'apostrophe homérique. On peut également rapprocher ces deux types de lecture de la vision platonicienne de l'image et de la figure, du sensible et de l'intelligible. Là, « si la peinture d'imitation fait passer de l'image à la chose, comme on passe du portrait à l'original, c'est la science géométrique qui, en traitant les choses comme des images, grâce au procédé de la figuration, permet de passer de la chose à l'idée[8] ».

7 E. Auerbach, *idem*, p. 14.

8 Henri Joly, *Le renversement platonicien : logos, épistémé, polis*, Paris, Vrin 1994, p. 194.

Comme le rappelle René Girard,

> Si Platon est unique dans la philosophie par la phobie que lui inspire la mimésis, il est plus proche de l'essentiel à ce titre que n'importe qui, aussi proche que le religieux primitif lui-même, mais il est aussi très mystifié car il ne parvient pas à rendre compte de cette phobie, il ne nous révèle jamais sa raison d'être empirique. Il ne ramène jamais les effets conflictuels à la mimésis d'appropriation, c'est-à-dire à l'objet que les deux rivaux mimétiques essaient de s'arracher l'un à l'autre parce qu'ils se le désignent l'un à l'autre comme désirable. Dans la République, au moment où Platon décrit les effets indifférenciateurs et violents de la mimésis, on voit surgir le thème des jumeaux et aussi le thème du miroir[9].

Une part de cette vision se retrouve plus tard chez des Néoplatoniciens tels que Plotin, qui refuse de se faire tirer le portrait car ce ne serait que « l'image d'une image »[10].

La structuration mentale de notre relation à l'image induit donc un parti pris dont le propos qui suit se doit de mesurer sans cesse la contingence pour appréhender ce qu'est un portrait, tant dans la pratique plastique des arts de l'Orient musulman que dans le discours littéraire qui rend compte de cette pratique. On comprendra alors que les contradictions soulignées à l'envi entre les techniques appliquées au portrait d'une part et les qualités dont la littérature le dote par ailleurs sont bien moins profondes qu'il n'y paraît de prime abord, mais aussi qu'il est sans doute moins étonnant qu'on ne le pense usuellement, de voir fleurir une tradition du portrait dans une civilisation censée abhorrer l'image[11].

Le portrait (*ṣūrat-garī* en persan), bien que sa place soit moins éminente que dans l'art occidental, existe bel et bien dans les arts de l'Orient musulman. Pour autant, cet art ne définit pas un genre artistique spécifique au sens où la tradition gréco-romaine l'a élaboré puis légué[12]. Du reste, ni la division entre

9 R. Girard, *idem*, p. 27.

10 Sur cette anecdote, souvent citée, voir P. Soucek (2000), p. 103.

11 Sur l'épineux sujet du caractère licite ou non de l'image en Islam et la question compliquée et controversée des *ḥadīth*s concernant cette « interdiction », voir plus haut le texte de Houari Touati.

12 D'autres domaines de la peinture, comme le paysage, sont particulièrement rares également dans le domaine des illustrations de manuscrits (ou « miniatures »). Peut-être faut-il voir là le fait que les illustrations font partie d'une *narration*, alors que le paysage tient plus d'une *évocation*.

les grandes disciplines des beaux-arts, notamment peinture et sculpture et leurs sous-catégories, ni leur opposition aux arts mineurs n'offrent de pertinence opératoire dans l'univers mental du monde musulman[13].

Au demeurant, le monde occidental a généré à côté des œuvres elles-mêmes une abondante littérature descriptive, critique ou technique sur les arts ; les références au portrait y sont nombreuses et alimentent globalement une cohérence claire entre le geste et le discours qui le commente. À l'inverse, l'Orient musulman, se révèle beaucoup plus avare de réflexions théoriques sur les arts en général et la peinture en particulier ; pour autant les références à des portraits, réels ou imaginaires, sont loin d'être absentes, quoiqu'émaillant plutôt la littérature de fiction ou des réflexions rhétoriques[14].

Or, dans ce contexte, le regard sur le portrait diffère dans une radicalité apparemment ostensible selon qu'on l'approche à partir des pratiques plastiques ou des discours littéraires. Les deux formes de langage nous offrent en effet deux points de vues : la littérature persane (mais aussi arabe) propose de nombreux exemples de portraits décrits comme « plus vrais que nature », au point de permettre d'identifier un fugitif, à la façon d'un « portrait-robot » ou bien de tomber amoureux, quand ce n'est pas de prédire l'avenir. Pourtant les représentations figurées de l'Orient musulman, et celles du monde iranien « médiéval » (ou « pré-moderne ») en particulier, ne semblent rien montrer de semblable : elles déclinent un langage artistique qui s'est depuis longtemps clairement dégagé d'une « représentation du réel » fondée sur une « mimétique illusionniste » au bénéfice d'un « schématisme » qui n'est pas sans rappeler l'intérêt éthico-esthétique platonicien pour des formes archaïques de l'art[15].

À ce titre, dès 1928, Thomas Arnold s'est intéressé au portrait dans les arts figuratifs du monde musulman, pour soulever toute une série d'interrogations sur le sens, la nature ou la portée de certains de ces « portraits »[16]. Ainsi, les

---

13 La distinction entre « arts majeurs » et « mineurs » (ou beaux-arts *versus* arts décoratifs) découle des classifications aristotéliciennes des sciences et des techniques en une hiérarchie qui privilégie les premières par rapport aux secondes. Sur ce sujet dans le monde iranien, voir Ziva Vesel, *Les encyclopédies persanes*, Paris, Éditions Recherches sur les Civilisations, 1986 ; l'auteur souligne à ce titre (p. 5) : « Le savoir iranien à l'époque médiévale englobe l'art (*honar*), la science (*'elm*) et la culture du temps (*adab*) ».

14 Sur l'aspect « rhétorique » de certains discours sur les arts, voir Y. Porter, « From the 'Theory of the Two Qalams' to the 'Seven Principles of Painting' : Theory, Terminology, and Practice in Persian Classical Painting », *Muqarnas* 17, 2000, p. 109-118.

15 Sur l'intérêt de Platon pour les formes archaïques de l'art, voir Henri Joly, *Le renversement platonicien*, Paris, Vrin, 1994, « Le mot portrait », p. 140-141.

16 Th. Arnold, *Painting in Islam*, (Oxford, Oxford University Press, 1928 ; rééd. New York, Dover, 1965), chap. VIII, "Portraiture", p. 123-132.

dinars en or frappés entre 685 et 695 sous le califat de ʿAbd al-Malik (685-705), par exemple, portent-ils une effigie de ce dernier dont on peine à déterminer s'il s'agit d'un portrait au sens d'une transcription à visée réaliste des traits ou d'une représentation purement symbolique du souverain[17]. C'est toute la question de ce qu'en définitive, on appelle « portrait »[18].

En fait, l'autonomie du discours littéraire par rapport à la pratique plastique va s'avérer plus factice que réelle, à l'instar de deux lignes parallèles qui finissent mathématiquement par se rejoindre dans l'infini courbe. Autrement dit, la « réalité » d'un individu réside-t-elle dans une fidélité à sa forme ou dans une « vérité » autre[19] ?

En tant que fils de l'art grec, qui dès l'époque de Polyclète soigne et valorise la qualité « réaliste » des détails, des attitudes ou des drapés, les artistes occidentaux prisent souvent comme une marque de perfection la « ressemblance », quand les arts de l'Orient, d'une façon assez générale, s'écartent de ces canons pour favoriser l'émergence d'expressions plastiques plus conceptuelles.

L'Orient ancien, aux temps des premières grandes civilisations urbaines, voit déjà éclore un « art du portrait » qui n'a rien de « réaliste ». Si on prend l'exemple de la statue de l'intendant Ebih-il[20], on découvre un individu aux traits simplifiés jusqu'à la schématisation, figé dans une attitude d'orant au sourire gelé ; l'inscription qui nous livre son nom et son rang constituent les seules vraies marques justifiant de son individualisation et donc de sa « qualité de portrait » ; cette identification par le nom est à rapprocher de

---

17 Les monnaies « à l'effigie » de Muʿāwiya et de ʿAbd al-Malik sont également évoquées dans K.A.C. Creswell, 1946, p. 102.

18 Sur cette question, voir aussi Eva Baer, "The Human Figure in Early Islamic Art : Some preliminary remarks", dans *Muqarnas* 16, 1999, p. 40 ; dans son article, l'auteur écrit, à propos de l'art figuratif de la première période musulmane : *Another motivating factor in official art was the desire to demonstrate visually the succession of caliphal power by continuing the Sassanian tradition of « picture galleries », for which written evidence exists up to at least the Ghaznavid period.* L'argument d'une « succession » entre Sassanides et Umayyades se fonde ici à la fois sur l'existence du *Khudāy Nāmeh*, notamment mentionné par al-Masʿūdī (voir plus loin), et par des figurations umayyades de princes vêtus à la façon sassanide ; cette espèce de *causalité* semble pourtant bien faiblement appuyée. En effet, d'une part, les « galeries de portraits » sassanides ne sont pas réellement avérées ; d'autre part, les images de califes figurés à la manière sassanide ne sont en fin de compte pas très nombreuses dans l'art umayyade.

19 Cette opposition entre « réalité » et « vérité » est d'ailleurs soulignée par E. Auerbach, p. 23, dans sa comparaison entre Homère et le récit d'Abraham.

20 L'intendant Ebih-il, provenant de Mari, première moitié du IIIe millénaire av. J.-C., Musée du Louvre (AO 17551).

Platon lorsqu'il souligne dans Cratyle que, « le nom et la chose ne sont pas la même chose »[21].

La figuration royale des Achéménides s'inscrit dans la même pratique de représentation « schématique » ; pourtant, elle révèle également l'élaboration de l'iconographie d'une « ethno-classe dominante », comme la nomme Pierre Briant[22]. À Pasargades, le Génie Ailé était surmonté d'une inscription trilingue aujourd'hui disparue, mentionnant « Moi, Cyrus, roi, l'Achéménide (ai fait ceci) »[23] ; la mise en correspondance d'une légende avec une figure fût-elle ailée pourrait identifier le Génie à Cyrus, bien que l'idée soit balayée par certains[24]. Plus tard, aux côtés des images du Grand Roi (notamment à partir de Darius Ier, puis de Xerxès) on voit, de fait, apparaître d'autres figures-type, tel l'archer ou la Garde des Immortels[25].

Les époques séleucide, puis parthe, représentent une longue parenthèse dans le champ qui nous intéresse ; la première estompe en effet son rapport au portrait dans l'évanescence d'une forme d'acculturation, tandis que la seconde tend à se perdre en la matière en tâtonnements identitaires[26]. Il est clair cependant, avec l'émergence des Sassanides en 226, que la figuration royale et officielle reprend toute sa place, comme en témoignent les nombreux reliefs rupestres que l'empire égrène alors sur son territoire. Cette figuration très visible s'étoffe en parallèle d'une production d'objets portables, notamment dans la toreutique, mais aussi dans la numismatique et la sigillographie[27].

Ainsi, le recours à une caractérisation par des signes archétypaux structurants ou des marques typologiques (âge, sexe, rang, par exemple) s'impose très tôt, en forme de parti pris culturel, comme une alternative à la reproduction fidèle des traits du visage pour représenter un individu ; pour citer Robert Klein :

---

21 Voir H. Joly, op. cit., p. 141 (*Cratyle*, 430e) ; voir aussi E. Panofsky, *Idea*, trad. Paris, Gallimard, 1983, p. 20 note a : « On sait que, notamment dans Cratyle (430e-432c), Platon élucide métaphoriquement le nom comme portrait et comme peinture ou tableau de la chose, avant de la définir, plus conceptuellement comme son image ».

22 P. Briant, *Histoire de l'empire perse. De Cyrus à Alexandre*. Paris, Fayard, 1996, p. 88-89.

23 R. Ghirshman, *Perse. Proto-iraniens, Mèdes, Achéménides*. Paris, Gallimard, 1963. pp. 132-133.

24 A. Godard, *L'art de l'Iran*, Paris, Arthaud, 1962, p. 112, Pl. 38.

25 P. Briant, *Histoire de l'empire perse. De Cyrus à Alexandre*. Paris, Fayard, 1996, p. 225-227.

26 Il faudrait ajouter que l'art de ces deux dynasties demeure, dans le contexte « iranien », remarquablement mal connu.

27 Alors que les grands reliefs sassanides ne portent pas systématiquement d'inscriptions légendant les personnages, la numismatique et surtout la glyptique s'en démarquent justement par l'apposition de noms ; voir par ex. R. Gyselen, « L'art sigillaire » et « La monnaie », dans F. Demange (dir.), *Les Perses sassanides*, Paris, Findakly, 2006, p. 199-224.

> Représenter une idée par une figure qui participe à l'universalité et à l'idéalité de son objet est, comme on sait, la fonction propre du symbole, telle que l'ont conçu les néo-platoniciens de la Renaissance : signe magique ou expressif, charme évocateur, incarnation ou reflet de l'Archétype, présence atténuée de l'intelligible, ombre ou préparation de l'intuition mystique[28].

De facto, le souverain représenté sur les dinars de ʿAbd al-Malik, s'il n'est pas le calife lui-même, en incarne pourtant bien l'« idée »[29].

Au contraire de la révolution que connaît le monde antique avec les enseignements de Socrate puis de Platon[30], qui accompagnent le passage vers le style « classique » de l'art grec, l'Orient joue sur les variations d'un langage conceptualisant – adossé à une réticence pour l'image « réaliste » – pratiquement jusqu'à l'époque contemporaine[31]. Il n'y a pas lieu ici d'analyser les interactions sur la longue durée de ces deux conceptions dans une perspective globalisante embrassant la totalité des arts de l'Orient, mais d'extraire d'une série d'exemples, empruntés à la période musulmane « pré-moderne » et autour du monde persanophone, un fondement fédérateur de la notion de portrait.

Nous sommes donc, dans le contexte historique et culturel qui nous intéresse, à l'opposé de l'attitude « humaniste », qui vise, à travers le portrait, à mettre en valeur la « dignité humaine » (pour reprendre la formule de Pic de la Mirandole) de l'individu autonome[32]. Cette idée du portrait « authentique » existe bien entendu avant la Renaissance, dans la tradition grecque puis romaine par exemple. Ainsi, lorsque Pline l'Ancien (23-79 ap. J.-C.) vante

28 Robert Klein, *La forme et l'intelligible*, « La théorie de l'expression figurée », Paris, Tel Gallimard, 1970, p. 135.

29 Paris, Bibliothèque Nationale, Cabinet des Médailles, repro. dans D. & J. Sourdel, *La civilisation de l'islam classique*, Paris, Arthaud, 1968, p. 104, ill. 23 ; l'image est ainsi décrite : « l'effigie de l'empereur byzantin a été remplacée par l'image du calife (...) mais dont le portrait ne présente sans doute que peu de caractères d'authenticité. Barbu et coiffé du voile que portent encore aujourd'hui les bédouins, le chef de la communauté a pour attribut essentiel le sabre ».

30 Sur ce sujet, voir Henri Joly, *Le renversement platonicien*, Paris, Vrin, 1994.

31 On connaît les réactions de rejet qu'a généré la réception d'innovations telles que l'imprimerie ou la photographie dans les pays musulmans, comme dans bien des civilisations extra-européennes ; en revanche, à l'opposé *apparent* de ce mouvement, il serait intéressant d'étudier l'usage que des extrémistes musulmans contemporains comme al-Qaïda font des images (télévision, vidéo).

32 Voir N. Schneider, *L'art du portrait*, Cologne, Taschen, 1994, p. 9.

les qualités du peintre Apelle de Cos, il met en exergue son talent à traduire la réalité en peinture, notamment dans les portraits ; il ajoute que les métoposcopes – « qui font métier de prédire d'après les traits du visage » – pouvaient deviner d'après ses portraits « les années de la mort ou déjà arrivée, ou future, de ceux qu'ils représentaient »[33]. Le portrait s'impose ici comme l'espace privilégié où peuvent s'exercer les techniques de la physiognomonie prédictive (*ʿilm al-firāsa*), bien connues des Grecs[34].

À propos du portrait d'Apelle représentant *Alexandre armé de la foudre*, « les auteurs contemporains disent que les doigts semblaient en saillie, et la foudre paraissait tomber sur les spectateurs »[35]. D'autres exemples, dans la littérature gréco-latine, évoquent « des oiseaux qui viennent béqueter les raisins d'un tableau ; un peintre qui cherche à soulever un rideau représenté en trompe-l'œil ; ailleurs un cheval hennit à la vue d'une jument peinte par Apelle »[36]. Ces valeurs de ressemblance « jusqu'à l'écœurement »[37], en vigueur dans l'antiquité classique européenne, seront reprises et exaltées à la Renaissance.

Parallèlement, alors même que l'art musulman élabore des « portraits » dont les traits sont si « généraux » ou stéréotypés, que l'on peut douter qu'ils représentent réellement un individu, la littérature qui les entoure abonde, tant dans des fictions que dans des anecdotes dont le contenu se veut « historique », de témoignages où les portraits mis en scène sont, comme on l'a vu plus haut, impressionnants de ressemblance ; on pourrait penser en cela que la littérature de l'Orient musulman reprend les poncifs de la *Kunstliteratur* de tradition gréco-romaine[38]. Or, contrairement à l'art occidental, qui privilégie l'aspect « mimétique » de la représentation, l'art « oriental » renvoie à une approche conceptuelle du portrait, distancée d'une restitution des traits de l'individu. Dès lors, une rhétorique qui vante les représentations en les décrivant comme « plus vraies que nature » alors même que la pratique plastique visée s'écarte

33 Pline l'Ancien, *Histoire naturelle*, livre 35, cité par J. Lichtenstein (dir.), *La peinture*, Paris, Larousse, 1997, p. 51.

34 Un ouvrage de Polémos de Laodicée et un autre attribué à Aristote, cités par Ibn al-Nadīm, montrent que le monde musulman avait une vraie connaissance de cette science. Voir Ibn al-Nadīm, *The Fihrist of al-Nadim*, trad. B. Dodge, New York, Columbia University Press, 1970, vol II, p. 73. Voir aussi P. Soucek, 2000, p. 104.

35 Ch. Moreau-Vauthier, *La peinture*, Paris, Hachette, 1913, p. 9.

36 Ch. Moreau-Vauthier, *La peinture*, Paris, Hachette, 1913, p. 5-6.

37 Suivant l'expression de Hegel dans son *Esthétique*, cité par N. Schneider, p. 15.

38 Il s'agit bien sûr d'une référence à l'ouvrage magistral de Julius von Schlosser, *Die Kunstliteratur*, Vienne, 1924 (trad. Paris, Flammarion, 1996). Malheureusement, il n'existe pas de recueil semblable pour la littérature de l'Orient musulman (en arabe, turc et persan notamment).

des principes d'une représentation « mimétique » ne peut que renvoyer, sauf à être en parfaite incohérence avec l'univers mental qui lui donne naissance et la justifie, à une notion de la vérité qui ne prend pas pour référence un rendu fidèle des traits du modèle.

2 Le portrait à l'épreuve du cadre coranique

Les conceptions qui conditionnent la pensée à l'époque et dans les territoires qui nous occupent évoluent dans un cadre éthique, philosophique et social qui les confronte immanquablement à la légitimité coranique. Contrairement aux idées reçues, une partie des images littéraires utilisées dans les textes sur les arts émanant de l'Orient musulman est d'ailleurs directement issue de la révélation coranique. Le mot arabe *timthāl* (pluriel *tamāthīl*) par exemple, signifie « image, effigie, ressemblance, figure, statue »[39]. Ce mot est employé dans le Coran, notamment au sujet de l'énumération d'objets fabriqués par les Djinns pour le roi Salomon : « Ils fabriquaient pour lui ce qu'il voulait : des sanctuaires, des statues (*tamāthīl*), des chaudrons grands comme des bassins et de solides marmites »[40]. Ce passage n'est pas des plus clairs : c'est avec la permission divine que les Djinns œuvrent pour Salomon et l'aident dans la réalisation de ce qui ressemble à des éléments du mobilier du Temple[41] ; le texte coranique ne dit pas ce que représentent les « statues » ou « ressemblances »[42]. Il reste que ce passage, comme quelques autres (rares) mentions glanées dans la révélation coranique, semble accorder au domaine de la « représentation » un aspect licite (même si les sujets représentés sont peu évoqués par eux-mêmes). Le corps même de la Révélation ne condamne donc pas explicitement la production d'images par l'homme, pour peu toutefois que celles-ci ne soient pas l'objet d'adoration ; en revanche, il paraît la subordonner à une autorisation divine[43].

39 Dictionnaire Kazimirski, vol. 2, p. 1062. Sur les « arts » dans le Coran et la « représentation figurée » voir ces articles par Y. Porter dans *Dictionnaire du Coran*, dir. M.A. Amir-Moezzi, Paris, Robert Laffont, 2007.

40 Coran XXXIV, Les Saba', verset 13 ; trad. D. Masson.

41 On trouve en effet dans la Bible (*I Rois*, VII, 38-39 ; *II Chron.* IV, 6) mentions de bassins parmi le mobilier du Temple.

42 Il est probable qu'il s'agisse des douze bœufs qui portent la Mer d'Airain : « Des images de bœufs, en dessous, en faisaient tout le tour... » (*II Chron.* IV, 3).

43 Voir aussi l'anecdote sur les « Oiseaux de Jésus » qui apparaît dans Coran III, 49 et V, 110 ; voir Y. Porter, « Oiseaux », *Dictionnaire du Coran*, 2007, p. 612-613. Cette anecdote se

Le terme persan pour « portrait » – *ṣūrat-garī* – est formé sur la racine verbale arabe *ṣaw(w)ara* qui désigne le verbe former, façonner, la « forme » par excellence étant le corps humain, et son visage (*ṣūrat*) en particulier. Ce verbe est notamment évoqué dans le verset « Il vous a formés et a bien fait votre forme »[44], qui est justement cité dans des textes sur la peinture comme ceux de Qāżī Aḥmad ou de Khwāndamīr[45].

La même racine *ṣaw(w)ara* se retrouve encore dans le verset : « Il est Dieu, le Créateur ; celui qui donne un commencement à toute chose ; celui qui façonne »[46]. Ce dernier terme (*muṣawwir* en arabe) désignera plus tard le peintre. On comprend là que l'inscription du geste de l'artiste dans la trace du peintre divin inhibe sa marge de manœuvre. Pourtant, cette image du *Deus pictor*, courante dans les discours du monde gréco-latin sur les arts et plus marginalement présente, on le voit, dans le Coran ou dans la littérature post-coranique, surgit également dans des textes persans sur les arts qui comparent des artistes réels au Dieu *muṣawwir*. Cette comparaison reste certes anecdotique et toujours indirecte ; au premier chef, le terme utilisé : « celui qui façonne » (*moṣavver* en persan), passe dans le vocabulaire pour désigner un peintre de figures par opposition à un peintre de décors abstraits (*naqqāsh*) ou à un enlumineur (*mudhahhib*)[47]. On peut tirer de ce champ sémantique que le portraitiste « façonne » certes la figure qu'il trace à l'instar d'un Dieu créateur mais sans jamais pouvoir envisager d'égaler ce dernier. L'idée d'une fidélité aux formes établies par Dieu renvoie alors à un blasphème dont l'artiste doit ostensiblement s'écarter en recherchant dans d'autres voies la vérité de sa représentation.

En dehors des désignations raccordant plus ou moins explicitement le portraitiste à son geste créateur de filiation divine, d'autres appellations s'inscrivent dans des logiques sémantiques profanes. Ainsi, dans des textes techniques ou même poétiques, on désigne parfois le portraitiste par « celui qui

---

retrouve ensuite dans la littérature poétique (chez Neẓāmī notamment), puis dans les textes persans sur les arts, chez Qāżī Aḥmad par exemple ; voir Y. Porter, 1995, p. 227.

44 *Coran*, LXIV, 3 et XL, 64.

45 Qāżī Aḥmad introduit sa liste des maîtres de la peinture en affirmant « Étant donné que le nombre de maîtres en cet art est plus grand que ce qui peut être compris dans le cercle de l'énumération et dans la sphère de circonscription, non ! Trop vaste même pour être comptés parmi ceux qui sont dans les ateliers de Celui qui "vous a formés et a bien fait votre forme"... » voir trad. V. Minorsky p. 179. Pour Khwândamir, voir la préface à l'album de Behzâd dans Bouvat et Qazvīnī, « Deux documents inédits relatifs à Behzād », R.E.M. 26, 1914, p. 1.

46 *Coran*, LIX, 24.

47 Sur ces termes, voir Y. Porter, *Peinture et arts du livre*, Paris/Téhéran, 1992, p. 141-142.

ouvre le visage » (*chehre-goshāy*) ; au figuré, Dust Muḥammad dit d'Aḥmad Mūsā, qu'il « ouvrit le visage de la peinture », inventant un « nouveau genre » de représentation, suivant une locution que n'aurait pas désavouée Vasari [48].

Ailleurs le portraitiste est dénommé *shabīh-kesh* (litt. « Celui qui tire la ressemblance »), notamment chez Qāżī Aḥmad pour Mīr Moṣavver ou Qadīmī[49]. Ces qualificatifs font du portraitiste un « révélateur » au sens quasi photographique du terme, point sur lequel on reviendra plus bas.

C'est encore à Qāżī Aḥmad que l'on doit à propos de Shaykh Muḥammad le commentaire affirmant que ce peintre « suivit de près le style des Chinois, bien que ses portraits ne soient pas exempts de fautes »[50]. Au-delà du jeu de mots entre *khaṭā'iyyān*, les Chinois, et *khaṭā'*, la faute, pointe l'idée d'ambiguïté d'un geste du peintre qui oscille entre révélation merveilleuse et péché. Dans la même veine, Ṣādeqī résume dans son traité l'art du portrait à ces seules lignes :

> Si l'art du portrait est ton désir,
> La Création sera ton maître.
> Dans cette vallée toute autre
> recherche serait signe de faiblesse
> Fais en sorte que la porte de
> Miséricorde s'ouvre.
> Jamais personne ne sera libre d'erreurs,
> Fût-ce Mānī ou Behzād[51].

On y décrypte que l'inspiration du portrait, ou de la « figure » au sens plus large, doit être la Nature, mais que le rendu ne peut être parfait, qualité qui n'appartient qu'à Dieu ; dès lors, « jamais personne ne sera libre d'erreurs ». Pourtant, parlant des talents de son maître Moẓaffar ʿAlī, Ṣādeqī adopte un tout autre ton :

---

48 Sur cette Préface, voir D. Roxburgh, *Prefacing the Image. The Writing of Art History in Sixteenth-Century Iran*, Leyde, Brill, 2001, en particulier chap. 6, p. 160 et suivantes.

49 Qāżī Aḥmad, trad. V. Minorsky, *Calligraphers and painters*, Washington, Smithsonian Institution, 1959, p. 185-186.

50 Qāżī Aḥmad, éd. Soheyli Khânsari, *Golestân-e honar*, Téhéran, 1352/1973, p. 142, trad. Minorsky, p. 187.

51 Ṣādeq Ṣādeqī, *Qānūn al-sovar*, éd. dans Y. Porter, 1992, p. 203, vers 109-111 ; voir aussi p. 106. Sur Mānī comme archétype du peintre, voir Y. Porter, « La forme et le sens », dans C. Balay, C. Kappler et Z. Vesel, éds. *Pand-o Sokhan*, Téhéran, IFRI, 1995, p. 225-226. Plusieurs portraits sont attribués à Behzād, dont certains pourraient être qualifiés de « psychologiques » ; voir par ex. E. Bahari, *Bihzad, Master of Persian Painting*, Londres, Tauris, 1996, p. 171-177 ; pour un portrait représentant Behzād lui-même, voir *idem* p. 42.

De ses yeux, il pouvait voir les sources du soleil ;
Avec un poil, il a dessiné les deux mondes.
C'était un sage qui, lorsqu'il déliait sa plume,
Mercure lui-même criait bravo !
S'il faisait le portrait d'un visage,
On pouvait venir crier au miracle.
Si l'envie lui prenait de faire le portrait de quelqu'un,
Il le faisait ainsi qu'on eût dit l'image originelle.
On n'aurait trouvé personne qui puisse montrer la différence entre les deux,
Sauf pour ce qui est du mouvement et de se mettre debout.
Quand il faisait le portrait d'une élégante,
Les pieds de la passion se mettaient à trembler [...]
Lorsqu'il voulait décrire le courage,
L'audace elle-même demandait à la raison des pansements[52].

Ce traitement hyperbolique, qui rappelle étrangement les anecdotes concernant Apelle[53], se retrouve dans de nombreux autres passages littéraires, en particulier chez Neẓāmī[54]. À la suite de ce dernier d'ailleurs, les exemples de romans dans lesquels les portraits jouent par leur perfection un rôle important se multiplient, tel le *Homāy et Homāyūn* de Khwājū Kermānī, ou le *Livre des amoureux* de Fattāḥī de Nīshāpūr[55].

---

52 Ṣādeqī, *Qānūn al-ṣovar*, p. 198-199, vers 22-29.

53 Mais aussi le passage de Phèdre : « les êtres qu'engendre la peinture se tiennent debout comme s'ils étaient vivants ; mais qu'on les interroge, ils restent figés dans une pose solennelle et gardent le silence », Platon, Phèdre, 275d.

54 Voir Priscilla Soucek, « Nizami on painters and paintings », dans *Islamic Art in the Metropolitan Museum of Art*, éd. R. Ettinghausen, New York, 1972. Il est d'ailleurs intéressant de relever – comme le note P. Soucek – la différence de traitement des « portraits » entre Ferdowsī et Neẓāmī, montrant une certaine évolution du rapport à l'image dans les mentalités.

55 Dans le roman de Fattāḥī *Coeur et Beauté*, le héros (Coeur) tombe amoureux de Beauté à la vue de son portrait : « De nouveau Rêve usa d'un sortilège : par le portrait il déclencha une imagination. Quand Cœur vit ce visage, il s'en éprit éperdument. Il (Rêve) dessina le visage de Beauté si finement que Cœur, perplexe, fut saisi d'étonnement (...) Mon être est perturbé par ce portrait ; qu'en sera-t-il devant le visage lui-même ? » trad. M. Vossoughi Nouri, *Cœur et Beauté ou Le Livre des Amoureux de Fattâhi de Nishâpur*, Paris, Dervy, 1997, p. 48-49. À propos du *Homāy et Homāyūn* de Khwājū Kermānī, voir T. Fitzherbert, « Khwâjû Kermânî (689-753/1290-1352) : an éminence grise of Fourteenth Century Persian Painting », *Iran* 29 (1991), p. 137-151.

Au cœur d'un cadre mental musulman, où le mode de figuration privilégie le « principe d'invraisemblance » (pour reprendre l'expression au demeurant contestable d'A. Papadopoulo), il reste étonnant, quoiqu'il en soit, de constater que les poètes, entre autres, insistent non seulement sur l'exactitude de la ressemblance, mais aussi sur les notions de proportions et/ou de mesure. On se confronte ainsi à une « géométrisation » de l'image que l'on retrouve chez Neẓāmī par exemple, dans la bouche du peintre Shāpūr, lorsque celui-ci précise qu'il a tracé *au compas* le portrait de Khosrow ; le compas ne s'entend pas ici comme l'instrument qui sert à tracer des cercles, mais bien comme celui qui permet de reporter les proportions exactes. De plus, Shāpūr n'est pas seulement décrit comme « un autre Mānī en peinture » puisqu'« en géométrie, c'est un second Euclide[56] ».

Bien que les rares textes persans sur la peinture ne fournissent jamais de *canons* de proportion du corps humain (comparables à l'*Homme de Vitruve*, par ex. ; l'ironie veut que le *Traité* de Ṣādeqī s'intitule le *Canon des formes – Qānūn al-ṣovar*[57]), certains chroniqueurs, tel Mīrzā Ḥaydar Dughlāt, insistent cependant sur l'importance de l'harmonie des formes ; ainsi, à propos de Behzâd, il souligne que ce maître possède le talent de transcrire de véritables rapports d'harmonies (*andām*). En revanche, Qāsem 'Alī Chehre-goshāy (« le portraitiste »), l'un de ses disciples dont les œuvres se rapprochent de celles du maître, produit, quant à lui, des compositions plus lourdes (*doroshtar*) et moins harmonieuses (*bi-andāmtar*) que celles de Behzād[58].

La subordination du sujet à un idéal d'harmonie de représentation pratiquement géométrique s'exacerbe dans le cadre des peintures de manuscrit. Là en effet, les canons calligraphiques dictent aux images le respect des proportions applicables également aux lettres (*al-khaṭṭ al-mansūb*, ou « écriture proportionnée »), l'ensemble s'articulant dans un espace structuré par la réglure, qui commande également l'échelle applicable aux figures. Si l'on se réfère enfin aux « Portraits » calligraphiques du Prophète (*ḥilya*), la reproduction des traits du modèle s'efface même complètement, de sorte que la lettre remplace le visage[59] !

---

56 Neẓāmī, trad. H. Massé, *Chosroès et Chirine*, Paris, Maisonneuve & Larose, 1970, p. 34. et 21.

57 Voir édition du texte dans Y. Porter, 1992, p. 198-207.

58 Sur ces sujets, voir Y. Porter, 1992, p. 70.

59 Sur ces derniers points, voir dans le présent ouvrage le texte d'O. Grabar et M. Natif. Voir aussi H. Touati, dir. *Écriture, calligraphie et peinture, Studia Islamica* 96 (2004) ; voir notamment dans ce volume H. Touati, « La calligraphie islamique entre écriture et peinture », p. 5-18 ; Y. Porter, « La réglure (*masṭar*) de la 'formule d'atelier' aux jeux de l'esprit », p. 55-74.

La formule laconique de « l'art du portrait » que Ṣādeqī distille dans son *Canon des formes* semble se télescoper avec les louanges tressées aux talents de son maître. Le traité se révèle ainsi un creuset où se rencontrent les deux discours que l'on se complait souvent à considérer comme contradictoires au sujet de la « vérité » du portrait. En fait, le peintre est probablement conscient de la distance qui sépare son discours hyperbolique de la réalité des portraits que nous connaissons de cette époque, où peu de chose nous semble relever d'une fidélité au « réel » ; les sujets (sont-ils au reste toujours de véritables « portraits » d'individus ou plutôt des « types » : échanson, élégante, etc. . . ?) y sont en effet peints dans une conception bidimensionnelle de l'espace, à plat, sans ombre ni profondeur. Les traits des visages sont simplifiés à l'extrême, les carnations annulées, le relief aboli[60]. Pourtant, c'est probablement à l'époque de Ṣādeqī qu'ont lieu les premières incursions de la perception occidentale de l'art dans la peinture persane[61], et Ṣādeqī lui-même a eu en main des gravures occidentales, mais rien dans son traité ne semble indiquer que cette conception de l'image l'ait influencé. Ce n'est en effet que bien plus tard, au cours de la deuxième moitié du XIXᵉ siècle que l'on assistera à une réelle « occidentalisation » du portrait dans le monde iranien[62]. Nul paradoxe en fin de compte pour Ṣādeqī entre image mimétique et évocation distancée, quand il énonce dans ces vers :

> Je me suis tellement consacré à l'art du portrait,
> Que j'ai mené mon chemin de l'image formelle (*ṣūrat*) vers le sens élevé (*maʿnī*)[63].

La clé de la contradiction réside pour notre peintre-poète en une hiérarchie évidente, aux termes de laquelle, l'apparence des choses, trompeuse par définition, se doit de passer au second plan derrière le « sens » ; en d'autres termes, on retrouve un binôme au demeurant très platonicien alliant « la forme et

---

60 Pour une série de peintures attribuées à Ṣādeqī, voir par exemple I. Stchoukine, *Les peintures des manuscrits de Shâh ʿAbbâs Ier à la fin des Safavis*, Paris, Geuthner, 1964, p. 76-79. Bien que certaines de ces attributions aient depuis été contestées, l'autorité de ces peintures n'influe pas sur leur caractère « non naturaliste ».

61 Voir R. Skelton, « Ghiyath al-Din ʿAli-yi Naqshband and an Episode in the Life of Sadiqi Beg », dans R. Hillenbrand (dir.), *Persian Painting*, Londres, Tauris, 2000, p. 249-263.

62 Il y a eu, dès la deuxième moitié du XVIIᵉ siècle safavide, des peintures « occidentalisantes » (*farangī-sāzī*) en Iran ; sur les portraits entre la fin des Safavides et le XIXᵉ siècle, voir L. Diba et M. Ekhtiar (ed.), *Royal Persian Painting*, Brooklyn/Londres, Brooklyn Museum of Art, 1998.

63 Ṣādeqī, *Qānūn al-ṣovar*, p. 199, vers 32.

l'intelligible ». La ressemblance criante que l'on loue dans les portraits les plus réussis nous parle ainsi de l'acuité du peintre à saisir et à rendre la vérité du sens. En abordant le sujet à partir des champs d'action accessibles à l'homme dans une logique musulmane, on peut considérer que tant la forme que le fond, pour ce qui concerne le vivant surtout, relèvent d'un principe créateur réservé à Dieu seul ; pour autant, et on peut tracer un parallèle avec le Texte sacré lui-même, il n'est pas interdit à un humain présentant pour cela les qualités requises, de procéder à une exégèse de l'Être pour accéder au sens profond auquel son existence ou sa geste, au-delà des apparences, renvoie.

3 Le portrait : Un accès à la Vérité de l'Être

La tradition du portrait dans l'Orient musulman ne se préoccupe pas, on l'a vu, de fidélité formelle, au point parfois de ressentir celle-ci comme un blasphème ; pour autant, en érigeant l'artiste en transcripteur de la vérité des modèles, elle est loin de ne revendiquer que la dimension illustrative où d'aucuns tendent souvent à la cantonner, mais entend donner accès à l'essence des êtres autant qu'à la tessiture spécifique de leur inscription dans l'Histoire.

Ainsi, parmi les nombreuses références aux portraits qui émaillent les textes arabes et persans, le *Khudāy Nāmeh*, qu'entre autres auteurs mentionne al-Masʿūdī, un historien du Xᵉ siècle, est symptomatique des valeurs que la représentation peut revêtir[64]. L'œuvre se présente comme un recueil des portraits des souverains sassanides réalisés, non de leur vivant, mais à leur mort. Al-Masʿūdī prétend avoir vu les portraits de ses yeux chez un notable d'Istakhr, et décrit à ce titre les habits et attributs ainsi que les poses et attitudes des rois défunts. D'autres auteurs soulignent que l'ouvrage était brandi lors de batailles à la façon d'une bannière[65]. L'image semble là prendre quasi littéralement la valeur d'une « dépouille », aboutissement d'un processus de désincarnation qui laisse subsister de chaque monarque sa seule essence royale pour l'inscrire par la forme du recueil dans une transcendance dynastique. Épurés par la main du peintre jusqu'à n'être que l'idée du pouvoir qu'ils personnifient alors avec une puissance d'évocation accrue, les princes acquièrent par leurs portraits

64 ʿAlī b. al-Ḥusayn al-Masʿūdī, *Kitāb al-tanbīh wa-l-ishrāf*, Leyde, Brill, 1893, p. 106, 5-107, 5 ; trad. Carra de Vaux, *El-Maçoudi, Le livre de l'avertissement*, Paris, 1896, p. 150-151.

65 De très nombreux auteurs ont écrit et glosé sur ce texte de Masʿūdī, depuis Thomas Arnold (p. 63 et 82) jusqu'à Muḥammad Taqī Dānesh-Pazhuh, « Moraqqa' sâzi va jong nevisi », dans *Farkhonde payyâm, essais à la mémoire de Q.H. Yusefi*, Mashhad, 1360/1981, p. 152-153.

une intemporalité, voire une immortalité qui exorcise leur finitude humaine et leur confère une dimension cosmique.

Rāvandī ouvre un autre champ de sens lorsqu'il rapporte que le sultan seljoukide Ṭughril b. Arslān a commandé en 1175 une anthologie poétique, calligraphiée par l'oncle de l'auteur et ornée de peintures et de portraits des poètes exécutés par Jamāl Naqqāsh d'Isfahan[66] ; on peut en l'occurrence supposer que ces représentations faisaient fonction de « portraits d'auteurs »[67]. Un autre exemple similaire permet d'aller encore plus avant : Aflākī, biographe de Jalāl al-Dīn al-Rūmī relate en effet que Gurjī Khātūn, épouse géorgienne d'un sultan de Konya et fervente admiratrice, aurait fait réaliser des portraits du poète mystique par un peintre nommé 'Ayn al-Dawla[68].

Elle désire en effet posséder l'effigie du grand homme afin de se consoler quand elle est loin de lui. Le peintre se rend donc chez Rūmī, qui lui donne la permission de faire son portrait. L'artiste se met à l'œuvre et produit une peinture exquise ; mais quand il la compare au grand maître, il constate que ce dernier a changé. Il reprend alors ses pinceaux et refait un deuxième portrait ; la même constatation s'impose à nouveau, et ainsi pour dix-huit autres tentatives. 'Ayn al-Dawla renonce alors à capturer la ressemblance de Rūmī ; ce dernier le console en se comparant à la mer, toujours recommencée. Gurjī Khātūn accepte cependant les peintures et se complait dans leur contemplation.

Au-delà du caprice de sultane que l'anecdote suggère, le geste du peintre semble permettre l'offrande, « ici et maintenant », de la totalité d'un univers poétique pour le déposer aux pieds de la Dame. L'artiste, par le portrait, met en présence l'auteur et sa lectrice, infléchissant par là-même les termes d'un rapport de pouvoir ou d'influence au profit de cette dernière. Il est de fait non neutre que les portraits soient, dans ces deux illustrations, remis à des puissants dans la sphère du réel.

En effet, si l'on peut supposer que le portrait d'auteur est, à l'origine, un héritage du monde hellénistique, il est indéniable qu'il dérive progressivement

---

66 Ravandī, *Rāḥat al-ṣodur*, éd. Eqbâl, Londres, 1921, p. 57 ; voir aussi Dānesh-Pazhuh, « Moraqqa' », p. 155-156.

67 Sur les "portraits d'auteur", voir notamment Eva R. Hoffman, « The Author Portrait in Thirteenth-Century Arabic Manuscripts : A New Islamic Context for a Late-Antique Tradition », *Muqarnas* 10, 1993, p. 6-20.

68 A. Sakisian, « Thèmes et motifs d'enluminure et de décoration arméniennes et musulmanes », *Ars Islamica* 6, 1939, p. 68 ; voir aussi P. Soucek 2000, p. 103. Sur Aflākī (né vers 1286-1291 ; mort en 1360), voir C. Huart, « De la valeur historique des mémoires des derviches tourneurs », *JA* XI/20, 1922, p. 308-17.

de la représentation – fût-elle imaginaire – de l'auteur vers celle, parfois non moins schématique, du commanditaire de l'ouvrage[69].

Au nombre des ouvrages qui mentionnent des œuvres d'art et accordent une place importante aux portraits, *Les merveilles de la création* de Ṭūsī occupent un rang particulier par la richesse des charges de sens qu'elles accordent à ces images. Une des anecdotes relate qu'à l'occasion de la visite d'une ambassade musulmane à Constantinople, l'empereur byzantin montre à ses hôtes une boîte contenant les « Portraits des Prophètes » (*ṣūrat al-anbiyā'*), d'Adam à Muḥammad peints sur de la soie, et leur confie qu'il a secrètement fait allégeance à Muḥammad[70]. On voit s'établir là une causalité ineffable entre la vue des portraits d'ordinaire enfermés et l'acceptation de l'islam comme « vraie » religion. Le portrait devient là partie prenante du rite conduisant à la Révélation, accompagnant les étapes de l'émergence de vérités immanentes. Le peintre se fait « passeur » entre les idées et les hommes, intercesseur entre le monde de l'esprit et la réalité, tandis que l'œuvre s'ennoblit d'une puissance mystique au service de la Foi.

L'ouvrage relate par ailleurs quelques histoires qui s'appuient sur des sculptures[71]. Il est dit qu'à Rome tout d'abord, se trouve une statue représentant un chamelier armé, donnant par sa présence même corps à une légende qui veut que le fondateur de la cité ait prévenu les Romains que des guerriers montés sur des chameaux étaient susceptibles de venir assiéger la ville. Le récit est à rapprocher d'un autre, similaire, rapportant que Rodrigue, dernier roi wisigoth d'Espagne, a découvert la sculpture d'un chamelier sur sa monture et armé d'une lance dans une chambre secrète et cadenassée du palais de Tolède où il résidait, et ainsi libéré les effets d'une prophétie par laquelle cette mise au jour devait marquer le départ de la conquête du pays par les Arabes[72]. Ces « portraits » sculptés nous ouvrent de nouveaux espaces de sens, en ce qu'ils portent des prémonitions, voire incarnent un « destin gravé dans la pierre ». On peut faire un lien entre ces figures de chamelier et l'automate représentant un cavalier à la lance, fiché au sommet du palais de la Coupole Verte, au centre de la ville ronde de Bagdad, fondée en 762 par le calife al-Manṣūr[73] ; celui-ci

69 C'est notamment le cas chez les Timourides ; voir à ce sujet P. Soucek, 2000, p. 104-106.

70 Sur ces anecdotes, voir Oya Pancaroglu, « Signs in the horizons : Concepts of image and boundary in a medieval Persian cosmography », *Res* 43, 2003, p. 33-34.

71 On notera au passage que cette forme de l'art plastique est par ailleurs très peu répandue en terres d'Islam, en dehors des périodes umayyade et seljoukide.

72 O. Pancaroglu, op. cit., p. 34.

73 Cette figure articulée, qui pourrait être une représentation symbolique du calife al-Manṣūr, est surtout connue par le dessin d'un automate inclus parmi les ingénieuses

était en effet supposé pointer sa lance en direction des ennemis qui menaçaient la capitale abbasside.

La solidité du matériau constitutif des portraits rend plus sensible dans ces derniers cas le caractère de fixité, d'inaltérabilité même, au moins à l'aune de la vie humaine, de ces représentations. Elle permet de mettre en exergue une constante de sens qui irrigue pourtant toutes les illustrations évoquées plus haut. Par-delà leur résistance à la déchéance qui est le lot commun de toute forme corporelle, les portraits s'avèrent en effet des formules d'abolition des temps et/ou des espaces, capables de convoquer dans l'instant des univers et des époques éloignés. Parce qu'ils transcendent la forme, ils font passer la vie humaine d'un axe horizontal, succession d'instants fugaces sans fiabilité, vecteur de mort et d'oubli, à un axe vertical plongeant vers les vérités intemporelles, spirituelles et permanentes qu'ils ont le pouvoir de tirer du passé ou de l'avenir pour les rendre tangibles, accessibles au temps présent et éternelles tout à la fois. Cette puissance du portrait, et donc de son auteur, en font des instruments privilégiés de l'édification politique, mystique, poétique ou éthique des récipiendaires ou des modèles, prisonniers sans eux de l'humaine condition et des masques trompeurs de l'apparence ; elle en fait aussi parfois de redoutables leurres entre des mains mal intentionnées, dénonçant dans cette ambivalence le péché toujours affleurant hors de la main divine[74].

Si par le portrait, l'artiste accède ou donne accès à la vérité fondamentale d'un être, cette dernière dimension peut s'infléchir vers des valeurs qui investissent de nouveaux univers de sens, comme les récits ci-dessous le suggèrent en filigrane. C'est tout l'enjeu qu'ouvre le dégagement d'empreintes identitaires, confrontées dans leur nudité à l'instrumentalisation que le pouvoir peut alors mettre en place.

Les *Quatre discours* de Neẓāmī ʿArūżī offrent au premier chef une illustration forte de ce supplément de densité signifiante : le sultan Maḥmūd de Ghazni, alors au sommet de sa puissance, veut affirmer le rayonnement culturel de sa cour en y conviant, perle suprême d'un aréopage de savants prestigieux, le brillant esprit universel que nous connaissons sous le nom d'Avicenne. Ce

---

inventions décrites dans le traité de mécanique d'al-Jazārī (repro. dans O. Grabar, *La formation de l'art islamique*, Paris, Flammarion, 2000, fig. 40 ; d'après ancienne collection F.R. Martin) ; la coupole et son cavalier se sont cependant effondrés au cours du xe siècle. De la même manière, on a voulu voir dans le personnage sculpté au-dessus de la Porte du Talisman (1221, détruite en 1917), tenant les langues de deux dragons, une figure du calife al-Nāṣir (1180-1225), représenté en « triomphe » à la manière du « Maître des animaux » ; voir par ex. Th. Arnold, *Painting in Islam*, p. 126.

74 Voir à ce sujet Pancaroglu, 2003, p. 40.

dernier refuse à plusieurs reprises, provoquant la rage du souverain qui mande un peintre nommé Abū Naṣr b. ʿArrāq pour qu'il trace sur papier un portrait du savant ; ce premier modèle est ensuite reproduit en 40 exemplaires destinés à jouer le rôle de « portraits-robots » entre les mains des émissaires chargés de débusquer le récalcitrant au coeur des cours avoisinantes[75]. Il semble aller de soi que non seulement le modèle n'est par définition pas sur place, mais encore, que le peintre ne l'a probablement jamais vu. Au-delà de la marginalité dans laquelle est tenu le besoin de contact visuel entre le peintre et son sujet, on retrouve l'idée que le talent de l'artiste comprend une part quasi divinatoire dans l'émergence du sens qui s'accomplit par son geste.

Ibn Baṭṭûṭa, rapporte quant à lui au sujet des Chinois, réputés les meilleurs peintres du monde :

> Toutes les fois que je suis entré dans une de leurs villes, et que depuis il m'est arrivé d'y retourner, j'y ai toujours trouvé mon portrait et ceux de mes compagnons peints sur les murs et sur des papiers placés dans les marchés. Une fois, je fis mon entrée dans la ville du sultan (Pékin), je traversai le marché des peintres, et arrivai au palais du souverain avec mes compagnons ; nous étions tous habillés suivant la mode de l'Irâk. Au soir, quand je quittai le château, je passai par le même marché ; or je vis mon portrait et les portraits de mes compagnons peints sur des papiers qui étaient attachés aux murs[76].

Là encore, perce le message que des portraits, clairement décrits comme permettant de reconnaître leurs sujets, sont réalisés, sinon en l'absence absolue, au moins à l'insu de ceux-ci. Plus loin, le même auteur nous indique :

> C'est, au reste, une habitude établie chez les Chinois de faire le portrait de quiconque passe par leur pays. La chose va si loin chez eux à ce propos que, s'il arrive qu'un étranger commette quelque action qui le force à fuir de la Chine, ils expédient son portrait dans les différentes provinces, en sorte qu'on fait des recherches, et en quelque lieu que l'on trouve celui qui ressemble à cette image, on le saisit[77].

---

75 Neẓāmī ʿArūżī, *Revised Translation of the Chahar Maqala*, trad. E.G. Browne, Londres, 1921, p. 87 ; voir aussi T. Arnold, *Painting in Islam*, [1928], réed. 1965, p. 127.

76 Ibn Battûta, *Voyages*, vol. III, trad. C. Defremery et B.R. Sanguinetti (1859), Paris, La Découverte, 1990, p. 319.

77 *Idem*.

Le lien de cet épisode avec celui de la traque d'Avicenne est patent, quoique plus explicitement opérationnel dans son caractère policier. Bien que la part historique de ces anecdotes soit plus que largement discutable, et en partie d'ailleurs de ce fait, celles-ci sont étonnamment révélatrices d'une double fonction finalement très moderne du portrait : sa capacité à susciter puis à diffuser une « identité ». Dans nos exemples en effet, le peintre ne se contente pas de faire naître de son pinceau une vérité dégagée de l'illusion trompeuse des enveloppes formelles avec lesquelles il semble même ne pas être en contact, mais crée bel et bien une identité reconnaissable ; il fournit en fait un outil d'identification aux poursuivants des personnes recherchées, voire, dans le récit d'Ibn Baṭṭûṭa repassant dans les villes chinoises qu'il a traversées, une forme de système de fichage.

Parallèlement, nos récits intronisent également le portrait comme matrice autorisant un passage de l'unique au multiple[78]. Dans un registre largement centré sur l'utilisation des œuvres par les autorités politiques ou leurs démembrements pour prendre la main sur des éléments incontrôlés, le processus de multiplication puis de diffusion des portraits paraît renvoyer à l'universalisation dans un territoire donné d'une prise de pouvoir sur l'identité individuelle. À ce stade, le portrait prend la qualité d'un instrument de contrôle des individus. Comment toutefois relier ces représentations capables de révéler les identités et de permettre leur asservissement éventuel aux volontés du pouvoir avec le déni de toute prise en compte d'une quelconque ressemblance avec le sujet formel ? On peut considérer, dans la logique des constats effectués plus haut, que l'identité est conçue comme la vérité profonde du sujet, qu'elle transcende sa forme, et que le geste, quasi alchimique du peintre permet de la révéler, de la fixer, de la reproduire puis de la diffuser comme on le fait aujourd'hui d'un cliché photographique. En synthèse, le portrait vient là potentiellement s'inscrire dans un réseau d'autorité contextualisée, comme un moyen de faire de l'individu mis à nu un objet subordonné.

Un dernier récit, qu'ajoute Ibn Juzayy au texte d'Ibn Baṭṭûṭa[79], vient renforcer le dernier champ de signification que nous avons dégagé ; l'auteur nous dit en effet :

---

78 On peut noter par ailleurs que le nombre des 40 copies du portrait d'Avicenne est révélateur : ce chiffre symbolise en effet l'abondance ou la multitude, sans qu'il s'agisse nécessairement pour autant d'un nombre exact (cf. « Quarante colonnes », ou même les « Quarante voleurs » d'Ali Baba).

79 Ibn Juzayy, de la tribu arabe des Kalb, installée dans la région de Grenade à l'époque de la conquête d'Espagne, était un savant connu et auteur d'ouvrages de loi et de théologie et

> Ceci est conforme aux récits des historiens touchant l'aventure de Sābūr Dhū l-Aktāf, ou Sāpūr aux épaules, roi des Persans, lorsqu'il entra déguisé dans le pays des Romains, et qu'il assista à un festin que donnait leur roi. Le portrait de Sapor se trouvait sur un vase, ce que voyant un des serviteurs de l'empereur de Constantinople, et s'apercevant que c'était tout juste l'image de Sāpūr, qui était présent, il dit à son souverain ; « Ce portrait m'informe que Chosroès est avec nous, dans ce salon. » Or la chose était ainsi ; et il arriva à Sāpūr ce que racontent les livres d'histoire[80].

Le portrait sur le vase ne peut que préexister à l'arrivée du souverain des Persans ; or il permet de reconnaître ce dernier qui est pourtant déguisé. Il est clair qu'ici la forme, explicitement travestie, est sans influence sur la puissance du portrait en tant que révélateur de l'identité, et que la mise au jour de l'identité modifie, voire inverse, une position de contrôle.

4 Le portrait : Un instrument de la transcendance de l'Être

Les textes évoqués plus haut montrent que le portrait, par la vérité qu'il porte et manifeste, démarque volontiers le sujet dans son essence identitaire en prise avec le monde extérieur. Sans contredire cette dimension, d'autres récits le promeuvent pour leur part comme un vecteur privilégié de la connaissance de soi. Il se fait alors miroir des questionnements de l'âme.

Deux variantes narrent l'histoire d'une rencontre entre Alexandre et une puissante souveraine, chacune intéressante dans le rapport du sujet à lui-même, mais face à « l'autre ». Dans la version du *Livre des Rois* de Ferdowsī, Qeydāfe, reine d'al-Andalus, fait secrètement réaliser le portrait d'Alexandre. Devant l'œuvre achevée, ses dons de divination lui permettent de lire dans l'image que « cet homme foulera aux pieds le monde à l'aide de ses armes et de son intelligence[81] », ce qui ne manque pas de l'alarmer. Lorsque, plus tard, le Macédonien se présente sous l'habit de son propre ambassadeur, Qeydāfe le reconnaît grâce au portrait et le lui signifie, mais devant les dénégations du prince, elle lui tend le portrait de sorte qu'il ne peut qu'avouer.

---

secrétaire particulier du sultan mérinide Abū ʿInān à Fès. C'est à lui que l'on doit la transcription du texte d'Ibn Baṭṭūta.

80 Ibn Battûta, vol. III, p. 319-320. Dans les notes de Stéphane Yérasimos, il est signalé que cette anecdote se retrouve également dans l'*Histoire des Sassanides* de Mirkhond.

81 Ferdowsī, *Le Livre des Rois*, trad. J. Mohl, vol. V p. 161.

Chez Neẓāmī, Alexandre, curieux des insignes mérites prêtés à Nushābe, reine du pays de Bardā', se déguise en émissaire pour s'en faire une opinion personnelle. La souveraine le reconnaît aussitôt mais le prince nie son identité jusqu'à ce qu'on lui fasse dérouler le rouleau de soie où figure son portrait, peint à son insu[82]. Ainsi confondu, il est rassuré par Nushābe sur les légitimes intentions de cette dernière, mais informé qu'elle garde par ailleurs dans son Trésor les portraits de tous les grands du monde, tracés pour elle par d'habiles peintres physionomistes.

Ces avatars littéraires de l'épisode sont à rapprocher d'une peinture datée de 1444, représentant « Alexandre reconnu par Nushābe » et présentant le Macédonien un miroir à la main[83]. La transfiguration de la peinture en miroir est dans ce cas explicite de la signification profonde du portrait dans la scène.

À l'instar des exemples rapportés plus haut, chacun des échanges illustre certes l'idée d'un portrait utilisé pour reconnaître le sujet malgré ses artifices formels ; pour autant on trouve ici une spécificité dans le fait qu'Alexandre confesse son identité à la suite de sa propre confrontation à l'oeuvre, qui intervient alors comme l'écran infaillible de la vérité intérieure du sujet qu'il représente. Ce dernier, si puissant ou habile qu'il soit, est comme nu devant lui-même et ne peut tromper son âme. Dans ce rapport en miroir que le peintre (ou son commanditaire) provoque en dédoublant l'unique, l'œuvre devient une projection irréfragable de la connaissance qu'on a de soi, un moyen de rendre intelligible et définie l'expérience sensible que chacun a de lui-même[84]. La richesse de la parabole s'intensifie si l'on souligne que c'est une femme et une reine qui met en œuvre le procédé conduisant le sujet à cette connaissance ; en effet, porteuse à la fois d'une énergie conceptrice et d'une symbolique de pouvoir, elle suggère que le prince se forme dans ses échanges potentiellement périlleux et dans la construction de sa puissance impériale ; là, le portrait prend les traits d'une allégorie de la rencontre avec soi que constitue la vie. Accessoirement, et plus clairement chez Ferdowsī, l'inquiétude de la reine face à la puissance à venir d'Alexandre fonde l'impression que le portrait qu'elle fait exécuter pour s'en prémunir a également des vertus apotropaïques, dégageant

82 « Regarde de qui est-ce l'empreinte du visage », *neshān*, c'est-à-dire le signe, la trace, l'empreinte ; Neẓāmī, *Sharaf Nāmeh, Kolliyāt-e Khamse*, éd. Vahid-e Dastgerdi, Téhéran, 1377/1998, p. 1005, ligne 8.

83 *Khamsa* de Neẓāmī, Topkapı Sarayi Müzesi, Hazine 870, fol. 235b. ; repr. dans P. Soucek, 1972, fig. 3. Alexandre est assis sur un siège et contemple son visage dans un miroir, comme pour vérifier la « véracité » du portrait ; curieusement, Nushâbe n'apparaît pas dans la scène, ici figurée en plein air.

84 Sur cette question chez Platon, voir H. Joly, p. 197.

peut-être au final la conviction que la connaissance de soi est porteuse d'apaisement dans le rapport au monde de chacun.

Dans son roman des *Haft-Peykar* (ou les « Sept Princesses »), Neẓāmī aborde cette fois le rapport à soi-même à travers le portrait sans aucune intercession d'un autre. Il relate dans l'ouvrage que Bahrām Gūr, fils du shāh de Perse, élevé loin de son pays, au royaume du Yémen, arpente les salles du somptueux palais de Khawarnaq et découvre à cette occasion une porte cadenassée qu'il fait ouvrir alors que personne n'avait pu y pénétrer jusque là[85]. Derrière, il découvre avec stupéfaction son propre portrait, au côté de ceux des filles des sept rois du Monde. Accompagnant son effigie, une légende précise qu'un jour, lorsqu'il sera roi, il épousera ces princesses. Fort de cette révélation, il fait à nouveau sceller la porte et interdit à quiconque l'accès du lieu[86]. Le prince est ici seul à voir les portraits qui lui révèlent son avenir et il conserve explicitement le secret pour lui. Aucune autre personne n'intervient pour orienter son mouvement vers la découverte, alors même qu'il est en devenir dans ce palais, en quelque sorte exilé à lui-même. L'œuvre peinte matérialise ici, au-delà de la connaissance, une « prise de conscience de soi », dans un processus où le peintre et le modèle ne font en définitive qu'un, dissociés seulement dans l'apparition de la figure en forme d'autoportrait symbolique. Dans la mesure où la vision qui en résulte préfigure le sort de Bahrām Gūr, le portrait revêt en outre une valeur prophétique à laquelle la préexistence des peintures par rapport au modèle/peintre confère une dimension intemporelle. La conscience de soi s'inscrit au reste dans l'émergence d'un futur révélé, faisant du portrait le véhicule par lequel l'homme de chair se transcende dans son destin, seul garant d'éternité, et, par cette compréhension suprasensible, s'ouvre le monde. On jouxte là, dans le registre de l'image de soi, la notion d'*idea* platonicienne, immortelle par essence[87]. Ainsi, quand E. Panofsky énonce que « L'idée se voit épargner la chute dans le monde de la matière[88] », il pourrait pratiquement illustrer son propos avec le récit de Neẓāmī.

Un dernier extrait mettant à l'honneur le portrait dépasse tout à la fois la connaissance de soi face à l'autre ou la prise de conscience de soi à travers la révélation d'un destin. Il nous est offert une fois encore par Neẓāmī dans son roman *Khosrow et Shīrīn* (Chosroès et Chirine). Dans ce cas, Khosrow s'ouvre à son ami et confident, le rusé et fidèle Shāpūr, de sa quête de l'épouse idéale.

85 On peut remarquer au passage les mêmes « ficelles » qu'au sujet de la « chambre secrète » de Tolède.

86 Neẓāmī, *Haft Peykar*, éd. Vahid-e Dastgerdi, p. 624-625.

87 Sur la notion d'*idea*, voir E. Panofsky, *Idea*, trad. Paris, Gallimard, 1983.

88 *Ibidem*, p. 45.

Ce dernier lui vante alors les beautés de Shīrīn, une princesse d'Arménie, et ce avec un tel talent que le prince tombe instantanément amoureux et résout de conquérir la belle. Shāpūr décide de l'aider dans cette entreprise en produisant comme par magie devant la dame un portrait de Khosrow. Il affiche à cet effet celui-ci par trois fois sur un tronc d'arbre, dans le lieu où cette dernière vient s'ébattre avec ses compagnes. À la première apparition, Shīrīn ordonne :

> « Apportez-moi ce portrait et ne me cachez pas celui qui l'a tracé » ; le poète ajoute : « Devant l'aimable femme on plaça le portrait et elle s'abîma devant lui plusieurs heures ; son cœur ne consentait point à s'en détacher ; elle ne pouvait pas le prendre dans ses bras ; mais à chaque regard elle s'en enivrait ; à chaque coupe bue elle perdait l'esprit ; elle sentait son cœur vaincu par le désir ; quand on le lui cachait, elle le retrouvait. »[89]

Devant un tel échauffement de l'esprit et des sens, les suivantes détruisent le portrait mais Shâpur en confectionne aussitôt un deuxième, qui subit le même sort. Une dernière fois, Shāpūr réitère son procédé, et là, Shīrīn « alla prendre cette effigie et vit en ce miroir l'image d'elle-même[90] ». Plus tard, l'habile entremetteur se montre et rassure la princesse avec ces mots :

> « Je suis le peintre qui, traçant au compas, ai créé ce portrait du roi des rois Khosrow. Or tout portrait exécuté par un artiste est ressemblant mais il n'est pas doué de vie ; que si l'on m'apprit à reproduire les formes, Dieu leur cousit là-haut le manteau de la vie ; étant ainsi devant le portrait de Khosrow, vois comment tu seras lorsque tu le verras ! [91] »

L'intérêt de ce passage provient d'abord de ce qu'il ouvre le pouvoir du portrait sur l'intime, en tant que la notion se détache de l'intériorité comme de l'altérité ; ce n'est pas en effet l'univers de la relation de soi à soi-même qui campe le théâtre où le portrait intervient, ni comme on l'a vu dans les premiers récits,

---

89 Neẓāmī, *Le roman de Chosroès et Chirine*, trad. Henry Massé, Paris, 1970, p. 28.

90 *Idem*, p. 30.

91 *Idem*, p. 34. Soulignons d'ailleurs l'usage du compas (déjà mentionné), dont l'emploi peut paraître surprenant pour réaliser un portrait ressemblant. De toute évidence, le compas sert ici pour reporter des proportions ; il faut certainement rapprocher cette préoccupation toute « géométrique » d'autres pratiques de l'art du livre comme le formatage et la réglure. Sur ces points, voir Y. Porter, « La réglure (*mastar*) : de la « formule d'atelier » aux jeux de l'esprit », *Studia Islamica* 96, 2004, p. 55-74.

la confrontation à l'autre pris en tant que tel. Il est marquant que Shīrīn, au fil des contacts avec le portrait, s'y retrouve comme dans un miroir. Deux niveaux de sens se juxtaposent dans cette évocation. Le premier est explicite dans le discours de Shāpūr rappelant que le portrait n'est qu'une image, et que, même absolument ressemblant, il n'est pas doué de la vie dont seul Dieu détient le pouvoir. Miroir ou portrait, il n'y a là que reflets sans âme ni chair. La conséquence est une incitation à se dépasser dans l'autre ; la peinture ne conduit, par ses apparitions successives, qu'à un échauffement sans perspective, que seule la fusion intime des êtres dans l'amour permet de dépasser. Ainsi, le tableau montre une vérité suffisamment opératoire pour agir sur le coeur ou l'âme mais qui, sans « engagement » dans la réalité, demeure une pauvre matérialisation stérile et désincarnée. Image de vérité n'est pas vérité. Au final, s'il est un catalyseur puissant de l'intime par le sens (spatial et directionnel) que sa vérité dévoile, le portrait ne vaut guère par lui-même et doit être dépassé dans l'engagement réel et concret qu'il appelle[92]. Au-delà de l'importance d'accepter d'appartenir à l'autre dans l'amour, l'abnégation de soi que la scène suggère rejoint un thème récurrent de la mystique, le dépassement de soi par l'engagement comme une dissolution ultime dans l'Éternel.

•••

Loin de pointer des incohérences entre la pratique du peintre dans l'Orient musulman pré-moderne et l'idéal auquel l'artiste se serait supposément étalonné, les auteurs du temps ont plutôt mis en exergue les valeurs que ces œuvres entendaient en fait servir. À l'analyse détaillée d'une sélection de jalons littéraires représentatifs, il apparaît en effet que les revendications d'extrême ressemblance dont les textes rendent compte entre un sujet et sa transcription picturale ne sont qu'en apparence contradictoires avec le développement de techniques graphiques qui tournent résolument le dos au réalisme formel. La déclinaison des qualités que peut revêtir un portrait, selon le contexte où on le situe et le spectateur qui le contemple ou l'instrumentalise, met toujours en exergue la « vérité » à laquelle il donne accès, alors même que celle-ci était jusque là immanente, engluée dans le leurre des apparences sensibles. Les textes abordés mettent au demeurant les représentations humaines en scène selon des déroulés narratifs très voisins. Ainsi, par deux fois, les œuvres préexistent-elles à leur confrontation aux modèles derrière des portes cade-

92 Comme le souligne Priscilla Soucek, Neẓāmī laisse entendre de manière assez claire que bien que l'artiste puisse créer des images, celles-ci n'ont pas d'âme et n'ont donc pas plus de substance corporelle qu'un reflet dans un miroir ; P. Soucek, 1972, p. 17-18.

nassées, tandis qu'Alexandre et Shâpur le Sassanide se trouvent démasqués grâce à leurs effigies dans des circonstances analogues. On comprend là que l'intervention d'un portrait dans le récit relève du procédé, que son apparition fait fonction de ressort de l'intrigue. Il signe en effet le passage du personnage (modèle, destinataire ou commanditaire) dans une nouvelle dimension : celle-ci peut toucher à la connaissance (prophétique, onirique ou simplement pragmatique) ou confiner à l'initiation (mystique ou symbolique). L'utilisation sérielle du portrait dans ce sens révèle que son intérêt littéraire tient au décalage qu'il matérialise entre les deux états du sujet, avant et après la « mise en regard de la vérité », c'est-à-dire son émergence enfin expurgée des artifices trompeurs de l'apparence.

Si le regard occidental valorise culturellement la plus grande proximité possible de forme entre le modèle et son portrait, on comprend en revanche que c'est l'écart nécessaire qui subsiste entre eux qui fait la richesse de l'approche orientale de la ressemblance et donne son sens à la représentation peinte. Il en résulte un penchant littéraire pour la charge fantastique et transgressive des œuvres, qu'illustre l'aura volontiers magique des peintures mises en scène. Dès lors, si le portrait est un miroir, il l'est dans une acception proche de celle que lui donne Lewis Caroll pour ouvrir à Alice le Pays des Merveilles, et de fait, la peinture de l'Orient musulman à cette époque décrit un univers qui se revendique graphiquement comme composé, idéal, réglé à l'image d'une calligraphie.

On doit d'ailleurs, pour mesurer la portée normative de cette conception de la figuration, garder à l'esprit que le peintre est en Islam conditionné par une morale de l'esthétique qui pointe comme non pertinent tout geste valorisant comme telle la ressemblance formelle avec le réel (et ce dans une tradition qui puise aux conceptions de l'Orient antéislamique). Il privilégie en conséquence l'idée que l'intérêt de cette dernière réside justement dans ce qui la distingue de la réalité, particulièrement du fait que le portrait n'est jamais vivant. La fixité même qui en découle ouvre l'accès à une vérité dégagée des contingences du sensible et le portrait, transcendé en catalyseur de l'âme, trouve la voie d'une esthétique de la spiritualité, par des techniques graphiques résolument libérées des formes fallacieuses. Vrai-ment.

CHAPITRE 6

Les représentations humaines dans la peinture arabe médiévale

L'exemple du Ḥarīrī-Schefer

Kata Keresztely

Pendant la seconde moitié du XIIIe siècle et la première du XIVe siècle, les livres à peintures qui sont réalisés en Irak, en Syrie et en Égypte se caractérisent par certains traits communs ayant ont conduit les historiens de l'art islamique à leur attribuer une même origine. L'expression « école de Bagdad » relie toutes ces peintures à la capitale irako-abbasside en train de vivre ses derniers jours en tant que centre politique du monde arabe oriental. Que ces livres à peintures soient mis en relation avec la capitale des Abbassides signifie qu'ils ont non seulement des traits communs mais aussi que leurs producteurs partagent une idéologie commune, ce qui distingue leur activité artistique des autres traditions visuelles de l'époque. La tentation est grande de parler dans le cas présent d'un « esprit imagier » tant est relativement important le nombre des manuscrits à peintures parvenus jusqu'à notre époque et conservés dans les bibliothèques d'Europe, du Moyen-Orient et d'Afrique du Nord.

1 Les attributs distinctifs des représentations humaines dans la peinture du livre arabe

L'étude de la manière de représenter les êtres humains dans ces manuscrits peut nous servir de moyen pour comprendre certains aspects de cet « esprit imagier » si caractéristique de l'époque abbasside tardive. Les particularités de la représentation de l'être humain sont semblables dans tous les manuscrits, qu'il s'agisse d'œuvres scientifiques comme la traduction arabe de la *Materia medica* de Dioscoride ou d'œuvres littéraires comme les *Maqāmāt* d'al-Ḥarīrī, quand bien même les unes et les autres varient selon les compétences des peintres mais aussi selon les particularités du texte que les images accompagnent. Pour illustrer la spécificité de la « manière arabe » de représenter l'homme, nous avons choisi les peintures d'un manuscrit bien connu et également reconnu par les spécialistes de l'art islamique pour sa valeur esthétique et son élaboration minutieuse. Il s'agit des peintures de Yaḥyā b. Maḥmūd

 | DOI 10.1163/9789004283855_007

al-Wāsiṭī, peintre irakien qui a exécuté son œuvre en 1237 à Bagdad, ainsi qu'en témoigne le colophon du manuscrit appartenant aujourd'hui à la collection de la Bibliothèque nationale de France[1]. Ses miniatures représentant diverses facettes de la vie quotidienne de l'époque ont été créées pour fixer le programme iconographique d'une œuvre littéraire écrite un siècle auparavant : Les *Maqāmāt* ou *Séances* de l'écrivain irakien du XIe siècle, Abū Muḥammad al-Qāsim b. ʿAlī al-Ḥarīrī.

Composées en prose rimée, les *Maqāmāt* racontent cinquante anecdotes. Les deux protagonistes des histoires sont Abū Zayd et al-Ḥārith. Abū Zayd est un coquin habile et inventif qui ne suit aucune valeur morale ; pourtant, il est admiré et aimé par les lecteurs en raison de son sens de l'humour et de sa perspicacité. Il représente *le vagabond*, une figure marginale de la société arabo-islamique. Al-Ḥārith, le narrateur des histoires, un vieux compagnon d'Abū Zayd, est un marchand fortuné, mais honorable, honnête et parfois d'une naïveté confondante. Il représente, lui aussi, un type caractéristique de la société islamique de l'époque[2]. Les deux héros se rencontrent, d'anecdote en anecdote, dans des scènes différentes, soit dans une des grandes villes de l'empire islamique, soit dans le désert ou, encore, en bord de mer. Les anecdotes commencent par la description des aventures du narrateur qui se retrouve chaque fois dans des situations difficiles ou étranges, avec l'apparition d'Abū Zayd, déguisé en clochard, en pauvre femme, ou en homme riche, afin de duper les gens et leur soutirer de l'argent. À la fin de chaque épisode, le narrateur prend congé de son héros avec une tristesse profonde dans le cœur causée par la séparation. Le dédain qu'il éprouve pour ce coquin ne l'empêche pas de le respecter et, plus encore, de lui envier sa liberté.

Le choix que nous avons fait de ne pas intégrer dans notre échantillon d'étude d'autres peintures provenant d'autres sources, est motivé par le souci d'illustrer le caractère narratif de ces peintures qui ne produisent pas le même effet selon que l'on les examine séparément, ou que l'on les appréhende dans leur unité. Aussi allons-nous approcher le manuscrit comme une œuvre d'art dont les peintures sont une partie constitutive. Mais nous retiendrons que c'est la narration littéraire qui détermine non seulement la mise en page des peintures mais aussi les détails iconographiques et la manière de représenter les personnages humains, objet de notre enquête.

---

1 BnF, Département des Manuscrits, Division orientale, Arabe 5847. Pour ce qui suit, nous le désignons, par sa dénomination courante, qu'il a reçue par son ancien propriétaire : « Ḥarīrī-Schefer ».

2 Katia Zakharia, *Abū Zayd al-Sarūǧī, imposteur et mystique. Relire les maqāmāt d'al-Harīrī*, Damas, Institut Français d'Études Arabes de Damas, 2000, p. 53.

Ces personnages ont la particularité d'être moins des représentations de caractéristiques individuelles que des supports d'attributs sociaux. Ainsi la peinture de leur corps compte-t-elle peu. Ce qui préoccupe le peintre c'est d'abord et avant tout de rendre visuellement leurs relations aux autres membres de la société, aux animaux, aux objets et aux lieux spécifiques comme la maison, la mosquée, le jardin, le désert ou la taverne. Ces rapports au monde extérieur sont également corporels mais cette caractéristique physique ne détermine pas la représentation. Le peintre ne décompose pas le corps humain pour rendre visible la façon par laquelle il tient un objet, par exemple. Il ne peint pas les détails du corps, notamment les mouvements des muscles qui rendent possible le contact entre l'homme et le monde physique. Au contraire, il traite son sujet humain en tant qu'unité non-décomposée : comme une image dont l'existence physique reste secondaire par rapport à sa représentation en tant qu'acteur social et dont l'individualité est gommée au profit de l'appartenance de groupe. Autrement dit, ce sont moins des individus concrets que les rapports sociaux et les règles du comportement socioculturel dans lesquels ils sont enserrés qui sont représentés. Ce qui préoccupe le peintre c'est de rendre visible ces rapports entre l'homme et l'homme, entre l'homme et l'animal, entre l'homme et l'espace qui l'entoure. Si bien que l'individu n'est jamais représenté pour lui-même, ainsi qu'il le serait dans un portrait chargé de l'éterniser ou de le monumentaliser, au contraire. Il est montré dans une fragilité qui accentue son caractère éphémère et qui conduit le peintre à ne capturer que des moments fugaces. Montrés de profil, les personnages et les animaux représentés communiquent entre eux et non pas avec le spectateur. Cela n'était pas le cas dans d'autres traditions visuelles antérieures ou contemporaines, notamment dans les peintures sassanides qui reflètent une préférence pour une représentation de face des personnages ou sur les icônes byzantines qui présentent toujours les saints fixant du regard leur spectateur comme pour entrer en contact avec lui afin de lui permettre de solliciter leur intercession dans la proximité du face à face. L'espace extérieur des images n'est pas le vide infini entre le spectateur et la peinture, comme c'est le cas dans les icônes byzantines et les peintures sassanides, mais l'espace représenté par le manuscrit lui-même. Alors que l'une des caractéristiques des représentations sassanides est la symétrie, qui suggère l'ordre divin dans sa perfection et son éternité, les peintures de notre manuscrit, et plus généralement de tous les livres à images de l'époque, sont presque toujours asymétriques.

Cette manière de représenter l'homme n'est pas un trait qui caractérise la peinture arabe du XIIIe siècle de façon exclusive. On peut lui trouver un parallèle dans l'art du livre latin et byzantin de l'époque, qui accommode également une conception picturale fondée sur la narration et sur la représentation de l'homme comme un être éphémère et peu signifiant du point de vue de son identité corporelle et de sa singularité individuelle. Sans envisager de faire ici une étude comparative entre la tradition picturale arabe et ses vis-à-vis chrétiens de l'Occident et de l'Orient, ce rapprochement tend à indiquer que les caractéristiques de la peinture arabe médiévale ne sont pas toujours celles d'une conception proprement islamique. Il s'agit plutôt de manières fort semblables de réfléchir sur le monde en chrétienté aussi bien qu'en islam : des visions du monde non pas identiques mais proches qui pourraient être comprises en considérant non seulement l'héritage commun de la pensée grecque mais aussi les résultats plausibles des contacts entre chrétiens et musulmans à travers l'histoire du Moyen Âge. L'étude de ces ressemblances est le plus souvent réduite à une comparaison stylistique ou compositionnelle entre les images byzantines ou chrétiennes orientales et les peintures arabo-islamiques. Sans surprise, sa conclusion est que les peintures chrétiennes ont servi de modèles à l'iconographie arabo-islamique. Les ressemblances montrent pourtant des similitudes plus profondes qui ne peuvent être comprises uniquement par une analyse stylistique mais qui nécessiteraient une réflexion sur l'histoire culturelle et sur les interactions intellectuelles entre les deux civilisations.

En revenant aux personnages humains des *Maqāmāt*, nous voudrions souligner combien le propos et le caractère de leur représentation sont intrinsèquement liés à la manière dont ils s'inscrivent dans l'espace.

Le manuscrit iconographié s'inscrit dans un espace physique comme n'importe quel objet d'art, qu'il s'agisse d'une icône dans l'espace d'un lieu sacré, d'un portrait funéraire dans un mausolée ou d'un tableau (dans le sens qui lui est attribué depuis la Renaissance) dans un milieu profane, privé ou public. Ces espaces sont déterminés par la fonction de l'œuvre d'art et par la manière de la contempler. Contrairement aux objets d'art énumérés ci-dessus, le livre n'expose pas l'image, mais la cache. Ayant la forme d'un codex, le Ḥarīrī-Schefer a été consulté occasionnellement et, dès lors, il était souvent fermé et ses images soustraites au regard. L' « exposition des images » se déroulait, probablement, dans le cadre de séances ou réunions où le nombre des participants était limité à quelques personnes de l'entourage du commanditaire du livre. Ce pouvait être un prince ou un personnage assez riche pour payer le prix du manuscrit et, en même temps, assez cultivé pour apprécier le langage difficile d'al-Ḥarīrī.

Les considérations sur la manière de consulter le manuscrit peuvent nous mener dans plusieurs directions. Mais ce qui est intéressant pour nous du point de vue de la représentation des sujets humains c'est le fait que le peintre était conscient du caractère secret de ses peintures. Il savait qu'elles ne seraient jamais vues par un large public mais uniquement par des petits groupes de gens cultivés s'intéressant à la littérature profane. Ainsi pouvait-il se permettre certaines libertés. Le texte iconographié fait en effet allusion aux détails anatomiques que la morale dominante de l'époque aurait exigé de couvrir du voile de la pudeur. Mais le peintre n'avait aucune raison de craindre la réaction des lecteurs-spectateurs lorsqu'il a peint Abū Zayd exhibant son sexe (fig. 17), ou lorsque, en visualisant la scène de l'accouchement dans la *Maqāma al-ʿUmāniyya,* il a peint une femme nue, les jambes largement écartées (fig. 18). Il s'agissait d'un public d'intellectuels restreint et non pas des masses populaires qui, dans leur zèle religieux, étaient moins enclines à interpréter ses peintures avec l'humour et la sensibilité critique à l'égard d'eux-mêmes que ces images exigeaient. Al-Wāsiṭī a en cela emboîté le pas à al-Ḥarīrī qui a souvent parlé, à demi-mot ou en dissimulant son propos derrière des métaphores, de la sexualité ou même de l'homosexualité, par exemple. Les thèmes abordés par al-Ḥarīrī, le caractère caché des peintures et le fait qu'elles n'étaient vues que par un public restreint, expliquent la liberté que le peintre s'arroge dans la manière de représenter les figures et d'aborder certains sujets tabous pour la majorité de la société de son époque.

En outre, à son époque et dans celle qui suit, lorsqu'il était régulièrement consulté, le livre de peintures n'était pas seulement une œuvre d'art précieuse. Il était également destiné à d'autres usages lettrés, en particulier la transmission du texte par la lecture et l'écoute. De ce point de vue aussi, les images ne jouaient qu'un rôle secondaire : celui de facilitateur de la compréhension du texte.

Cette manière d'exposer les images, cachées sur les pages d'un livre, livrées à un public restreint et ne jouant qu'un rôle secondaire par rapport au texte, révèle une conception des images entièrement différente de la nôtre. Elle présuppose une certaine modestie et un ton d'humilité de la part du peintre. Ici, il n'y a rien qui ressemble à un pouvoir des images connu de nombre de civilisations, de la Chine en passant par la Mésopotamie et de l'Égypte pharaonique jusqu'à Byzance. Les figures des images islamiques sont subtiles, éphémères et fugaces. Qu'elles soient en mouvement constant est une caractéristique de la peinture islamique conservée comme principe fondamental pendant les siècles suivant celui d'al-Wāsiṭī. Et c'est ce qui fascine le plus aujourd'hui ainsi qu'en témoigne le roman d'Orhan Pamuk[3], par exemple, qui déploie les aspects et les conséquences psychologiques du rapport particulier du peintre aux images dans le cadre d'une histoire fictive. Ce rapport subjugue parce qu'il révèle une attitude à l'égard du travail artistique où la valeur de celui-ci est loin d'être tributaire de son appréciation par le grand public. Qu'il s'agisse de la présence d'un coq sur les toits du souk (fig. 19) ou du regard aguicheur d'un

3 Orhan Pamuk, *Mon nom est rouge,* Paris, Gallimard, 2003.

échanson lancé à un buveur dans une taverne (fig. 20), ce sont assurément l'instantanéité et la fugacité des gestes et des mouvements qui préoccupent le peintre. La liberté de représenter dont jouit le peintre lui est procurée par l'image elle-même dans la mesure où elle reste soumise au texte, où elle ne prétend pas à l'éternisation et à la monumentalisation et où elle n'affecte de transmettre aucun dogme. À l'intérieur de la même image, l'artiste peut peindre des esclaves, des servants, des paysans, des hommes de condition libre et des puissants, comme les gouverneurs et les juges, sans opérer une véritable différenciation entre leurs statuts respectifs. Ici et là, des images peuvent faire penser à une hiérarchie entre les personnages, comme dans la miniature représentant un juge auquel fait face un homme ordinaire (fig. 21). Le juge prend place en hauteur tandis que le justifiable se penche pour signifier sa modeste condition. On pourrait ainsi estimer que la miniature reproduit la hiérarchie des conditions sociales, mais il n'en est rien. Il ne s'agit pour le peintre que de restituer le sens narratif du texte que sa peinture accompagne. La puissance et la soumission ne sont pas vraiment représentées comme des attributs de classe. Tout se meut et s'inverse ainsi qu'en témoigne le héros Abū Zayd représenté tantôt comme un homme riche et puissant tantôt comme un malheureux mendiant dépourvu de tout. Il s'agit probablement d'illustrer la condition humaine telle qu'elle était représentée dans la poésie arabe archaïque où la vie elle-même était conçue comme une alternance de jours fastes et de jours néfastes et où le destin, le *qadar*, joue un rôle primordial dans la vie humaine. Ce pouvoir extraordinaire attribué aux vicissitudes du temps conduit l'écrivain aussi bien que le peintre à l'idée que les différences apparentes touchant au statut social ou à la situation matérielle sont des attributs secondaires de l'homme. L'apparence est d'autant plus négligeable qu'elle a un caractère trompeur.

Dans la *Maqāma al-Dīnāriyya*, al-Ḥārith s'engage dans un débat intellectuel avec de jeunes hommes gracieux quand le misérable Abū Zayd entre en scène :

> J'étais avec quelques amis à tenir un de ces colloques diurnes dont la belle ordonnance empêchait quiconque d'en repartir les mains vides : tout briquet savait y jeter son étincelle, mais aucun entêtement ne risquait de mettre le feu aux poudres[4].

Le contraste est manifeste avec le pauvre Abū Zayd à l'allure déguenillée, visible en tenue blanche dans la miniature représentant cette scène (fig. 22) :

4 Al-Qāsim al-Ḥarīrī, *Le livre des malins*, Trad. René R. Khawam, Paris, Phébus, 1992, p. 39.

> Tandis que nous nous arrachions des mains les poèmes qui circulaient dans ce genre d'assemblée et rivalisions pour citer le premier le meilleur des auteurs anciens, voici que surgit une personne en haillons et de surcroit boitant de disgracieuse manière[5].

L'apparence misérable de ce dernier évoque souvent les sentiments de dédain et de mépris dans l'assemblée gracieuse :

> Lorsque nous fûmes confortablement installés, les coupes circulant de main en main, un homme en haillons vint s'imposer dans notre compagnie. Nous lui fîmes grise mine, comme toute jeune fille accueille un prétendant aux cheveux blancs ; la limpidité de ce jour nous semble brusquement troublée. Cependant, le salut qu'il nous adressa nous rendit plus compréhensifs, et il prit place parmi nous, offrant à la ronde à humeur les parfums de son esprit par des citations heureuses, tant en vers qu'en prose. Nous n'en étions cependant pas moins réticents devant son sans-gêne, et nous n'avions guère envie de le voir prendre racine[6].

Mais le contraste n'est que pure apparence : le décrié s'avère plus cultivé et plus sage que ceux qui l'ont mal jugé et ces derniers se blâment de l'avoir jugé aussi mal :

> Lorsque nous comprîmes toutes ses finesses, nous fûmes frappés de stupeur, dit le narrateur de ce récit. C'était merveille de voir quelles réponses il avait apportées à ces questions, et comment. Il va de soi que le regret nous prit de l'avoir traité d'emblée avec tant de mépris et nous nous en excusâmes comme toujours présentent leurs excuses les hommes intelligents[7].

Dans la miniature accompagnant la *Maqāma al-Baraqaʿidiyya*, al-Wāsiṭī a non seulement suivi le texte d'al-Ḥarīrī mais a de plus rendu manifeste la contradiction entre l'illusion de l'apparence et la réalité des choses sans que la *maqāma* n'y fasse allusion. Bien que le texte décrive Abū Zayd sous les traits d'un mendiant aveugle, ainsi que Shirley Guthrie l'a observé[8], le peintre le représente

5 Ibid., p. 39.
6 Ibid., 24, p. 207.
7 Ibid., 24, p. 212-213.
8 Shirley Guthrie, *Arab Social Life in the Middle Ages, An Illustrated Study*, London, Shaqi books, 1995, p. 27.

dans une tenue ornée d'un *ṭirāz* en or et bien soigné en s'appuyant sur l'épaule de son accompagnatrice qui s'adresse à l'orateur dans l'image (fig. 23). Outre que cette tension entre l'apparent et le caché est un thème majeur de l'époque, elle structure une grande partie des représentations mentales et cognitives des contemporains de l'auteur des *Maqāmāt* et de leur peintre.

2 L'efficacité des images

En effet, les caractéristiques principales de la représentation des figures humaines dans la peinture du livre arabe que l'on vient de décrire sont significatives de conceptions qui sont foncièrement liées à la pensée arabe médiévale. En même temps, ces caractéristiques elles-mêmes déterminent l'efficacité des images, c'est-à-dire la manière dont elles produisent des effets psychologiques sur leur spectateur et la manière dont elles s'adaptent à un contexte précis qui est dans ce cas particulier le manuscrit et l'écriture calligraphiée.

Si l'on parle du manuscrit comme d'une œuvre d'art, ce n'est pas uniquement pour en souligner le caractère précieux, mais aussi pour mettre l'accent sur le fait qu'il s'agit d'un objet d'art complexe composé d'un texte, d'une calligraphie, d'images et d'une reliure. Dès qu'on l'ouvre, on se retrouve à l'intérieur de l'œuvre d'art. Ce qui frappe d'emblée le regard c'est l'inscription des images dans l'espace et la manière dont elles mettent en œuvre un jeu de présence-absence. En même temps qu'elles rendent présentes les figures humaines dans un espace concret – les pages d'un codex – elles invitent leur spectateur à quitter virtuellement l'espace physique dans lequel il se trouve : la salle de lecture de la bibliothèque princière, par exemple. En effet, le fonctionnement de l'image dépend largement de l'espace dans lequel elle s'expose. Un portrait iconique par exemple, dès lors qu'il est placé dans un espace sacré, présentifie le personnage saint peint dans cet espace. Comme l'ont montré certains spécialistes de l'art byzantin et de l'art chrétien médiéval, la volonté de rendre présent le représenté et de garantir une sorte de dialogue entre le spectateur et l'image, font partie des caractéristiques du portrait iconique[9].

S'annonçant comme une « fenêtre ouverte » sur un autre monde, le tableau moderne fonctionne tout autrement : il attire le spectateur pour le faire entrer dans le monde fictif de l'image et l'arracher ainsi à son propre monde. Étant le

9 Comme par exemple : Jean-Claude Schmitt, *Le corps des images ; Essais sur la culture visuelle au Moyen âge*, Gallimard, Paris, 2002. Gilbert Dagron, *Décrire et Peindre, Essai sur le portrait iconique*, Paris, Gallimard, 2007.

premier pour parler de la peinture comme « fenêtre ouverte », Leon Battista Alberti dit :

> Je parlerai donc, en omettant toute autre chose de ce que je fais lorsque je peins. Je trace d'abord sur la surface à peindre un quadrilatère de la grandeur que je veux, fait d'angles droits, et qui est pour moi comme une fenêtre ouverte par laquelle on puisse regarder l'histoire[10].

Qu'en est-il de notre manuscrit iconographié ? En ouvrant un codex, par ce geste même, le lecteur/spectateur s'extrait de son monde pour accéder au monde visuel du manuscrit qui, dans le cas du Ḥarīrī-Schefer, commence par un double frontispice (fig. 9, 10). Sans entrer ici dans une analyse détaillée de la signification et de la fonction du frontispice qui a été faite par plusieurs historiens de l'art islamique[11], nous voudrions en revanche souligner une de ses fonctions importantes par rapport à cet état d'esprit dans lequel lecteur/spectateur se met en ouvrant le manuscrit. Le frontispice, avec ses deux images occupant deux pages entières chargées de détails iconographiques, fonctionne comme une sorte d'initiation. Il invite à un voyage dans un autre monde, celui de l'œuvre littéraire des *Maqāmāt*. Il indique la frontière qui existe entre le monde réel et le monde fictif et signale au lecteur/spectateur qu'il est en train de franchir cette frontière. En effet, même si le peintre n'a pas forcément connu les théories de l'image qui existaient depuis l'Antiquité grecque, le frontispice suggère qu'il connaissait ou du moins, pressentait-il, cette force particulière de l'image qui consiste à se poser en une frontière, en un entre-deux, liant deux mondes séparés. Dans le processus mental de la lecture, les quatre-vingt-dix-neuf images qui suivent le frontispice, insérées dans le corps du texte, continuent de jouer avec cette dialectique de la présence et de l'absence. Dès l'ouverture du codex, quittant l'endroit où il se trouve physiquement, le lecteur/spectateur entre dans le monde fictif des *Maqāmāt*. Mais en même temps que les images qui se succèdent sur les pages du manuscrit l'impliquent dans le monde imaginaire créé par la narration du texte, elles le confrontent au monde physique du manuscrit. Les personnages peints ne tiennent assurément leur visibilité, c'est-à-dire leur existence, que de leur matérialité. L'image fonctionne dans ce cas comme contre-point à l'imaginaire, en ce sens où elle ne laisse pas le lecteur se perdre totalement dans un monde déréalisé. Par son

10 Leon Battista Alberti, *De la peinture* (*De Pictura, 1435*), Paris, Macula, Dédale, 1992, p. 115.

11 Voir par exemple l'étude de Robert Hillenbrand, "The Schefer Ḥarīrī : A Study in Islamic Frontispiece Design", in : Anna Contadini, *Arab Painting : Text and Image in Illustrated Arabic Manuscripts*, Londres, Brill, 2007.

existence physique, chaque peinture le renvoie à sa propre existence dans le lieu spécifique où il se trouve : la salle de lecture, par exemple. Les personnages représentés dans les peintures assurent ainsi un lien plus direct entre le monde réel du lecteur et le monde fictif de l'œuvre littéraire, et introduisent une perception différente, par ces allers-retours entre les deux mondes, que celle qui serait mise en œuvre par la lecture du seul texte.

La perception des images par le lecteur/spectateur est déterminée par la manière dont celles-ci s'inscrivent non seulement dans l'espace constitué par le manuscrit mais aussi par leur inscription dans la page. Dans le cadre de la page, l'image du texte et celle des personnages dialoguent l'une avec l'autre. L'emplacement et les mouvements des figures humaines répondent à la manière dont les lettres se meuvent sur la page : l'impression qui se dégage est que les figures humaines aussi bien que les lignes du texte se meuvent librement, sans être figées dans un encadrement. La manière dont la calligraphie et celle dont les peintures sont élaborées semblent également s'harmoniser entre elles. Les lettres soigneusement calligraphiées gardent en même temps la fluidité de l'écriture. Les lignes composant les silhouettes des hommes semblent être dessinées aussi délicatement, d'un seul trait. Les vêtements qu'ils portent, les objets qui les entourent et l'espace dans lequel ils se meuvent sont minutieusement ornés mais sans être surchargés de décoration. L'effet produit accentue leur animation et leur vivacité. D'autant qu'ils sont toujours sur le point de commencer ou d'achever une action : soit les personnages arrivent, soit ils partent, soit ils tiennent un discours rendu visuellement par de larges gestes expressifs.

Est-il possible que la ressemblance entre la manière d'élaborer les formes des lettres et celle des êtres humains puisse être le résultat d'un choix conscient ?

Dans la littérature soufie, il existe toute une tradition d'analogies entre les formes des lettres arabes et l'image de l'homme[12]. N'entrons pas ici dans un raisonnement spéculatif en comparant les lettres aux êtres humains puisque nous n'avons pas les moyens de vérifier l'hypothèse selon laquelle le peintre aurait connu les œuvres des penseurs soufis ou qu'il les ait prises en considération en créant son monde visuel. Néanmoins, il existe un lien entre la manière d'élaborer les lettres et les figures d'humains, d'animaux ou de plantes que les calligraphes eux-mêmes évoquent[13].

L'inscription des figures humaines à l'intérieur de la composition linéaire rendue par la plupart des peintures peut nous rappeler les lignes de l'écriture même, mais aussi d'autres manifestations de l'art islamique, notamment celles

---

12 Shaker Laibi, *Soufisme et art visuel, Iconographie du sacré*, Paris, L'Harmattan, 1998, p. 79.

13 Houari Touati, *L'armoire à sagesse*, Aubier, Paris, 2003, p. 263.

des motifs géométriques et floraux. Dans son article sur l'interprétation symbolique des peintures d'al-Wāsiṭī, Majīd al-Sāmarrā'ī[14] attire l'attention sur la rythmicité du mouvement des chameaux dans la miniature de la *Maqāma al-Ṭaybiyya* (fig. 24). L'auteur en appelle à l'analogie plausible entre la représentation rythmique des chameaux et le caractère répétitif des motifs géométriques : un des attributs distinctifs de l'art islamique. La peinture représentant le troupeau de chameaux n'est pas la seule à suggérer ce caractère répétitif de la décoration dans l'art islamique : dans la représentation des hommes, il existe une série d'images où les têtes, les turbans, les mains et les genoux des hommes assis et collés les uns aux autres, constituent des compositions fondées sur l'idée de la répétition.

Dans les manuscrits persans plus tardifs, les citations illustrées par les peintures apparaissent à l'intérieur des miniatures : leur place, leur taille et leur style sont entièrement déterminés par la composition et le style de la peinture. En revanche, dans les manuscrits iconographiés appartenant à l'école de Bagdad, il est plus difficile de savoir si les miniatures sont déterminées par le style du texte ou si, au contraire, « l'image du texte » est déterminée par les miniatures. Le fait que les images se trouvent parmi les lignes du texte nous permet de « lire » les peintures dans le même sens que le texte, c'est-à-dire, horizontalement de droite à gauche. Soixante-dix-huit sur les quatre-vingt-neuf miniatures s'accordent de cette manière au texte et demandent une lecture horizontale. Les personnages assis, coiffés d'un turban, ainsi que les chameaux et les chevaux, se suivent comme les lettres composant les mots ou les mots composant les lignes du texte des *Maqāmāt*. Même dans les miniatures offrant un ordre visuel plus complexe, on trouve des éléments qui doivent être lus verticalement, comme le montre la représentation des deux personnages centraux – identifiés comme étant le prince commanditaire de l'ouvrage et l'auteur de ce dernier – sur le frontispice (fig. 9, 10) ou encore celles des visages tournés vers l'extérieur à travers les hublots du bateau dans la miniature de la *Maqāma al-ʿUmāniyya* (fig. 25).

Ainsi, le texte a une prédominance sur l'organisation interne de la peinture. La composition linéaire des peintures est une manière d'adapter l'image au texte, mieux encore, de créer une harmonie entre les deux.

Mais au-delà de l'harmonie visuelle, dans la mise en page de certaines miniatures, al-Wāsiṭī produit un jeu visuel qui fait dialoguer le texte avec les

---

14 توصيف جمعي في بنية تعبيرية وجمالية دلالات الأرقام ورموز الأحلام في تصاوير الواسطي مجيد السامرائي, Azzaman International Newspaper – Issue 2642 – http://www.azzaman.com, consulté le mardi 15 juillet 2008.

personnages, les animaux et les plantes représentés dans l'image. Dans la peinture de la *Maqāma al-Raḥbiyya* (fig. 26) représentant le gouverneur de Raḥba en compagnie d'Abū Zayd et de son fils, l'arme du gouverneur, semblable à une lance, pointe sur le point de la lettre kh (خ) du mot shaykh (شيخ) désignant Abū Zayd. Par ailleurs, la peinture de la *Maqāma al-Qahqariyya* (fig. 27) représente une assemblée de lettrés écoutant Abū Zayd, assis à l'extrémité droite de l'image et tenant à sa main une feuille blanche tendue vers les autres. Il s'adresse aux présents pour leur dire, selon le texte :

> Oreille attentive et bon vouloir. Écrivez donc ce que je vais dire et ensuite transmettez ce que je vais improviser aux générations à venir[15].

Les hommes sont installés à l'ombre de deux arbres qui donnent à la composition une forme oblongue. Les feuillages des arbres entourent des deux côtés la figure d'al-Hārith en train de regarder les personnages engagés dans un débat littéraire. Les branches des arbres encadrent également le troisième vers du poème cité ci-dessous, récité par Abū Zayd :

> Le Temps a dégainé son sabre acéré pour me faire peur et aiguisé le tranchant de sa lame.
> Il a tiré de mes paupières leur réserve de sommeil, par contrainte, faisant couler leurs larmes.
> Il m'a jeté aux quatre vents, par les chemins des contrées orientales, comme roule une étoffe, et aussi par l'Occident.
> Ainsi fait l'exilé, loin de sa patrie, changeant toujours de lieu, toujours visant un but plus lointain[16].

Dans une des peintures de la *Maqāma al-Makkiyya* (fig. 28) représentant Abū Zayd et son fils, nous voyons quatre oiseaux perchés sur les branches d'un arbre qui donne abri à notre héros et à son fils faisant tout deux une halte pendant

15 Al-Ḥarīrī,. op. cit., p. 153.

16 سَلَّ الزّمانُ عليّ عضْبَهْ ليَرو وعَني وأحَدَّ غَرْبَهْ
واستَلّ منْ جَفْني كَرَا هُ مُراغِماً وأسالَ غَرْبَهْ
وأجالَني في الأُفْقِ أطْ وي شرْقَهُ وأجوبُ غرْبَهْ
فبِكُلّ جوٍّ طلْعَة في كلّ يومٍ لي وغَرْبَهْ
وكذا المُغرِّبُ شخصُهُ متغرّبٌ ونواهُ غرْبَهْ
al-Ḥarīrī, op. cit., p. 155-156.

leur pèlerinage à La Mecque. Dans cette mise en page on a l'impression que la deuxième ligne du poème récité par Abū Zayd est en réalité chantée par l'oiseau juché sur la plus haute branche de l'arbre :

> Saroūj est ma ville natale, mais comment pourrais-je y revenir ?
> Les ennemis l'ont envahie, y semant une corruption que je trouve funeste.
> Par la Pierre Noire du sanctuaire sacré de La Mekke vers laquelle je me dirigeais demandant le pardon de mes fautes,
> Je jure que rien n'a paru beau à mes yeux depuis que j'ai été privé de sa vue[17].

Sur l'une des dernières pages du manuscrit, la peinture et le texte forment une véritable unité. La miniature de la *Maqāma al-Baṣriyya* (fig. 29) restitue le discours tenu par Abū Zayd à la mosquée de Basra. Que l'on soit lecteur de la *maqāma* ou spectateur de la miniature, dans la mesure où le texte et l'image constituent une unité visuelle, on est obligé de lire et de regarder en même temps. La représentation architecturale n'encadre pas entièrement le texte mais elle le détermine complètement par le positionnement du minaret de la mosquée qui renferme le texte cité ci-dessous, à l'extrémité droite de la page :

> C'est pourquoi je suis venu vous trouver, épuisant mes chameaux et brûlant les étapes au long de mon voyage à seule fin de vous tenir ce discours, mais je reconnais que vous n'avez nulle dette envers moi et que c'est l'obéissance à des nécessités personnelles qui m'a poussé ici ; quant à mes fatigues, elles ne visaient que mon repos. Je ne réclame point vos dons, mais vous demande d'invoquer Dieu en ma faveur. Je ne réclame point vos biens, mais cherche à inspirer vos supplications au Très-Haut pour qu'Il me fasse miséricorde. Priez Dieu qu'Il favorise mes efforts de repentir et me prépare aux fins dernières. Si haut qu'Il soit au-dessus de toute créature, Il répond favorablement à toutes les demandes. C'est Lui qui accepte[18].

---

17 سَروجُ داري ولكِن كيفَ السّبيلُ إلَيْها
وقدْ أناخَ الأعادي بها وأخْنَوْا علَيْها
فوالّتي سِرْتُ أبْغي حَطّ الذُنوبِ لدَيْها
ما راقَ طرْفي شيءٌ مُذْ غِبتُ عنْ طرَفَيْها
al-Ḥarīrī, op. cit., p. 132.

18 Al-Ḥarīrī, op. cit., p. 466-467.

Ces paroles adressées par Abū Zayd aux lettrés de Basra correspondent parfaitement à la scène représentée dans l'image : à droite, on voit l'orateur faisant face à ses auditeurs qui l'écoutent attentivement en le fixant du regard.

Ici, la parole devient partie intégrante de la peinture ; mais ce n'est pas exclusivement le texte de la *maqāma* qui apparaît à l'intérieur de la miniature[19]. Sur le minaret, faisant partie de la décoration architecturale, on peut lire la suite de la *shahāda* : « [....] et Muḥammad est le messager de Dieu[20] ». Au-dessous, sur la frise de la façade de la mosquée, on lit une sorte de dédicace au trente-sixième calife abbasside, al-Mustanṣir bi-Llāh qui, pour avoir régné entre 1226 et 1242, est un contemporain de la création du Ḥarīrī-Schefer (1237)[21]. Bien que, dans la dédicace principale, le frontispice représente un souverain, visiblement d'origine turque, le peintre n'a pas omis non plus de mentionner l'invocation sur le calife abbasside, dont, – faut-il le rappeler ? – le nom apparaît également sur plusieurs pièces de monnaie portant des représentations d'êtres humains et datées de la même époque[22].

Les historiens de l'art islamique ont eu souvent du mal à comprendre la fonction des « illustrations » créées pour une œuvre, comme celle d'al-Ḥarīrī, qui n'exige pas d'illustrations, dont la narration est assez simple pour pouvoir être comprise sans interprétation visuelle et dont la valeur principale est liée aux virtuosités linguistiques et rhétoriques[23]. Pourtant, al-Wāsiṭī avait une bonne raison d'« illustrer » les *Maqāmāt*, puisque, lui-même, s'intéressait à leur aspect rhétorique au point de représenter dans ses miniatures la « parole » sous forme de dialogues ou de discours. Les personnages représentés se disputant et se regardant nous donnent à voir leurs profils. Cette disposition illustre véritablement l'élément essentiel des *Maqāmāt* : les séances où les conversations et les discours se déroulent.

---

19 Dans le Ḥarīrī-Schefer, l'écriture, comme élément décoratif sur les objets représentés, apparaît sur trois miniatures : sur les drapeaux tenus dans les mains des hommes participant à la possession de la fin de ramaḍān (Arabe 5847, fol. 19), sur la façade de la mosquée en arrière-plan de la miniature représentant l'arrivée d'Abū Zayd et d'al-Hārith dans un village arabe (Arabe 5847, fol. 138), et sur la miniature en question.

20 محمد رسول الله.

21 Le texte sur la miniature dit : الهم سيدنا و مولانا الإمام المستنصر بالله أمير المؤمنين.

22 http://www.transasiart.com/Numismatique/numismatique_turquie/turcomans/ntqt03.htm, consulté le 5 octobre 2010.

23 Il s'agit de la synthèse des opinions de plusieurs spécialises de la peinture arabe, comme par exemple celle de Richard Ettinghausen (R. Ettinghausen, op. cit., p. 104) et d'Oleg Grabar (O. Grabar, *The illustrations of the Maqamat*, Chichago, University of Chicago Press, 1984, p. 3).

La proportion des figures représentées justifie également la volonté du peintre de représenter avant tout la parole et la communication. La taille des mains et des têtes, deux parties du corps humain qui participent à la communication verbale et non-verbale, est exagérée par rapport à celle des corps. Cette manière de représenter des personnages ne renvoie ni à la gaucherie du peintre, ni à une déficience d'observation anatomique ; elle reflète plutôt son intérêt de rendre visible avant tout les relations humaines au lieu des particularités du corps.

Cela signifie que le texte n'est ni accompagné ni illustré par les peintures, au contraire. L'artiste crée un monde visuel unissant dans un même mouvement les éléments du texte, à savoir les paragraphes, les lignes, les mots et les lettres, comme parties intégrantes de ces peintures. Sa manière de représenter l'homme en l'inscrivant dans l'espace constitué par la parole, et à la ressemblance de la lettre, peut correspondre à la volonté de rendre visible la relation singulière à la langue qui caractérise la pensée arabo-islamique médiévale. Si bien que les figures humaines prêtant leur corps à la matérialisation des mots, deviennent la personnification de la parole échappée du texte.

CHAPITRE 7

Des idées aux images

Les personnages indiens dans la miniature islamique

Éloïse Brac de la Perrière

Les peintures des manuscrits islamiques mettent épisodiquement en scène des personnages à la peau sombre ; noire, grise ou brune, parfois bleutée, il n'est pas toujours possible de déterminer la raison d'une telle pigmentation. Parmi les personnages concernés, des hommes figurent parfois à moitié dévêtus, portant chignon, barbe et bijoux en or – des éléments qui pourraient désigner les habitants de l'Inde. Les critères iconographiques permettant de distinguer les Indiens parmi tous les personnages à la peau sombre demeurent toutefois bien peu évidents, aussi la compréhension de l'image est-elle, de ce point de vue, presque toujours difficile. Aucune analyse ne semble avoir été consacrée à cette question, mais en comparant pourtant les miniatures arabes et persanes à certaines peintures indo-islamiques attribuables à la période pré-moghole, on s'aperçoit que ce qui peut être *a priori* considéré comme la marque d'une différenciation entre les personnages, n'est pas exploitée de la même manière dans le sous-continent indien que partout ailleurs. À première vue, les peintures indo-islamiques paraissent renvoyer à un réel de référence précis quand les autres miniatures font appel à un substrat culturel plus complexe mais aussi plus flou. Car l'étranger à la peau sombre, et l'Indien plus précisément, endosse dans les littératures arabe et persane des significations diverses qu'il faut pouvoir appréhender pour analyser l'iconographie en rapport.

Notons d'emblée que la langue arabe, comme la langue persane, n'établit pas de séparation *stricto sensu* entre origine géographique et appartenance religieuse : Indien et Hindou sont tout deux désignés par un seul vocable, « *hindī/hendu* », tout Indien étant par conséquent assimilé à un dogme religieux défini et au système socioculturel qui s'y rapporte, ces deux derniers reposant sur des concepts et des valeurs fort éloignés de ceux prônés par l'Islam. Le dictionnaire persan unilingue de Dekhoda propose cinq sous-entrées à l'article « *hendu* » : (1) habitant de l'Inde et disciple de ses coutumes antiques ; (2) adepte de l'hindouisme ; (3) garde ; (4) esclave, serviteur ; (5) toute chose noire[1]. Cette définition du *Loghat Nāmeh* est d'autant plus éclairante qu'elle

1 A. Dehkhoda, *Loghat Nāmeh* (Encyclopedic Dictionary), M. Mo'in et J. Shahidi (éd.), Téhéran, Tehran University Publications, 1993-94, 14 vol.

 | DOI 10.1163/9789004283855_008

laisse transparaître un glissement de sens évident, peut-être à l'origine de l'interprétation littéraire mais aussi iconographique du personnage indien. Cependant, comme on le verra plus tard, elle n'est pas exhaustive[2].

Aussi, les pages qui suivent s'attacheront-elles à déterminer si la peinture de manuscrit islamique n'est qu'une simple réinterprétation visuelle de l'imagerie littéraire, ou bien si elle s'en est affranchie pour proposer sa propre description du personnage indien[3]. Pour cela, il faudra dans un premier temps revenir plus en détail sur la constitution du substrat littéraire et des poncifs qui en découlent. On s'intéressera ensuite à l'évolution de cette image de l'Indien dans la peinture de manuscrits islamique non indienne jusqu'à la fin de la période timouride (début du XIIIe siècle), souvent désignée comme celle de la naissance du classicisme persan. La période suivante, celle des « premiers empires », relève de problématiques différentes, plus en lien avec le monde chrétien et européen. On pourra enfin, dans une dernière partie, s'interroger plus particulièrement sur l'interprétation du personnage indien qu'offre la peinture de manuscrit indo-islamique : reflet de son appartenance au monde indien ou bien de son ancrage dans le monde musulman ?

1 Substrat littéraire et constitution des poncifs

Le premier cas de figure est celui où la peinture de manuscrits, lorsqu'elle met en scène un personnage indien, fait directement référence au texte qu'elle illustre. Or la littérature arabo-persane médiévale est parsemée de nombreuses références à l'Inde et certains de ses plus grands textes renvoient directement

---

2 Si la langue arabe présente une définition lexicographique plus restreinte de la forme nominale à la racine [*h-n-d*], la définition se rapportant à l'unique verbe dérivé de cette racine, à la deuxième forme, « *hannada* » doit toutefois être prise en compte. Le dictionnaire de Kazimirski les traduit de cette façon : « (1) attirer à soi et rendre quelqu'un épris de soi par des caresses et des agacements ; (2) n'être pas de force à faire quelque chose et être très lent à faire quelque chose ; (3) renoncer à quelque chose, à faire quelque chose ; (4) crier comme crie le hibou ; (5) éclater en grosses invectives contre quelqu'un ; (6) supporter lâchement les injures, les invectives, ne pas savoir y répondre ni s'en venger ; (7) aiguiser un sabre [...] le rendre pareil à une lame indienne ». Cette dernière sous-entrée renvoie à la forme adjectivale « *hindawānī* » : qui vient de l'Inde, tranchant comme une lame indienne. (A. de Biberstein Kazimirski, *Dictionnaire arabe-français*, Beyrouth, Librairie du Liban, s.d. [1ère éd. 1860]).

3 Ce questionnement ne peut manquer de rappeler celui de M. Barrucand dans « Les voyages d'Abū Zayd ou la représentation de régions lointaines dans les miniatures islamiques du Moyen Age », dans W.-D. Lange (éd.), *Diesseits-und Jenseitsreisen im Mittelalter. Voyages dans l'ici-bas et dans l'au-delà au Moyen Age*, Bonn-Berlin, Bouvier-Verlag, 1992, p. 1-10.

aux Indiens. Le célèbre recueil de fables contées par les deux chacals Kalīla et Dimna, en constitue un bel exemple. Le récit original, le *Panchatantra*, composé entre le IIe et le VIe siècle de notre ère, en sanskrit, a été traduit en pahlavi dans un deuxième temps, vers 550, puis encore en arabe deux siècles plus tard, par le savant Ibn al-Muqaffaʿ. La première version en persan moderne, celle de Naṣr Allāh, est datée du début du XIIe siècle. La complexité du parcours de ce texte et les multiples avatars dont il est à l'origine, aussi bien dans le monde islamique que dans des contrées plus éloignées, l'Europe ne faisant pas exception, laissent imaginer quel en fut le succès. Un succès qui donnera naissance à de nombreuses copies illustrées du texte dans les zones arabophone et persanophone[4].

Le livre de *Kalīla et Dimna* s'ouvre sur l'histoire d'un voyage en Inde, celui du savant Burzoy dont le patron et protecteur n'est autre que le roi sassanide Khosrow II (531-579). Cette introduction sert d'ouverture à un récit-cadre dans lequel s'insèrent plusieurs récits à valeur édifiante qui constituent l'essentiel de l'ouvrage. Les copies illustrées présentent toujours un rappel de ce contexte indien : allusion visuelle au voyage de Burzoy dans ces contrées reculées où on le trouve simplement à cheval accompagné d'un autre cavalier, ou bien – ce qui nous intéresse plus directement – autres peintures où il se tient assis en compagnie d'un sage indien[5]. On trouve ensuite, dans de nombreux manuscrits, des représentations en rapport avec le récit-cadre, où le souverain indien Dabshalīm se trouve en compagnie de son ministre Bidpaï,

---

4 Pour un arbre généalogique complet du *Panchatantra* voir les deux pages d'entrées (non-paginées) dans E.J. Grube (éd.), *A Mirror for Princes from India. Illustrated Versions of the Kalilah wa Dimnah, Anvar-i Suhayli, Iyar-i Danish, and Humayun Nameh*, Bombay, MARG Publications, 1991. L'annexe I de cette publication présente de plus un synopsis intégral des différentes versions du texte ayant existé dans le monde musulman (ibid. p. 150-167). Voir encore E.J. Grube, « Prolegomena for a Corpus Publication of Illustrated *Kalilah wa Dimnah* Manuscripts », *Islamic Art* 4, 1990-1991, p. 301-481.

5 Par exemple, à la Bibliothèque nationale de France, le Supplément persan 1965, f. 4v, Iran, début du XIVe siècle, ou bien le Arabe 3467, f. 1v, Égypte ou Syrie, début du XIIIe siècle (les deux pages sont reproduites sur le site « Mandragore » ; pour une notice et des reproductions du manuscrit arabe, voir E.J. Grube (éd.) op. cit., p. 168 et fig. 10, 15, 18, 24, 35, 61 ; pour une notice détaillée de la copie persane, voir F. Richard, *Splendeurs persanes. Manuscrits du XIIe au XVIIe siècle.* [Exposition Paris, BnF, 27/11/1997-01/03/1998], Paris, Bibliothèque nationale de France, 1997, n° 11, p. 43). Voir encore à la Bodleian Library, Oxford, MS Pocoke 400, f. 13v, Égypte 755/1354, repr. dans E.J. Grube (éd.), op. cit., n° 3, p. 11 et B. O'Kane, *Early Persian painting : Kalila wa Dimna manuscripts of the late fourteenth century*. Londres, Tauris, 2002, p. 70-74, particulièrement fig. 25 et 26 et Pl. 9-11, p. 104-106.

à qui il aurait commandité les fables[6]. Il n'est pas lieu d'entrer ici plus avant dans les méandres d'un texte dont la richesse a déjà alimenté de nombreuses recherches et analyses, tant en ce qui le concerne lui-même que les illustrations venues s'y ajouter. Ce qu'il faut souligner encore, c'est que cet ouvrage a donné naissance à une très large iconographie, pour la version arabe et la version persane, dès le XIIIe siècle au moins. Cette iconographie offre certains des plus anciens exemples de représentations de personnages indiens dans la miniature islamique, et c'est encore elle qui en fournit le plus grand nombre.

Deux autres textes – incontournables pour ce qui relève de cette problématique – largement postérieurs au précédent et qui n'ont pas connu la même répercussion dans l'ensemble du monde musulman, méritent de figurer dans cette étude[7]. Ce sont ces deux chefs-d'œuvre de la littérature persane classique contés dans le même *Quintet*, ou *Khāmseh*, de Neẓāmī (1141-1209 ?) : *Haft Paykar* (Sept portraits) et *Eskandar Nāmeh* (Livre d'Alexandre). Le succès de l'ouvrage de Neẓāmī, jamais démenti, entraîna dans les siècles qui suivirent, dans le monde persan, en Inde et en Turquie, la composition d'autres textes s'en inspirant directement. De là une profusion de miniatures parvenues jusqu'à nous qui illustrent ces différents récits. Il ne s'agit pas de reprendre ici, une à une, les références à l'Inde, très nombreuses, que l'on peut trouver dans ces deux *mathnavi*-s. Ce qui nous intéresse davantage c'est le fait que les histoires contées, comme le *Kalīla wa Dimna*, se réfèrent directement à l'Inde et à ses habitants. *Haft Paykar* met ainsi en scène l'apprentissage de la royauté à travers Bahrām Gūr, jeune prince impétueux, auquel sept favorites venues de sept contrées lointaines content, durant sept jours, sept histoires édifiantes. Chacune occupe dans le palais un pavillon de couleur différente ; la princesse indienne réside dans le pavillon noir. L'autre récit, l'*Eskandar Nāmeh*, est composé de deux parties : *Sharaf Nāmeh* et *Eqbāl Nāmeh*, récit des conquêtes et « hymne à la sagesse[8] ». Il rapporte les victoires d'Alexandre contre les armées de l'Inde, épisodes déjà évoqués, deux siècles plus tôt, dans le *Livre des Rois*, le

6 Par exemple, Istanbul, University Library, Farsça 1422, f. 6r, Bagdad ou Tabriz, c.1360 (repr. dans E.J. Grube (éd.), op. cit., n° 1, p. 3), ou, dans une autre copie du texte également attribuable à Bagdad ou Tabriz vers 1380, Paris, BnF, Persan 376, le f. 82v (repr. F. Richard, op. cit., n° 30, p. 69).

7 Les index exhaustifs des sujets des miniatures le confirment : N. Titley, *Miniatures from Persian manuscripts, a catalogue and subject index of paintings from Persia, India and Turkey in the British Library and British Museum*, Londres, British Museum, 1977, et, du même auteur, *Miniatures from Turkish manuscripts, a catalogue and subject index of paintings in the British Library and British Museum*, Londres, British Library, 1981.

8 Selon l'expression d'A. Abel, « *Iskandar Nāma* », *EI2*.

Shāh Nāmeh, de Ferdowsī (*c.* 940-1020)[9]. Neẓāmī met également en scène le roi indien, Qayd (Porus), soumis par Alexandre mais pour lequel ce dernier garde respect et amitié ; c'est aussi l'occasion pour lui de confronter, au cours de longs palabres, le héros-prophète aux hommes les plus sages de la terre, parmi lesquels on retrouve la figure du sage hindou[10].

Il ne s'agit là que d'un rapide survol des principaux récits de la littérature arabo-persane qui renvoient directement, et plus que de manière anecdotique, à un contexte indien, récits qui ont donné naissance à une importante iconographie[11]. Les peintures illustrant des textes dont certains passages se rapportent à l'Inde sont bien sûr plus nombreuses et plus diverses, comme on peut le voir par exemple avec les *Livres des Merveilles de la Création*, dont le

9 On en connaît au moins un célèbre exemple, celui de « L'armée indienne fuyant devant les guerriers de fer d'Iskandar », *Shāh Nāmeh* dit « Demotte », Tabriz, *c.* 1328-36 (Cambridge, Fogg Art Museum, 1955-167), repr. dans B. Gray, *La Peinture persane*, Paris, Skira-Flammarion, 1977, p. 29. Les conquêtes des terres indiennes convoitées pour leurs richesses, tant matérielles, qu'humaines, sont d'ailleurs évoquées à de très nombreuses reprises dans le *Shāh Nāmeh*, reflétant là une réalité historique : celle des razzias ghaznavides en Inde, en particulier sous le sultan Maḥmūd (998-1030), contemporain de Ferdowsī, et auquel ce dernier avait dédicacé son œuvre avant qu'une querelle ne l'oppose à lui.

10 Le *Shāh Nāmeh* de Ferdowsī comporte aussi de nombreux épisodes où il apparaît clairement que cette référence antique à la sagesse hindoue n'a pas disparu dans l'Iran médiéval. On pourra citer l'épisode où le Roi de l'Inde envoie un jeu d'échec à Nushirvān, et n'accepte de lui payer tribut que s'il parvient à découvrir les règles du jeu. Nushirvān, bien sūr, relève et gagne le défi (trad. dans J. Mohl, *Le Livre des Rois par Abou'l Kasim Firdousi, publié, traduit et commenté*, Paris, Imprimerie royale, vol. I-VII, 1838-1878, vers 2698-2787).

11 Il existe bien sūr de nombreux autres textes qui se réfèrent à l'Inde, et plusieurs d'entre eux ont été illustrés au fil des siècles. C'est en particulier le cas des chroniques et des récits historiques ayant pour tâche de retracer l'histoire universelle, comme le célèbre *Jāmiʿ al-Tawārīkh* de Rashīd al-Dīn, (manuscrit dispersé dans sa plus grande partie entre la Bibliothèque Universitaire d'Edinburgh et la collection Khalili à Londres, et daté 714/1314), ou *L'Histoire des peuples anciens, Kitāb al-Āthār al-bāqiya*, d'al-Bīrūnī, (Edinburgh, Bibliothèque Universitaire, Ms arabe 161, daté 707/ 1307-8), ou plus tard encore, *Majmaʿ al-Tawārīkh* de Hāfez-e Abru, dispersé et attribuable à Hérat vers 1425. Une des peintures de ce dernier, conservée à la David Collection de Copenhague (85/1980), montre « Buddha et deux Indiens saluant un Brahman » (repr. dans *Sultan, Shah, and Great Mughal. The History and Culture of the Islamic World.* [Exposition Copenhague, The National Museum, 1996], Copenhague, The National Museum, 1996, n° 88). Buddha est représenté vêtu et coiffé à la manière islamique, le teint clair, contrairement aux trois autres protagonistes qui ont la tête, les jambes ou le torse nus, et la peau sombre.

genre encyclopédique se prête parfaitement à la description de lointains pays dont l'Inde fait partie[12].

Mais il existe aussi, à époque ancienne, des manuscrits dont les peintures montrent des personnages indiens sans rapport avec le récit lui-même. Les fameux manuscrits des *Maqāmāt* d'al-Ḥarīrī conservés à la Bibliothèque nationale de France (Arabe 5847) et au musée de l'Ermitage à Saint-Pétersbourg (C-23) en sont révélateurs. Il s'agit là de manuscrits illustrés de peintures qui figurent parmi les plus anciens exemples connus pour l'art islamique, le codex de la BnF étant daté de 634/1237 et celui de Saint-Pétersbourg probablement de la même période. Un épisode comme celui de « La naissance » (BnF, Arabe 5847, f. 122v, fig. 18), maintes fois reproduit, met en scène une famille indienne dans l'attente d'une naissance[13]. Seuls deux personnages, le héros et le narrateur parodiant de savants astrologues, sont représentés à la manière des Arabes, le teint blanc et coiffés de turbans et de longues robes, de part et d'autre de la partie supérieure de la composition. Elle-même est matérialisée par une architecture cadre symbolisant la demeure où se déroule la scène. Le maître des lieux et futur père, qui se tient dans le registre supérieur et central, a la peau sombre ; il est vêtu d'un pagne et porte des cheveux longs en partie relevés en chignon, ainsi qu'une longue barbe fine séparée en deux mèches à son extrémité. Son épouse, en travail, occupe le registre inférieur, flanquée de deux servantes. C'est de toute évidence, tant par sa corpulence que par sa place, le principal protagoniste. Elle aussi a la peau sombre, elle est coiffée de tresses et arbore de beaux bijoux dorés, aux poignets, aux chevilles, ainsi qu'autour du cou, à la manière indienne. Sa robe en revanche, de même que celles des servantes, n'est en rien différente de celles des deux compères qui prédisent l'avenir au-dessus d'elles.

En réalité l'épisode narré dans le texte d'al-Ḥarīrī n'a aucun rapport avec l'Inde. Il s'agit de la Séance de la mer d'Oman, trente-neuvième *maqāma*, où il est conté que les deux héros, Abū Zayd et al-Ḥārith, après avoir embarqué sur un vaisseau au port de Suhār, accostent sur une île, à propos de laquelle le narrateur prononce ces seuls mots : « et nous ne savions rien de cette île[14] ». Rien non plus n'indique que le gouverneur de la place, le futur père, n'est pas arabe. De même, rien dans le texte ne permet de penser que l'équipage du navire

12 Par exemple, *ʿAjāʾib al-makhlūqāt va gharāʾib al-mawjūdāt* de Ṭūsī Salmānī, Bagdad, 790/1388, Paris, BnF, Supplément persan 332 (cf. F. Richard, op. cit., n° 33, p. 71).

13 Pour une reproduction de cette peinture, voir par exemple R. Ettinghausen, *La Peinture arabe*, Genève, Skira, 1962, p. 121.

14 Al-Qāsim al-Ḥarīrī, *Maqāmāt. Le Livre des malins. Séances d'un vagabond de génie*, trad. R. Khawam. Paris, Phébus, 1992, p. 355.

sur lequel les deux compères ont embarqué est lui aussi originaire d'une autre contrée que la leur. Et pourtant, dans le manuscrit de la BnF (f. 119r, fig. 25) les marins sont également représentés vêtus de pagnes et la peau noire, et celui qui semble être le capitaine du vaisseau porte coiffure et barbe à la manière du gouverneur de l'île[15]. Dans le manuscrit de Saint-Pétersbourg, c'est Abū Zayd négociant son embarquement que l'on voit à terre face au navire occupé par les marins et deux voyageurs enturbannés[16]. L'équipage est ici encore constitué d'hommes à la peau sombre, mais, contrairement à la miniature de la BnF, les pans de leurs tuniques blanches recouvrent leurs torses nus. Les vêtements rappellent ici davantage ceux de l'Afrique orientale, l'Éthiopie en particulier, que ceux du sous-continent indien[17].

L'hypothèse la plus probable concernant cette surinterprétation du texte par les peintures est que cet épisode des *Maqāmāt* faisant référence à la mer d'Oman, voie maritime bien connue des voyageurs arabes pour accéder aux côtes occidentales de l'Inde, l'amalgame était aisé. En ce qui concerne la référence visuelle à l'Afrique orientale pour les personnages de la page de Saint-Pétersbourg, s'il s'agit bien de cette région, elle peut se comprendre de la même façon, les côtes somaliennes bordant une partie de la mer d'Oman. Il n'est pas impossible non plus, voire même tout à fait concevable, que les peintres de ces deux manuscrits aient fait appel à un réel de référence précis, où les équipages de navires transitant par le Golfe d'Oman, ou même le Golfe persique, seraient d'origine indienne ou africaine. La peinture témoignerait donc ici d'une certaine réalité, en venant préciser le texte et en en améliorant la charge documentaire[18]. L'étude de ces *Maqāmāt*, ainsi que d'autres manuscrits plus

15 Repr. dans *Sultan, Shah, and Great Mughal*, op. cit., fig. 63, p. 206.

16 Repr. dans *De Bagdad à Ispahan – Manuscrits islamiques de la Filiale de Saint-Pétersbourg de l'Institut d'Etudes orientales, Académie des Sciences de Russie.* [Exposition Musée du Petit Palais 14 octobre 1994-8 janvier 1995], Paris, Fondation ARCH/ Paris-Musées/ Electa, 1994, n° 39, p. 125.

17 O. Grabar évoque brièvement la question d'une typologie des personnages dans les *Maqāmāt*, de même que celle de la singularité des thèmes iconographiques de la séance trente-neuf, dans O. Grabar, « The Illustrated *Maqamat* of the Thirteenth Century : the Bourgeoisie and the Arts », in A. Hourani (ed.), *The Islamic City*, Oxford, Oxford University Press, 1970, p. 207-222.

18 Par ailleurs, notons que cette association entre les personnages indiens et la navigation sur la mer d'Oman est encore utilisée au début du XVIe siècle dans la peinture turkmène, plus exactement aq-qoyunlu : voir le *Mehr va Moshtari* de Athār Tabrīzī, Chirāz, 1504, f. 82r., Paris, BnF, Supplément persan 765 (repr. F. Richard, op. cit., n° 79). Dans ce manuscrit le personnage à la peau noir est vêtu à l'indienne : torse nu, pagne rouge, bracelets aux poignets, aux bras et aux genoux et collier d'or, ainsi que les cheveux relevés en chignon.

tardifs du même texte est tout à fait intéressante du point de vue même de cette charge documentaire. On trouve encore dans les copies mameloukes datant du XIVe siècle, des représentations de personnages noirs, représentant sans doute des Africains, dont le récit ne fait nullement mention[19]. Le peintre renvoie ici à un vécu ou bien à des clichés qui en découlent et qui devaient faire sens pour l'observateur de l'époque. C'est ce substrat qui repose en majeure partie sur un apport littéraire très dense qu'il faut à présent tenter d'appréhender.

On doit à Annemarie Schimmel l'essentiel de ce qui a été publié à ce sujet[20]. Celle-ci rappelle que les récits arabes se rapportant au Sind durant la première période d'occupation musulmane (VIIIe-XIe siècles) s'inscrivent directement dans la tradition hellénistique. Ainsi les Indiens, du fait du climat des régions qui sont les leurs, auraient la peau noire. Leurs savants sont reconnus pour leurs connaissances philosophiques, leur intérêt pour la médecine, les mathématiques et les sciences qui s'y rapportent, comme l'astrologie. Par là même, on considère qu'ils sont particulièrement doués pour la magie[21]. Le texte de *Kalīla et Dimna* s'inscrit d'ailleurs précisément dans cette tradition. D'une certaine façon l'Inde y figure comme le lieu du savoir absolu, puisque le vizir Burzūya demande à s'y rendre après avoir pris connaissance de l'existence d'une plante des montagnes qui permettrait de ressusciter les morts. Parallèlement, sans que cela contredise ce que nous venons d'avancer, la lecture des textes arabes et persans les plus anciens qui font référence aux terres indiennes montrent que celles-ci ont acquis dans l'imaginaire collectif une valeur bien particulière,

---

Debout à la proue du navire et maniant des rames rouges, c'est clairement lui qui dirige l'embarcation.

19 Voir par exemple le manuscrit de Vienne, Nationalbibliothek, A.f. 9, f. 87v., repr. dans R. Ettinghausen, op. cit., p. 151.

20 A. Schimmel, « Turk and Hindu : a literary symbol », *Acta iranica* 3, Téhéran-Liège, Bibliothèque Pahlavi, 1974, p. 243-48, et « Turk and Hindu : a poetical image and its application to historical facts », dans S. Vryonis (ed.), *Islam and Cultural Change in the Middle Ages*, Wiesbaden, O. Harrassowitz, 1975, p. 107-26. D. Meneghini Correale a également consacré un article à cette question, dont l'analyse repose en partie sur une discussion du premier article de A. Schimmel : cf. D. Meneghini Correale, « Le Turc et l'Indien dans les *ghazals* de Hāfez », *Annali di Ca'Foscari* 29/3, 1990, p. 151-67. Cependant, D. Meneghini Correale ne cite nulle part le second article d'A. Schimmel publié en 1975 où les questions posées dans sa première publication sont plus largement développées. Le travail de D. Meneghini Correale repose par ailleurs essentiellement sur la lecture de Ḥāfeẓ, poète du XIVe siècle, et donc un peu tardif pour l'analyse d'une telle problématique.

21 Ainsi, plus tard, dans le *Shāh Nāmeh* de Ferdowsī, on trouvera cette jolie forgerie, « *Jādustān* », de « *jādu* », la magie, autrement dit le pays de la magie, pour désigner le Hendustān, le pays des Indiens (cf. J. Mohl (trad.), op. cit., vers 223-4).

celle des confins du monde. C'est ce qu'il nous a déjà été donné de voir avec le *Livre des merveilles de la création* (*ʿAjā'ib al-Makhlūqāt*), et ce que l'on retrouve encore dans le *Shāh Nāmeh* de Ferdowsī où la mère du héros Fāridūn cache son fils dans le lointain Hendustān pour le protéger du roi Zaḥḥāk, qui symbolise le mal. C'est aussi à cette région qu'est associé le mont Alborz où le Simorgh, oiseau merveilleux, installe l'enfant Zāl rejeté par son père[22]. Deux siècles plus tard environ, au début du XIIIe siècle, on retrouve chez le mystique ʿAṭṭār (m. vers 1220) cette idée lorsqu'il fait du même Hendustān le lieu d'habitation du fabuleux phénix[23].

Cette première idée d'extrême éloignement est de toute évidence liée à celle qui donne à l'étranger, l'Autre, les traits d'un Indien dans de nombreux récits ainsi que dans certaines peintures de manuscrits. À ce substrat de la première période, que l'on pourrait considérer comme la matérialisation à travers l'Inde et les Indiens d'une sorte d'attrait pour un « exotisme » laissant toute sa place à l'imaginaire, vient se substituer peu à peu, une image de l'Indien plus négative. Comme l'a remarqué A. Schimmel, ce changement est consécutif aux raids ghaznévides en territoire indien dès la fin du Xe siècle[24]. Dès lors, le personnage endosse un nouveau rôle : celui de l'infidèle bien sûr, païen et iconolâtre, mais aussi celui de l'esclave, dont la servitude est directement liée à l'histoire même des conquêtes durant lesquelles les Ghaznévides ont déporté des populations entières pour les soumettre à l'esclavage. La peinture de manuscrit durant plusieurs siècles témoigne indirectement de ce changement ; nous aurons l'occasion d'y revenir. Toujours à cette même époque, l'amalgame Noir/Indien se renforce, et ceci d'autant plus qu'il est fondamentalement lié au couple antinomique que constitue maintenant le Turc et l'Indien : l'un blanc, l'autre noir, l'un puissant, l'autre faible, l'un maître, l'autre esclave. C'est là que vont se constituer plusieurs *topoi* fondamentaux de la littérature persane : les longues tresses noires indiennes, le grain de beauté indien (noir), l'œil indien (noir lui aussi)… Un glissement de sens qui va s'avérer plus intéressant encore quand on sait que le noir du grain de beauté ou de l'œil de l'amante est aussi synonyme de danger, de traîtrise et d'infidélité[25]. L'ensemble de ces clichés figure également dans la littérature indo-persane, ils y sont parfaitement assimilés.

---

22 J. Mohl (trad.), op. cit., vol. 1, vers 111-128.

23 Farīd-ud-dīn ʿAṭṭār, *Le Langage des oiseaux* (trad. Garcin de Tassy), Paris, Albin Michel, 1996, p. 162.

24 A. Schimmel, op. cit., 1975, p. 111.

25 A. Schimmel situe la constitution de ces *topoi* à l'époque d'al-Bīrūnī (A. Schimmel, op. cit., 1975, p. 109).

Pour A. Schimmel, ce serait aussi durant cette période que l'astre de l'infortune, Saturne, l'« Hindou du firmament » se voit attribuer des pouvoirs magiques démoniaques[26]. Les caractéristiques négatives de Saturne sont toutefois, semble-t-il, beaucoup plus anciennes. A. Caiozzo note ainsi que « les textes astrologiques sanscrits (Ier siècle-VIe siècle apr. J.-C.), fidèles héritages de textes astrologiques grecs en grande partie perdus (Dorothée de Sidon, Hephaestion de Thèbes), le décrivent en insistant sur son côté misérable : c'est un homme brun de peau, grand, maigre et faible, malodorant, aux cheveux peu soignés et aux dents cassées, sécrétant de la tristesse et de la paresse, de la malice, de la férocité et de la méchanceté[27] ». L'amalgame aurait-il eu lieu dans le sens contraire, Saturne, astre noir et maléfique, s'étant de fait transformé en Indien ? Il semble ici que l'image se soit constituée de manière relativement complexe. Dans l'iconographie islamique en tout cas Saturne est représenté comme un Indien, ou bien comme une divinité indienne dotée de plusieurs bras[28]. Il est à la fois puissant et bénéfique pour certains – il est, entre autres choses, le protecteur de ceux qui travaillent la terre – mais terrible tout en même temps, caractéristiques antagoniques qui ne manquent pas de rappeler, comme le souligne avec justesse A. Caiozzo, la déesse Kali qui, comme lui, est aussi maîtresse du temps[29].

2 Iconographie des personnages indiens dans les peintures des manuscrits persans durant la période « pré-classique »

Définir une liste de critères pour mieux déceler les personnages indiens dans la miniature persane jusqu'à la période dite « classique », c'est-à-dire le XVe siècle timouride, est loin d'être évident. En effet, on est d'abord surpris par la diversité des manuscrits pouvant être concernés. À l'exception de ceux dont il a été précédemment question et dont le texte même se rapporte directement à l'Inde et aux Indiens, les manuscrits ornés de peintures où figurent des personnages paraissant indiens à première vue, peuvent avoir des sujets aussi variés

26 Ibid., p. 110.

27 A. Caiozzo, *Images du ciel d'Orient au Moyen Age. Une histoire du zodiaque et de ses représentations dans les manuscrits du Proche-Orient musulman*, Paris, PUPS, 2003, p. 189.

28 Si Saturne demeure la planète la plus souvent représentée de telle manière, elle n'est toutefois pas la seule : voir, par exemple, M. Barrucand, « The Miniatures of the *Daqā'iq al-Ḥaqā'iq* (Bibliothèque nationale Pers. 174) : A Testimony to the Cultural Diversity of Medieval Anatolia », *Islamic Art* 4, 1990-1991, p. 113-142, figs. 14, 16-20, 23.

29 A. Caiozzo, op. cit. p. 294-295.

que leurs attributions sont diverses ; il ne semble pas qu'il y ait de ce point de vue de regroupement pertinent envisageable.

Des recoupements peuvent en revanche être établis selon les fonctions endossées par les personnages. La représentation iconographique va véhiculer tout aussi bien, et à toutes les périodes, une image positive ou négative des Indiens, suivant en cela la littérature qui l'engendre. C'est ce qu'il nous a été donné de voir avec les représentations de souverains et de savants indiens dans les *Kalīla wa Dimna*[30]. C'est encore, même si cela est en partie plus complexe pour les raisons évoquées plus haut, cette image positive qui est véhiculée par Saturne dans les livres d'astrologie : *Le Livre des nativités, Kitāb al-Mawālid,* de la Bibliothèque nationale datable du XVe siècle et attribué à l'Égypte, en constitue un bon exemple[31]. Cette caution savante est mise à contribution dans le frontispice du *Livre de la Thériaque, Kitāb al-Diryāq,* daté de 1199, un manuscrit de pharmacologie lui aussi conservé à la Bibliothèque nationale de France[32]. Quatre danseuses habillées à l'indienne apparaissent dans les quatre écoinçons de cette page d'ouverture et sont disposées autour d'une *shamseh* bordée d'un ruban serpentin noué en sa partie inférieure. L'espace central est occupé par un personnage couronné, vêtu et coiffé d'une manière se rapprochant beaucoup de celle des danseuses, et il est flanqué de chaque côté de deux personnages plus petits, encore vêtus à l'identique. Le personnage central, qui tient un large anneau autour de sa tête, incarne le disque lunaire. La portée symbolique de ce frontispice est à la fois évidente et complexe mais il serait hors de propos de s'y attarder plus longuement ; il faut insister en revanche sur le lien sous-jacent établi par l'iconographie entre les Indiens, la cosmologie, la pharmacologie, et donc, pour finir, le savoir lui-même.

D'autres images d'Indiens apparaissant dans la miniature islamique sont plus ambiguës. Un lien récurrent avec certains métiers transparaît, et on pense en particulier aux marins des *Maqāmāt* ou encore aux cornacs que

---

30 Ces représentations figurent encore dans les copies de la période jalāyeride, puis timouride. Voir par exemple le folio 56r du manuscrit de la Bibliothèque de Topkapı Saray à Istanbul, inv. Hazine 362, daté et localisé Herāt 834/1431, les peintures étant probablement plus anciennes et attribuables aux ateliers jalāyerides (repr. dans E.J. Grube (éd.), op. cit., n° 80). Voir encore la copie de la Bibliothèque de l'Université d'Istanbul, Bagdad ou Tabriz c.1360, inv. f. 1422, fol. 6 [repr. dans E.J. Grube (éd.), op. cit., n° 1].

31 BnF, Arabe 2583. M.-G. Guesdon et A. Vernay-Nouri (dir.), *L'Art du livre arabe. Du manuscrit au livre d'artiste*, Paris, Bibliothèque nationale de France, 2001, n° 85.

32 BnF, Arabe 2964. Pour une bibliographie complète de ce manuscrit qui a déjà suscité de nombreuses analyses, on pourra se référer à M.-G. Guesdon et A. Vernay-Nouri (dir.), op. cit., n° 93. Le frontispice est reproduit p. 112.

l'on trouve assez tôt dans certaines miniatures[33]. Certes, il ne s'agit pas là de fonctions sociales à connotations négatives, mais il ne s'agit pas non plus de rangs élevés dans la hiérarchie sociale. Le personnage indien, par ailleurs souvent confondu avec le personnage noir, n'occupe en général que des fonctions secondaires. Certains contre-exemples sont révélateurs : la princesse indienne du *Haft Paykar* de Neẓāmī est, presque toujours, représentée selon le canon persan[34], sans traits distinctifs : visage rond comme la pleine lune, teint clair, corps fin du cyprès et tenue vestimentaire relevant des modes en vigueur dans les cours contemporaines de la peinture. Rares sont les exceptions qui dérogent à cette règle, comme dans la *Khāmseh* de la Chester Beatty Library, datée 886/1481-2 (Ms.162, f. 200), où la princesse indienne est tout à fait noire[35] (fig. 30), ou encore la copie plus tardive, inventoriée D-212 au Musée de l'Ermitage (f. 198v), où cette fois la princesse indienne présente un teint grisâtre. Ce dernier manuscrit toutefois est assez tardif, il date du début de la période safavide, plus exactement de 950/1543, et ses peintures ont peut-être été exécutées un peu plus tard, à Shīrāz, vers 1550.

En général, mais plus encore à partir de la fin du XIVe siècle, les personnages à la peau brune ou noire incarnent des serviteurs ou des esclaves. Il demeure difficile de déterminer leur origine exacte car ils ne sont en réalité rien d'autre que des figurants dans l'illustration, sortes d'occupants des espaces vides, dont le texte même ne mentionne pas la présence ou sinon de façon elliptique (serviteur ouvrant la porte, esclave portant une coupe, etc.). Ces personnages secondaires se tiennent toujours en marge de la composition, sur les côtés le plus souvent, ou en bordure de la scène principale, comme faisant partie du décor et, de fait, pouvant être oubliés. Rien dans leur attitude, leur posture, debout ou assis, de face (ce qui demeure assez rare), de trois-quarts ou de profil, ou dans la place qu'ils occupent, ne les met en avant. Leur taille est moyenne, voir légèrement inférieure à celle des principaux personnages, leurs

---

33 Voir « L'horloge à l'éléphant », page du *Kitāb fī ma'rifat al-ḥiyal al-handasiya* d'al-Jazarī, daté 715/1315 (New York, Metropolitan Museum of Art, 57.51.23). Cette image du cornac indien se retrouve jusqu'à la période safavide : cf. F. Richard, « À propos d'une double page réalisée à Bukhara : la tradition picturale persane des figures composites ; tentative d'interprétation » *ā'ine-ye mirās* (Téhéran), nouvelle série, IV-4 (35), 2007, p. 145-175.

34 On trouvera une description détaillée de ce canon esthétique dans M. Mokri, « Esthétique et lexique du corps humain dans la littérature classique iranienne », *Journal Asiatique* 291.1-2, 2003, p. 249-293.

35 Repr. dans B. Brend, « Beyond the Pale : Meaning in the Margin », dans R. Hillenbrand (éd.), *Persian Painting from the Mongols to the Qajars – Studies in honour of Basil W. Robinson*, Londres, I.B. Tauris Publishers/ The Centre of Middle Eastern Studies, University of Cambridge, 2000, n° 14, p. 47.

vêtements ne présentent rien non plus de distinctif si ce n'est qu'ils sont relativement modestes (formes simples, coloris servant la composition mais ne les mettant jamais en lumière), et finalement, dans presque tous les cas, seule la couleur de leur teint les distingue.

Aussi, dans la miniature persane alimentée de ce point de vue par une imagerie littéraire de plus en plus dépréciative, l'Indien se confond peu à peu avec l'Abyssinien, l'Africain, ou même le Tsigane, comme le montre de façon intéressante une peinture d'un *Majāles al-ʿoshshāq* daté de la fin du XVIe siècle et conservé à la Bibliothèque nationale de France[36]. Il s'agit d'un épisode où le mystique Amīr Sayyid Ḥusaynī visite un campement tsigane (*lūlī*) : ceux-ci présentent les mêmes caractères physiques que tous les autres personnages du manuscrit si ce n'est que leur peau est colorée en gris ou en noir, que les enfants sont entièrement nus, et certains hommes simplement vêtus de pagnes[37]. La peau sombre devient donc symbole de l'Étranger, celui qui n'appartient pas, ou plus, à la bonne société, celui dont les origines se trouvent hors des terres d'islam ou bien dont le parcours l'a finalement exclu du groupe. On pense ici à la figure emblématique de Majnūn, toujours représenté à demi nu, les hanches ceintes d'un pagne, et dont la peau tire vers le gris ou le marron. Or Majnūn est l'aliéné, au sens le plus littéral du terme, l'exclu du clan tribal et par là même de la société musulmane. Les caractéristiques physiques et vestimentaires qui sont les siennes dans l'iconographie ne peuvent manquer de rappeler celles des personnages indiens. Le rendu pictural repose ici de toute évidence sur un fond commun, probablement ancien et profondément assimilé par le vocabulaire iconographique. Il serait intéressant dans cette optique de procéder à une analyse diachronique de la représentation picturale du personnage de Majnūn, une étude qui mériterait à elle seule plusieurs pages que cet article ne peut lui consacrer.

C'est sans doute encore en partie à cette même source qu'ont été puisées certaines représentations de figures maléfiques apparaissant dans les manuscrits. L'illustration présentant Murrah b. Qays, auquel la tradition chiite attribue le meurtre de ʿAlī, chassé du sanctuaire où repose la dépouille de ce dernier, en constitue un nouvel exemple[38]. Murrah b. Qays est peint fuyant le mausolée,

---

36 BnF, Supplément persan 776, f. 156v. Repr. dans F. Richard, op. cit., 1997, n° 137.

37 Ibid. Toutefois, dans ce manuscrit, les personnages indiens ne présentent pas de différences notables avec les autres personnages (voir les f. 171r, « Pahlavān Maḥmūd luttant avec un Indien » et f. 240v « Alexandre en compagnie d'une Indienne », non reproduits).

38 Page d'un *Fāl Nāmeh* dispersé, collection Aga Khan, inv. 2005.1.96, Tabrīz ou Qazvīn, milieu du XVIe siècle. Sur cette page voir S. Canby, *Princes, poètes et paladins. Miniatures islamiques et indiennes de la collection du prince et de la princesse Sadruddin Aga Khan*,

le visage grimaçant, doté d'une queue, et la peau presque noire. Dans tout le manuscrit les personnages à la peau sombre sont malfaisants : diable, mages (également représentés torses nus), guerriers ennemis[39]. C'est aussi à l'amalgame infidèle / païen / idolâtre avec Indien / Noir que l'iconographie de ce *Fāl Nāmeh* se réfère, comme le démontre encore l'illustration des païens du monastère azur, prosternés devant trois idoles bouddhiques. Leur forme et leur position en tailleur sont celles que l'on retrouve dans la plupart des représentations islamiques, mais elles sont ici complètement noires, couleur qui indique leur origine indienne[40].

Une filiation directe entre textes et peintures a donc profondément marqué cette iconographie. La littérature persane qui, plus que toute autre, aime jouer sur des images prédéfinies, poncifs utilisés et réutilisés sur de longues périodes mais perdant peu à peu certains contenus au profit d'autres significations, a, semble-t-il, directement influencé la peinture de manuscrits. Si la littérature indo-persane semble avoir repris à l'identique les poncifs associés aux Indiens dans la littérature persane, avec tout l'arrière-plan dépréciatif que cela comporte, on peut se demander s'il en est de même pour la miniature indo-islamique avec la miniature persane. Les exemples à notre disposition nous permettent au contraire de penser qu'elle a réinterprété à sa manière métaphores et clichés, en particulier durant la période pré-moghole qui correspond aux siècles couverts par cet article.

3 Iconographie du personnage indien dans la peinture de manuscrit indo-islamique durant la période des sultanats (XIVe siècle-fin du XVIe siècle)

La peinture indo-islamique durant la période des sultanats présente le grand intérêt de rassembler en son sein deux courants stylistiques bien distincts qui constituent l'essentiel de la production : l'un est directement influencé par des modèles issus du reste du monde islamique, archaïsants ou contemporains, l'autre est au contraire profondément lié au contexte de production, indien et non islamique. Ceci permet d'envisager d'emblée des rapports à la

Genève, Musée d'art et d'histoire, 1998, n° 30, p. 55 et A. Tokatlian, *Falnamah. Livre royal des sorts*, Paris, Gourcuff Gradenigo, 2007, p. 25.

39 Voir A. Tokatlian, op. cit., p. 13, 21, 23, 27, 31.

40 Ibid. p. 51. Selon A. Toklatian, le noir serait réservé aux idoles indiennes, alors que la couleur dorée serait celle des idoles antéislamiques « et d'autres lieux de l'Antiquité » (Ibid. p. 50).

représentation des personnages indiens tout à fait différents, que l'observation des peintures confirme : le degré d'« indianisation » des peintures est un facteur déterminant pour la représentation des personnages indiens. Ainsi, une peinture exécutée dans un style identique à celui des miniatures persanes en reprendra les poncifs, sans que le contexte de production, indien donc, n'y joue aucun rôle.

Il n'existe en réalité que très peu de manuscrits à peintures attribués à cette période avec certitude. Par ailleurs, l'immense majorité d'entre eux sont datés ou datables du XVe siècle et du premier quart du XVIe siècle. L'installation des Moghols sur le territoire après la victoire de Bābur sur les sultans de Delhi, les Lodis, à Panipat en 1526 se fait progressivement, aussi cette date ne marque-t-elle la fin de la production artistique pré-moghole que dans le nord et le centre du pays. *A contrario*, le Deccan livre au XVIe siècle une production picturale fort intéressante et qui lui est propre. C'est donc, dans l'ensemble, à un échantillon restreint et relativement tardif qu'il faut ici se référer[41].

En ce qui concerne l'Inde du Nord et du centre, deux groupes de peintures peuvent être mis en avant. Le premier, datant de 1400 à 1475 environ, est relativement homogène du point de vue du style. Il est caractérisé par des représentations archaïsantes par rapport aux canons en vigueur ailleurs dans le monde islamique, reposant sur des compositions comprises dans des espaces oblongs sur fonds uniformes, fréquemment rouges, des personnages aux corps trapus et aux grosses têtes, ainsi que plusieurs autres caractéristiques de la peinture persane entre le XIIIe siècle et la première moitié du XIVe siècle[42]. Ces peintures partagent aussi de nombreux points communs avec celles qui ornent les manuscrits jaïns des XIVe et XVe siècles, manuscrits eux-mêmes en partie influencés par l'art du livre persan. Dans le deuxième groupe sont rassemblés quelques manuscrits datant de la fin du XVe siècle et du premier quart du siècle suivant. Contrairement au premier groupe, on connaît la provenance exacte de presque tous ces manuscrits, exécutés dans l'Inde centrale, dans le sultanat du Malwa, ou dans le Bengale pour l'un d'entre eux[43]. Ils présentent des peintures

41 Pour une analyse exhaustive de ces manuscrits, voir E. Brac de la Perrière, *L'Art du Livre dans l'Inde des sultanats*, Paris, PUPS, 2008.

42 E. Brac de la Perrière, « Du Caire à Mandu : transmission et circulation des modèles dans l'Inde des sultanats », dans F. Richard et M. Szuppe (dir.), *Écrits et culture en Asie centrale et dans le monde turco-iranien, X^e^-XIXe siècles / Writing and Culture in Central Asia and in the Turko-Iranian World, 10th-19th c.*, Cahiers de Studia Iranica. Paris, Association pour l'Avancement des Études Iraniennes, 2009, p. 333-358.

43 J.P. Losty, *The Art of the Book in India, Catalogue of an Exhibition at British Library*, Londres, British Library, 1982, n° 6, 10, 40, 42, 43.

dont les styles reposent sur des caractéristiques du monde iranien contemporain et affichent tout en même temps la marque d'un ancrage plus ou moins profond dans le monde indien. L'exemple le plus représentatif de ce mélange, sur lequel nous aurons l'occasion de revenir plus longuement, est un *Neʿmat Nāmeh*, recueil de recettes culinaires et amoureuses, exécuté à Mandu, capitale du Malwa entre 1495 et 1505[44]. Le style des illustrations repose de toute évidence sur la peinture turkmène de Shīrāz vers 1480, mais le traitement des personnages, et l'iconographie en général, ne laisse aucun doute sur l'origine indienne du manuscrit. Au sud de l'Inde, la peinture du Deccan s'inscrit dans le même courant que la précédente, tout en affichant plusieurs spécificités, parmi lesquelles une palette qui repose d'abord sur des couleurs franches et vives, dont un rose très particulier, et plus tard sur des dominantes chaudes et brunes[45]. Par ailleurs, cette peinture présente en son sein quelques disparités importantes, les miniatures rattachées à Golconde affichant par exemple une très nette filiation avec la peinture persane quand celles d'Ahmadnagar et de Bijāpur paraissent profondément liées à la tradition iconographique indigène. Pour cette raison, c'est à ces dernières que nous nous intéresserons plus particulièrement.

Pour revenir au premier groupe de peintures, rattaché au XVᵉ siècle mais dont l'iconographie repose sur des éléments archaïsants, il ne semble pas y avoir de volonté précise de distinguer l'origine géographique des personnages. En effet, si les peintures d'un manuscrit comme la *Khāmseh* dispersée d'Amīr Khosrow datable du premier quart au moins du XVᵉ siècle, voire d'un peu plus tôt[46], présentent quelques traits faisant lien avec l'Inde, ceux-ci n'ont *a priori* aucune charge narrative particulière. Ils sont la marque d'un contexte de production, une réalité à laquelle se réfère le peintre. Ainsi, les personnages féminins portent le *odhni*, long voile indien posé à l'arrière de la tête, mais cela mis à part, les figures humaines du manuscrit n'affichent aucun signe distinctif pouvant les rattacher à l'Inde plus qu'au reste du monde musulman. Leur teint est clair, leurs corps tubulaires et trapus, leurs têtes rondes et les traits de leurs visages correspondent aux canons de beauté persans du visage de lune, le

44 India Office Library, IO Islamic 149/ETHE 2775 (ancien n° inv. Persian Ms 149). Pour un facsimilé du manuscrit, voir N. Titley, *The Ni'matnama manuscript of the Sultans of Mandu. The Sultan's Book of Delights*, Londres/New York, Routledge Curzon, 2004.

45 M. Zebrowski, *Deccani Painting*, Londres, Sotheby Publication, 1983.

46 Pour une tentative de reconstitution de ce manuscrit, voir E. Brac de la Perrière, « Les manuscrits à peintures dans l'Inde des sultanats : l'exemple de la *Khamse* dispersée d'Amir Khosrow Dehlavi, c.1450 », *Arts Asiatiques* 56, 2001, p. 24-44.

māhru. Ils sont vêtus à la manière islamique de longs manteaux et de turbans pour les hommes et de longues robes pour les femmes.

Cette remarque concernant le contexte de production est encore valable pour un autre manuscrit du même groupe, mais qui, à l'opposé, est très largement influencé par la peinture jaïne. Il s'agit d'un *Shāh Nāmeh*, également dispersé entre différentes collections, dont l'iconographie et le style ne peuvent manquer cette fois de renvoyer directement à l'Inde, mais du point de vue pictural même[47]. En effet, l'ensemble des personnages de ce manuscrit est peint comme dans les *Kalpasūtra* et *Kālakāchārya Kathā*, livres religieux jaïns : la taille est très fortement marquée, pour les hommes comme pour les femmes, les torses des premiers sont exagérément bombés alors que les femmes sont dotées d'une poitrine matérialisée par deux cercles bien tracés. Elles sont habillées de saris et de voiles transparents retenus par de multiples bijoux, alors que les hommes, rarement coiffés de turbans, portent de longs manteaux aux motifs chatoyants, et pourvus d'empiècements à l'encolure et aux genoux qui n'apparaissent nulle part ailleurs dans la peinture islamique. L'élément le plus intéressant reste la physionomie même de ces personnages : leurs nuques sont particulièrement épaisses, leurs visages très ovales se terminant par la pointe d'une barbe courte pour les hommes, leurs yeux sont grands et étirés, leur nez légèrement busqués aux narines retroussées, leurs sourcils haut placés, longs et épais. Leur teint enfin est toujours brun tirant vers le rouge, les seuls personnages faisant exception étant le Div blanc et les cinq petits démons qui l'entourent dans la peinture montrant Rostam le terrassant, ainsi que le personnage à demi nu attaché à un arbre dans la même illustration, dont la peau est marron foncé[48].

Pour résumer, toutes les peintures des manuscrits de ce premier ensemble procèdent de l'un ou l'autre des deux courants représentés ici par la *Khāmseh* et le *Shāh Nāmeh* dispersés : d'une part, des œuvres où un petit nombre d'éléments, rares et ponctuels, se réfèrent à la réalité dans laquelle évolue l'artiste, et d'autre part, des œuvres marquées par un héritage artistique indien non-islamique. Aucun des deux cependant n'affiche la volonté d'établir une différenciation entre les personnages fondée sur leurs origines. Seul un *Ḥamza Nāmeh* – par ailleurs stylistiquement proche du *Shāh Nāmeh* décrit ci-dessus – occupe une place à part[49]. En effet, un petit nombre des peintures dont il est

47 B.N. Goswamy, *A Jainesque Sultanate Shahnama and the context of pre-Mughal Painting in India*, Zürich, Museum Rietberg, 1988.

48 B.N. Goswamy, op. cit., n° 2.

49 Ce manuscrit est conservé à Berlin, Staatsbibliothek Preussischer Kulturbesitz, Orientabteilung, Ms. or. fol. 4181.

richement doté montrent des personnages affichant des particularités pouvant être mises en rapport avec leurs origines, géographique ou communautaire. Ainsi, dans la scène du mariage de Ḥamza et de Mehrnegār (f. 172v)[50] (fig. 31), la composition est divisée en deux registres : dans la partie supérieure, les héros partageant le trône sont flanqués de deux suivantes porteuses de *dastmāl*, sortes d'écharpes-éventails royales. Dans le registre inférieur, cinq danseuses et musiciennes animent les noces. Quatre d'entre elles sont vêtues de pantalons à la manière indienne, elles ne portent aucun voile contrairement aux autres figures féminines de l'illustration, bien qu'elles soient pareillement coiffées de longues tresses à pompons et portent aussi de larges anneaux aux oreilles. De surcroît, les danseuses et musiciennes sont têtes de profil et corps de trois-quarts, quand la totalité des autres personnages du manuscrit figurent têtes de face et corps de trois-quarts[51].

Cette distinction est particulièrement significative en contexte indien. Dans les livres des rituels jaïns, les visages des personnages indiens sont représentés de profil alors que ceux des autres le sont de trois-quarts[52]. Il semble donc que le concept ait été ici repris à l'identique, bien que les héros ne soient plus les grandes figures du jaïnisme, mais ceux de la littérature islamique. Le peintre du *Ḥamza Nāmeh* a-t-il souhaité de la sorte rattacher les danseuses à la communauté hindoue ? Ou bien a-t-il voulu signifier qu'elles appartenaient à une autre classe sociale, à une certaine caste ? Ou encore s'agit-il là de vestiges d'une iconographie antéislamique, et l'on pense plus particulièrement aux bas-reliefs des temples indiens ? Il est difficile de répondre avec certitude à ces interrogations, mais cette démarcation au sein de l'iconographie doit être

---

50 Repr. dans I.L. Fraad et R. Ettinghausen, « Sultanate Painting in Persian Style », *Chhavi – Golden Jubilee Volume*, Varanasi, Bhārat Kalā Bhavan, 1971, fig. 163.

51 Cette posture de profil est toujours celle des danseuses, musiciennes et jongleuses dans le *Ḥamza Nāmeh* : voir encore le f. 277v du même manuscrit (non publié). K. Khandalavala et M. Chandra furent, en 1969, les premiers à relever l'existence de deux types de personnages dans le *Ḥamza Nāmeh* de Berlin : K. Khandalavala, M. Chandra, *New Documents of Indian Painting : A Reappraisal*, Bombay, Board of Trustees of the Prince of Wales Museum of Western India, 1969, p. 51-52.

52 Dans la peinture jaïna toutefois, il arrive fréquemment que les personnages jaïns (et donc indiens) soient dotés d'un œil protubérant surmonté d'un début de sourcil sur la face caché du visage (voir par exemple D. Mason (ed.), *Intimate Worlds. Indian Paintings from the Alvin O. Bellak Collection.* [Exposition au Philadelphia Museum of Art, 02/03-29/04/2001], Philadelphie, Philadelphia Museum of Art, 2001, n° 1, 2, 3, 4). Il s'agit là d'une caractéristique très intéressante de cette peinture dont les origines ont suscité de nombreux désaccords parmi les spécialistes.

relevée car elle est de toute évidence porteuse de sens et non pas le seul fruit du bon vouloir de l'artiste.

L'analyse du *Ne'mat Nāmeh* de la British Library, appartenant quant à lui au deuxième groupe de peintures, plus tardif, vient encore confirmer cette observation. De tous les ouvrages de ce deuxième groupe, ce manuscrit est certainement celui qui présente le plus de caractéristiques se rapportant à un réel de référence précis, celui des distractions et réjouissances à la cour de Mandū sous le règne de Ghiyāth al-Dīn Khaljī (1469-1500), sultan qui abdiqua en faveur de son fils afin de mieux profiter des plaisirs de l'existence. Du point de vue du style, les peintures s'inscrivent dans la lignée d'un certain courant de la production turkmène qu'on a pour habitude, sans doute en partie à tort, de qualifier de « commercial » ou de « production en série ». Le style de ces peintures est caractérisé, entre autres, par des couleurs vives, toujours appliquées en généreux aplats, des fonds couverts de lourds tapis végétaux constitués de feuillages charnus pour les représentations extérieures, et des personnages épais et presque figés. Les compositions sont toujours simples, et l'agencement des principaux éléments à partir desquels elles se construisent donne l'impression d'un certain déséquilibre, comme si figures humaines, végétaux et objets se trouvaient là dans des positions légèrement bancales. Le tout manque de souplesse mais dégage pourtant – peut-être du fait du traitement presque naïf des sujets et du vif chromatisme – une certaine fraîcheur. On est loin ici de la peinture timouride de l'école de Ḥerāt, pourtant contemporaine, qui évoque plus directement l'image que véhicule habituellement la miniature persane.

Le livre de recettes de Mandū semble être parvenu à conjuguer au cœur de ses peintures cet apport stylistique de l'Iran avec le réel de référence indien. Du point de vue de la seule iconographie, nombreuses sont les marques rappelant le contexte de création des illustrations. Parmi elles, la représentation des personnages est riche de sens. Figurant sur toutes les illustrations, généralement comme point focal de la composition, se trouve Ghiyāth al-Dīn Khaljī, reconnaissable à ses belles moustaches. Il est toujours accompagné d'une cour presque exclusivement féminine (ce qui était effectivement le cas, comme l'indiquent les sources historiques). Ces femmes peuvent être séparées en trois groupes : certaines sont représentées de trois-quarts, elles ont le teint très clair, les yeux en amandes et relativement petits, elles portent des turbans serrés autours de calottes colorées, des manteaux fermés par de longues ceintures nouées en boucles, leurs bijoux sont discrets, petites boucles d'oreilles et fins colliers autour du cou. D'autres, aux teints plus foncés, mais variant du rose au brun en passant par le jaune, sont représentées de profil ; elles sont quasiment vêtues comme les premières si ce n'est que leurs turbans ne sont pas toujours blancs et que leurs ceintures sont constituées d'une fine lanière noire et dorée.

Leurs bijoux sont plus voyants : larges anneaux dorés, lourds colliers autour du cou et bracelets aux poignets. Enfin, viennent des figures féminines moins nombreuses, dont la peau est fréquemment brune, habillées à l'indienne d'une longue jupe et d'un bustier, le ventre et les avant-bras découverts, ne portant aucune forme de couvre-chef, mais de lourdes parures en or (fig. 32). Bien que plusieurs artistes (sans doute trois) soient à l'origine de ces peintures, cette distinction parmi les personnages est reprise dans l'ensemble des miniatures, à quelques infimes variantes près (il arrive par exemple qu'une courtisane représentée de trois-quarts porte la ceinture habituellement attribuée aux figures de profil). Rien dans les miniatures du *Neʿmat Nāmeh*, ni même dans le texte qui est essentiellement constitué de recettes, n'indique une quelconque volonté d'établir une hiérarchie entre ces personnages en distinguant trois catégories. En clair, telle ou telle place, ou telle ou telle tâche, ne paraît pas plus réservée à l'un des trois groupes plutôt qu'aux deux autres. Il semble plutôt qu'il faille mettre en avant ici le rôle documentaire de la peinture, témoignage d'une réalité précise à une époque donnée : l'entourage royal du sultan Ghiyāth al-Dīn aurait pu être ainsi constitué de femmes issues de communautés distinctes. Celles aux teints les plus clairs et dont les tenues vestimentaires n'ont rien d'indien pourraient être d'origine étrangère à l'Inde, celles aux couleurs de peau variant du clair au plus foncé, vêtues en partie à l'indienne et en partie à la manière musulmane, appartiendraient peut-être à la communauté indo-musulmane, très métissée. Les vêtements portés par les dernières incitent à penser en revanche qu'elles représentent les femmes hindoues, ou en tout cas des Indiennes non-musulmanes. Les illustrations des autres manuscrits du même groupe ne montrent jamais ce type de distinctions.

Les manuscrits du Deccan quant à eux, tout comme le premier groupe de l'Inde du Nord, ne laissent percevoir *a priori* aucune différenciation régionale ou communautaire particulière entre les personnages. Si ceux d'Ahmadnagar et de Bijāpur, contrairement à ceux de Golconde, peuvent sembler plus « indianisés » et donc moins en lien avec la peinture persane (chromatisme, codes vestimentaires, positionnement de profil pour les têtes et corps de trois-quarts...), cela est dû avant tout aux courants stylistiques en vigueur et non à une volonté délibérée de distinguer différents groupes sociaux. Toutefois, les peintures du *Ketāb-e Taʿrīf-e Ḥasan Shāh Pād Shāh-e Dakhan* exécutées à Ahmadnagar entre 1565 et 1567[53], font figure d'exception. Comme le *Neʿmat Nāmeh* de Mandū,

53 Poona, Bharata Itihasa Samshodhaka Mandala, numéro d'inventaire inconnu. G.T. Kulkarni, M.S. Mate (éd.), *Tarif-i-Husain Shah Badshah Dakhan by Aftabi* (Original Text, Translation and Critical Introduction), Pune, Bharata Itihasa Samshodhaka Mandala, 1987.

elles présentent des scènes de cour où des jeunes femmes entourent un personnage princier, ici Ḥusayn Neẓām Shāh I, souverain d'Aḥmadnagar (1554-1565). Dans toutes ces peintures, les figures féminines, vêtues de saris colorés, sont représentées la tête de profil et le corps de trois-quarts. Les personnages masculins, coiffés d'un turban plat et petit à la mode du Deccan[54], sont pareillement positionnés, à l'exception de deux hommes barbus (tous les autres personnages masculins sont moustachus) avec lesquels le souverain s'entretient dans l'une des miniatures (fig. 33). Leurs turbans sont également différents, plus imposants, et leur teint plus clair que celui des autres personnages du manuscrit. Le registre inférieur de la composition, bien délimité, est occupé par cinq musiciens et deux danseuses qui ne manquent pas de rappeler cette fois la scène de mariage du *Ḥamza Nāmeh* de Berlin. L'image représente une assemblée, un *majlis* comme l'indique le texte, où les deux barbus incarnent probablement des *'ulamā'* venus de l'Occident. C'est toutefois le seul exemple dans le codex où l'on puisse distinguer des personnages d'origines différentes. De plus, il s'agit là du plus ancien manuscrit à peintures connu pour la production du Deccan et qui demeure l'un des plus influencés par le contexte non-islamique. En effet, à l'exception d'un unique manuscrit, *Javāher al-musiqat-e moḥammadī*[55], dont les peintures, très singulières, ont probablement été exécutées à Bijāpur dans le dernier quart du XVIe siècle, tous les manuscrits du Deccan en période des sultanats s'inscrivent directement dans la tradition persane[56], quand les exemples plus tardifs sont à rapprocher de la production moghole[57].

54 Ibid., p. 118.

55 Londres, British Library, Or. 12857. Il s'agit d'un ouvrage en persan consacré à la musique indienne, rédigé par un certain Shaykh 'Abd al-Karīm al-Jownpuri. Voir J.P. Losty, « Early Bijapuri Musical Paintings », dans S. Doshi et K. Khandalavala (éd.), *An Age of Splendour : Islamic Art in India*, Bombay, Marg Publications, 1983, p. 128-131.

56 Voir par exemple *Sindbad Nāmeh, c.* 1575, India Office Library, Persian MS 3214, et *Anvār-e Soheyli*, 990/1582, Victoria and Albert Museum, I.S. (1-126)-1962 (repr. dans J.P. Losty, op. cit., n° 48 et n° 49).

57 *Yusof-o Zoleykhā*, datable du dernier quart du XVIe siècle. BnF, Supplément persan 1919 (F. Richard, op. cit., n° 110).

Conclusion

À la lumière des précédentes remarques, il semblerait donc que les idées véhiculées par les représentations des personnages indiens dans la peinture islamique, arabe ou persane, et la peinture indo-islamique, soient assez éloignées les unes des autres. Si les littératures arabe, persane et indo-islamique paraissent pourtant avoir eu avoir recours aux même *topoi*, il n'en est visiblement pas de même pour la représentation picturale. Celle de l'Inde pré-moghole, dont l'hybridité apparente matérialise des origines parfois fort différentes, ne semble pas être porteuse des messages, souvent négatifs, perçus ailleurs dans les manuscrits islamiques.

Selon l'expression consacrée, le XVIe siècle est celui des nouveaux empires : empire des Ottomans à l'ouest du monde islamique, des Safavides au centre et des Moghols à l'est. Les rapports avec l'Occident chrétien s'étant largement intensifiés, l'époque marque un tournant pour la peinture de manuscrit, tant du point de vue du style, que de l'iconographie. L'étranger c'est dès lors l'Européen, aisément reconnaissable par ses vêtements, ses postures et sa gestuelle, empruntées aux diverses représentations venues d'Europe qui circulent en terres d'islam. L'Indien, lui, occupe une nouvelle place dans l'iconographie islamique. Les liens diplomatiques et commerciaux entretenus par les Moghols avec les Safavides y sont très certainement pour quelque chose : peu à peu la figure de l'Indien paraît se vider du lourd contenu péjoratif assimilé au cours des siècles précédents. Les réceptions royales décrites dans certaines pages mogholes montrent des assemblées peuplées d'hommes aux physionomies variées, dont les origines sont certainement diverse[1]. La charge documentaire de ces peintures est intense et le témoignage sans comparaison.

L'héritière directe de la peinture des sultanats n'est cependant pas la peinture moghole, mais une peinture aux sujets non islamiques (souvent de grands textes de la littérature indienne comme le *Bhagavata Purana*) produite dans les centres provinciaux du nord et du centre de l'Inde, dès le premier quart du XVIe siècle. Or cette peinture, probablement du fait des sujets qu'elle illustre, ne tient pas particulièrement compte des origines géographique ou communautaire des personnages qu'elle met en scène. Ceux-ci affichent des couleurs de peaux diverses, du blanc au brun, Krishna étant représenté en bleu sombre comme il est d'usage depuis des siècles. Cette variété fait en partie référence à une réalité quotidienne, tout comme les assemblées mogholes ou la cour du

1 Voir par exemple A. Okada, *Le Grand Moghol et ses peintres. Miniaturistes de l'Inde aux XVIe et XVIIe siècles*, Paris, Flammarion, 1992, n° 28 p. 28, ou encore n° 216 p. 182.

 | DOI 10.1163/9789004283855_009

sultan Khalji dans le *Neʿmat Nāmeh* de Mandū. De ce point de vue, la peinture indienne est tout à fait différente de la peinture persane qui ne présente nulle part, en de telles proportions, ce *melting-pot* iconographique. *A contrario* la différenciation reposant sur la coexistence des représentations de trois-quarts et de profil au sein des compositions semble disparaître à la fois de la peinture moghole, qui ne l'utilise pas pour les raisons qui nous intéressent ici, et de la peinture provinciale héritière des sultanats, dans laquelle les figures humaines sont exclusivement positionnées de profil.

Les écoles postérieures conserveront toutefois la trace de ces modes opératoires : au XVIIIe siècle, dans une miniature de Lucknow pourtant profondément influencée par le style safavide du XVIIe siècle, l'opposition profil/trois-quarts vient appuyer l'écart introduit entre certains protagonistes : à gauche de la composition se trouvent deux amants enlacés ; ils sont représentés de trois-quarts, le teint clair et les traits correspondant aux critères esthétiques du *māhru* persan[2]. Face à eux, seule, se tient une musicienne indienne habillée d'un sari, la peau brune et représentée de profil. C'est à l'héritage indien que renvoie la musicienne de la peinture de Lucknow, et non à la peinture persane, cette dernière n'ayant plus recours, déjà depuis près d'un siècle, aux clichés se rapportant aux Indiens. En 1050/1640-1, le portrait d'une jeune femme indienne dans un paysage nous interpelle : elle est représentée richement parée d'une tenue moghole et tient une bouteille dans une main et un *finjān*, petite coupelle, dans la seconde[3]. Le style se distingue de celui en vigueur chez les Safavides à la même époque, les ombres, en particulier, sont plus marquées et les modelés diffèrent. On y pressent l'influence de l'Europe, mais à travers le prisme de l'Inde. Bien loin de l'image maléfique des siècles précédents, c'est ici d'une certaine manière un hommage fait à l'Inde : hommage, d'abord, à la beauté d'une jeune et belle courtisane indienne, gracieusement figurée, mais aussi, et surtout, hommage du peintre persan qui a signé cette œuvre, Bahrām Sofrakesh, à la peinture de l'Inde moghole et du Deccan.

---

2 Copenhague, David Collection, 50/1981, repr. dans *Sultan, Shah, and Great Mughal*, op. cit., n° 228.

3 S. Canby, op. cit., n° 54.

Cahier iconographique

FIGURE 1
« Dioscoride », Dioscoride, De materia medica
ISTANBUL, BIBLIOTHÈQUE DU MUSÉE TOPKAPI SARAYI, AHMET III 2127. FOL. 1V.

FIGURE 2
« Deux étudiants de Disocoride », Dioscoride, De materia medica
ISTANBUL, BIBLIOTHÈQUE DU MUSÉE TOPKAPI SARAYI, AHMET III 2127. FOL. 2R.

FIGURE 3
« Andromachos préparant la thériaque », Pseudo-Galien, Kitāb al-diryāq
PARIS, BIBLIOTHÈQUE NATIONALE DE FRANCE, ARABE 2964, FOL. 22R.

FIGURE 4
« Saint Matthieu », Évangile byzantin
PARIS, BIBLIOTHÈQUE NATIONALE DE FRANCE, COISLIN 195, FOL. 9V.

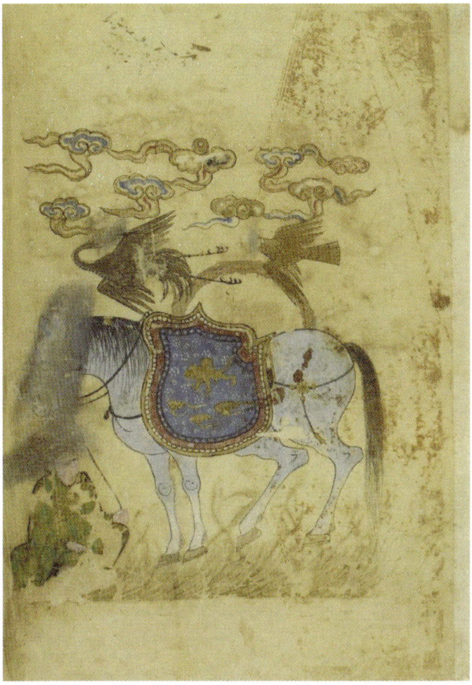

FIGURE 5
« Juwaynī et Hūlāgū ou Amīr Arghūn »
Frontispice, côté droit, Juwaynī,
Tārīkh-i jahān gūsha
PARIS, BIBLIOTHÈQUE NATIONALE DE FRANCE, SUPPLÉMENT PERSAN 205, FOL. 1V.

FIGURE 6
« Juwaynī et Hūlāgū ou Amīr Arghūn »
frontispice, côté gauche, Juwaynī,
Tārīkh-i jahān gūsha
PARIS, BIBLIOTHÈQUE NATIONALE DE FRANCE, SUPPLÉMENT PERSAN 205, FOL. 2R.

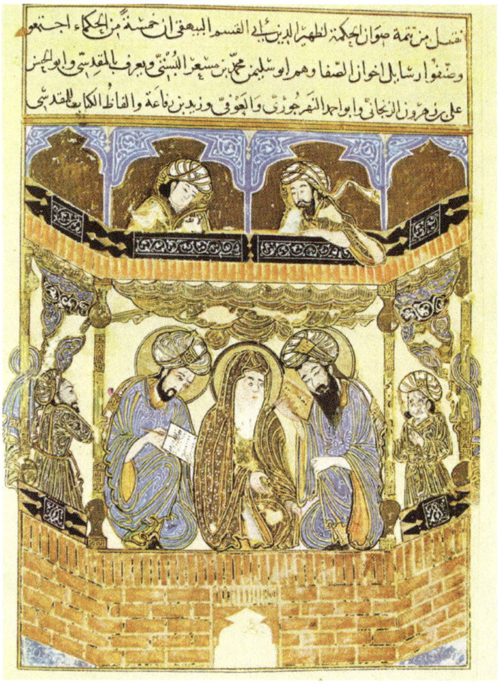

FIGURE 7
« Portraits d'auteurs », Rasāʾil ikhwān al-ṣafāʾ
ISTANBUL, SULEYMANIYE LIBRARY, ESAD EFENDI 3638, FOL. 3V.

FIGURE 8
« Portraits d'auteurs », Rasāʾil ikhwān al-ṣafāʾ
ISTANBUL, SULEYMANIYE LIBRARY, ESAD EFENDI 3638, FOL. 4R.

FIGURE 9
Frontispice des Maqāmāt d'al-Ḥarīrī
PARIS, BIBLIOTHÈQUE NATIONALE DE FRANCE, ARABE 5847 FOL. 1V.

FIGURE 10
Frontispice des Maqāmāt d'al-Ḥarīrī
PARIS, BIBLIOTHÈQUE NATIONALE DE FRANCE, ARABE 5847 FOL. 2R.

FIGURE 11
Ḥilye, Turquie ottomane, signé Mehmed Tahir, 19ᵉ siècle
THE NASSER D. KHALILI COLLECTION OF ISLAMIC ART, CAL 459

FIGURE 12
Ḥilye combinée avec les reliques du Prophète, Turquie ottomane, 19ᵉ siècle
THE NASSER D. KHALILI COLLECTION OF ISLAMIC ART, CAL 441

FIGURE 13
Le prophète Muḥammad comme jeune homme
ÉPREUVE DE L'IRAN CONTEMPORAIN

FIGURE 14
« Abū Zayd montrant son sexe à al-Hārith »,
Maqāmāt d'al-Ḥarīrī
PARIS, BIBLIOTHÈQUE NATIONALE DE FRANCE, ARABE 5847, FOL. 57R.

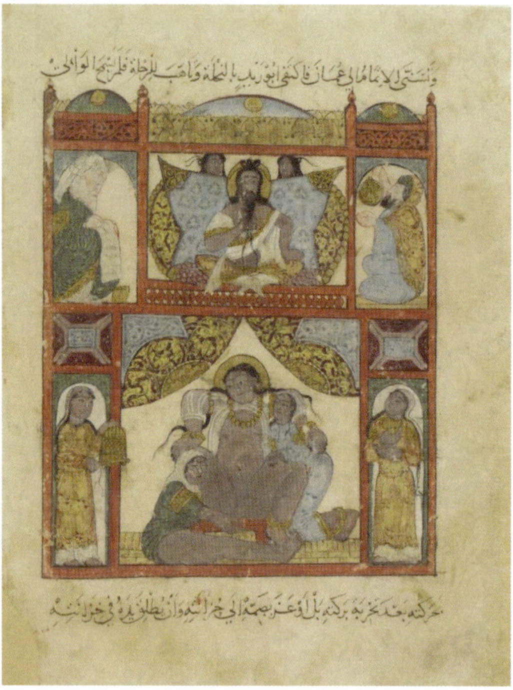

FIGURE 15
« Le roi indien et son épouse accouchant », Maqāmāt d'al-Ḥarīrī
PARIS, BIBLIOTHÈQUE NATIONALE DE FRANCE, ARABE 5847, FOL. 122V.

FIGURE 16
« Abū Zayd et al-Hārith arrivant dans un village », Maqāmāt d'al-Ḥarīrī
PARIS, BIBLIOTHÈQUE NATIONALE DE FRANCE, ARABE 5847, FOL. 138R.

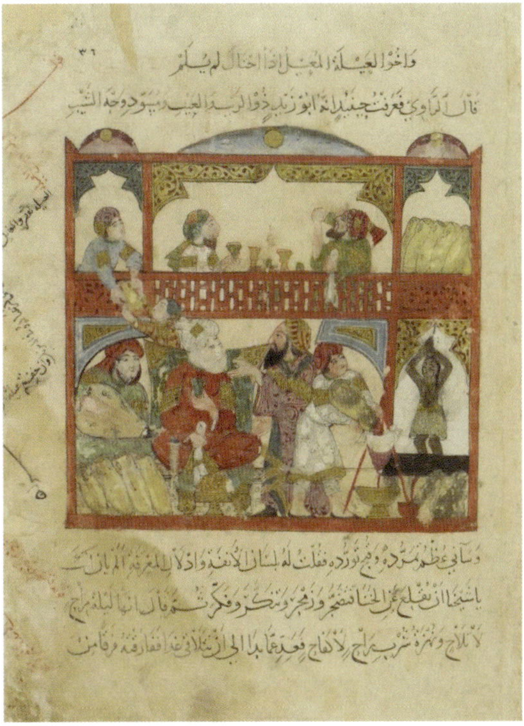

FIGURE 17
« Abū Zayd buvant dans une taverne », Maqāmāt d'al-Ḥarīrī
PARIS, BIBLIOTHÈQUE NATIONALE DE FRANCE, ARABE 5847, FOL. 33R.

FIGURE 18
« Abū Zayd et son épouse devant le cadi », Maqāmāt d'al-Ḥarīrī
PARIS, BIBLIOTHÈQUE NATIONALE DE FRANCE, ARABE 5847, FOL. 25R.

FIGURE 19
« Abū Zayd et les lettrés », Maqāmāt d'al-Ḥarīrī
PARIS, BIBLIOTHÈQUE NATIONALE DE FRANCE, ARABE 5847, FOL. 7R.

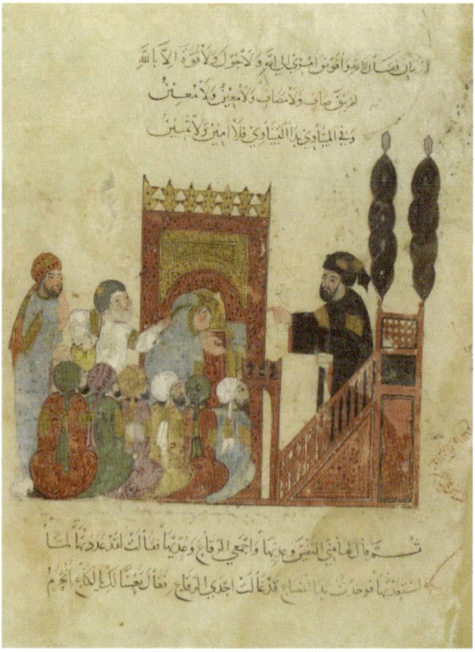

FIGURE 20
« Abū Zayd et son épouse mendiant dans la mosquée », Maqāmāt d'al-Ḥarīrī
PARIS, BIBLIOTHÈQUE NATIONALE DE FRANCE, ARABE 5847 FOL. 18V.

FIGURE 21
« Le troupeau de chameaux »,
Maqāmāt d'al-Ḥarīrī
PARIS, BIBLIOTHÈQUE NATIONALE DE FRANCE, ARABE 5847 FOL. 101R.

FIGURE 22
« En bateau vers l'île lointaine »,
Maqāmāt d'al-Ḥarīrī
PARIS, BIBLIOTHÈQUE NATIONALE DE FRANCE, ARABE 5847 FOL. 119V.

FIGURE 23
« Abū Zayd et son fils devant le gouverneur », Maqāmāt d'al-Ḥarīrī
PARIS, BIBLIOTHÈQUE NATIONALE DE FRANCE, ARABE 5847 FOL. 26R.

FIGURE 24
« Réunion de lettrés », Maqāmāt d'al-Ḥarīrī
PARIS, BIBLIOTHÈQUE NATIONALE DE FRANCE, ARABE 5847 FOL. 46V.

FIGURE 25
« Abū Zayd et son fils », Maqāmāt d'al-Ḥarīrī
PARIS, BIBLIOTHÈQUE NATIONALE DE FRANCE, ARABE 5847, FOL. 37V.

FIGURE 26
« Abū Zayd prêchant dans la mosquée », Maqāmāt d'al-Ḥarīrī
PARIS, BIBLIOTHÈQUE NATIONALE DE FRANCE, ARABE 5847, FOL. 164V.

FIGURE 27 « *La princesse indienne dans le pavillon noir* », Khāmseh *de Nezāmī, 886/1481-2*
DUBLIN, CHESTER BEATTY LIBRARY, MS.162, F. 200. D'APRÈS B. BREND, "BEYOND THE PALE : MEANING IN THE MARGIN".

FIGURE 28 « *Les noces de Ḥamza et de Mehrnegār* », Ḥamza Nāmeh
BERLIN, STAATSBIBLIOTHEK PREUSSISCHER KULTURBESITZ, ORIENTABTEILUNG, MS. OR. FOL. 4181, F. 172V. COURTESY OF STAATSBIBLIOTHEK PREUSSISCHER KULTURBESITZ, BERLIN.

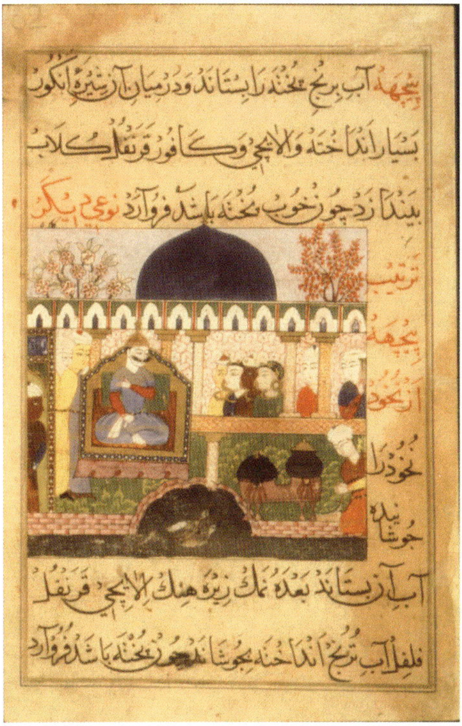

FIGURE 29
« Ghiyāth al-dīn Khaljī et sa cour », Neʿmat Nāmeh, *Mandu, c.1495-1505*
LONDRES, INDIA OFFICE LIBRARY, IO ISLAMIC 149/ ETHE 2775, F. 32. COURTESY OF INDIA OFFICE LIBRARY, LONDON.

FIGURE 30
« La cour de Ḥusayn Nezām Shāh du Deccan », Kitāb-i Taʿrīf-i Ḥusayn Shāh Pād Shāh-i Dakhan, *Ahmadnagar, c.1565-7*
POONA, BHARATA ITIHASA SAMSHODHAKA MANDALA. D'APRÈS M. S. MATE, TAʿRĪF-I ḤUSAYN SHĀH BADSHĀH DAKHAN BY AFTAB.

Illustrations

1 Paris

Bibliothèque nationale de France, Arabe 5847, fol. 57, Maqāma 21
Bibliothèque nationale de France, Arabe 5847, fol. 122v, Maqāma 39
Bibliothèque nationale de France, Arabe 5847, fol. 138, Maqāma 43
Bibliothèque nationale de France, Arabe 5847, fol. 33, Maqāma 12
Bibliothèque nationale de France, Arabe 5847, fol. 25, Maqāma 09
Bibliothèque nationale de France, Arabe 5847, fol. 101, Maqāma 32
Bibliothèque nationale de France, Arabe 5847, fol. 26, Maqāma 10
Bibliothèque nationale de France, Arabe 5847, fol. 46v, Maqāma 17
Bibliothèque nationale de France, Arabe 5847, fol. 37v, Maqāma 14
Bibliothèque nationale de France, Arabe 5847, fol. 164v, Maqāma 50
Bibliothèque nationale de France, Arabe 5847, fol. 1v, frontispice
Bibliothèque nationale de France, Arabe 5847, fol. 2r, frontispice
Bibliothèque nationale de France, Arabe 5847, fol. 119v, Maqāma 39
Bibliothèque nationale de France, Arabe 5847, fol. 120v, Maqāma 39
Bibliothèque nationale de France, Arabe 5847, fol. 148v, Maqāma 46
Bibliothèque nationale de France, Arabe 5847, fol. 152, Maqāma 46
Bibliothèque nationale de France, Arabe 5847, fol. 160v, Maqāma 49
Bibliothèque nationale de France, Arabe 5847, fol. 162v, Maqāma 49
Bibliothèque nationale de France, Arabe 5847, fol. 58v, Maqāma 21
Bibliothèque nationale de France, Arabe 5847, fol. 59, Maqāma 21
Bibliothèque nationale de France, Copte 13, fol. 1r, Marc III b. Zur'a
Bibliothèque nationale de France, Arabe 2964, fol. 22
Bibliothèque nationale de France, Arabe 2964, fol. 31r, 32r, 34r
Bibliothèque nationale de France, Arabe 5847, fol. 147, Maqama 42
Bibliothèque nationale de France, Coislin 195, fol. 9v, Saint Matthieu
Bibliothèque nationale de France, Arabe 2964, fol. 31 r, 32 r, 34 r
Bibliothèque nationale de France, Coislin 195, fol. 9v, Saint Matthieu
Bibliothèque nationale de France, Copte 13, 2 v : Christ.
Bibliothèque Nationale de France, Supp. Persan 205, fol. 1v-2r

2 Istanbul

Bibliothèque du Musée de Topkapı Saray, Ms. H 1653
Bibliothèque du Musée Topkapı Sarayı, Ahmet III 2127. fol. 2 v.

Bibliothèque du Musée Topkapı Sarayı, Ahmet III 2127. fol. 1v-2r
Bibliothèque du Musée de Topkapı Sarayı, MS Ahmet III 2075, fols 2v.-3r
Millet Kültür Phanesi, Feyzullah Efendi 1566, fol. 1r.
Bibliothèque du Musée de Topkapı Sarayı, Ms. H363, fol. 1 v, 2 r.
Bibliothèque du Musée de Topkapı Sarayı, Ahmet III, 3206, fol. 17.v.
Bibliothèque du Musée de Topkapı Sarayı, Ahmet III, 3206, fol. 48 r
Bibliothèque du Musée de Topkapı Sarayı, Ahmet III, 3206, fol. 24v.
Bibliothèque du Musée de Topkapı Sarayı, Ahmet III, 3206, fol. 173v
Suleymaniye Library, Esad Efendi 3638, fol. 4 v.-4r.

3 Vienne

Nationalbibliothek A.f. 10, fol. 3v.
Nationalbibliothek, A.f. 10, fol. 1 r.
Nationalbibliothek, Cod. Med. Gr. 1. fol. 2 v et 3 v.

4 Genève

Collection du Musée de l'Aga Khan, Numéro d'accession : AKM00156
Collection du Musée de l'Aga Khan, numéro d'accession : AKM00160

5 Vatican

Bibliotheca Apostolica Vaticana, Ms : Siriaco 559, fol. 105r

6 Oxford

Bodleian Library, MS. Arab. d.138, fol. 2 v.

7 Berlin

Staatsbibliothek Preussischer Kulturbesitz, Orientabteilung, Ms. or. Fol. 4181, fol. 172v

8 London

British Library, ms. 132, fol. 1 v.
India Office Library, IO Islamic 149/ ETHE 2775, fol. 32

9 Dublin

Chester Beatty Library, Per 119.16, fol. 3 v
Chester Beatty Library, Ms.162, fol. 200

10 Washington

Freer Gallery of Art, (57.16) fols 74 v., 62 v, 68 v
Freer Gallery of Art (55.11), fol. 3r

Les auteurs

Sheila Blair

est titulaire de la Calderwood Chair in Fine Arts à Boston College. Avec son époux Jonathan Bloom, elle a cosigné une dizaine d'ouvrages parmi lesquels : *The Art and Architecture of Islam : 1250-1800, Pelican History of Art* (London and New Haven, Yale University Press, 1994 ; reprinted with corrections 1995) ; *A Thousand Years of Faith and Power* (New York, TV Books, 2000 ; reprint with corrections London, BBC Books, 2001 ; paperback New Haven, Yale University Press, 2002) ; *Cosmophilia : Islamic Art from the David Collection, Copenhagen* (Chesnut Hill, MA, Mc Mullen Museum of Art at Boston College, 2006). S. Blair et J. Bloom sont par ailleurs éditeurs de *Grove Encyclopedia of Islamic Art and Architecture*, 3 vols, Oxford, Oxford University Press, 2009.

Éloïse Brac de la Perrière

est maître de conférence à l'université de Paris IV-Sorbonne ; elle est l'auteur de *L'art du livre dans l'Inde des sultanats*, Paris, PU Paris-Sorbonne, 2008 ; elle dirige par ailleurs avec Annie Vernay-Nouri le programme de recherche sur les manuscrits enluminés de *Kalīla wa Dimna* (programme UMR 8167 du CNRS/ Bibliothèque nationale de France).

Oleg Grabar

(1929-2011) a enseigné à l'université de Harvard avant de rejoindre en 1990 la School of Historical Studies de l'Institute for Advanced Study de Princeton. Il est titulaire de nombreuses distinctions internationales. Parmi ses publications traduites en français ou écrites directement dans cette langue figurent : *The Formation of Islamic Art* (New Haven, Yale University Press, 1973 ; traduit en français sous le titre *La formation de l'art islamique*, réédité en anglais en 1987, en français en 2000) ; *The Mediation of Ornement* (Washington, National Gallery of Art, 1992 ; traduit en français sous le titre *L'ornement, formes en fonctions dans l'art islamique*, 1996) ; *Penser l'art islamique : une esthétique de l'ornement* (Paris, Albin Michel, 1996) et *The dome of the Rock* (New-York, Rizzoli, 1996 ; traduit en français sous le titre *Le dôme du Rocher, Joyau de Jérusalem* en 1997).

Kata Keresztely

est doctorante à l'EHESS (Paris) et artiste peintre. Sa recherche porte sur les manuscrits arabes iconographiés des XIIIe, XIVe et XVe siècles.

Mika Natif

est Andrew W. Mellon Postdoctoral Teaching Fellow au College of the Holy Cross (Worcester, Massachussets). Elle a obtenu son Phd en 2006 à l'Université de New York (NYU) : *Explaining early Mughal painting : the Anvar-i-Suhayli manuscripts*, UMI microfilm, 2008, 309. Elle est coéditrice avec Francesca Leoni de *Eros and Sexuality in Islamic Art*, Aldershot, Ashgate, 2013.

Yves Porter

est professeur à l'université d'Aix-Marseille I ; il est l'auteur de : *Contemporary Indian Miniatures and Paintings*, (Delhi : Alliance Française, 1988) ; *Peinture et arts du livre. Essai de littérature technique indo-persane* (Paris, Éditions Institut Français de Recherche en Iran, 1992 ; trad. en anglais, 1995) et de *L'Inde des sultans. Architecture musulmane dans le sous-continent indo-pakistanais* (Paris, Flammarion, 2009). Son collaborateur R. Castinel est chercheur indépendant ; il a cosigné avec lui *Le prince, l'artiste et l'alchimiste. La céramique dans le monde iranien, Xe-XVIIe siècle*, Paris, Hermann, 2011.

Houari Touati

est directeur d'études à l'EHESS (Paris) et directeur de *Studia Islamica*. Il est l'auteur de : *Islam and Travel in the Middle Ages* (The University of Chicago Press, 2010), *L'Armoire à sagesse : collections et bibliothèques en islam* (Paris, Aubier/Flammarion, 2003 ; trad. en italien, 2006) et *Aux Origines du drapeau algérien : une histoire symbolique*, Oran (Algérie), Zaytūn, 2014. Il a dirigé le numéro spécial *Écriture, calligraphie et peinture en Islam* de *Studia islamica*, 97, 2003.

Bibliographie

1 Sources manuscrites

Anonyme, *Kitāb al-Diryāq*, Paris, BnF, Ar. 2964.

Al-Bīrūnī, *Kitāb al-Āthār al-bāqiya*, Edinburgh, Bibliothèque Universitaire, Ms arabe 161 (daté 707/1307-8).

Al-Jazarī, *Kitāb fī Ma'rifat al-Ḥiyal al-Handasiyya*, daté 715/1315 (New York, Metropolitan Museum of Art, 57.51.23.

Neẓāmī, *Khamsa*, Topkapı Sarayi Müzesi, Hazine 870.

Pseudo-Jāḥiẓ, *Adab al-Mulūk*, Ms. N° Or. Oct. 2673, Staatbibliothek zu Berlin.

Rashīd al-Dīn, *Jāmi' al-Tawārīkh*, manuscrit Hazine 1654 au musée de Topkapi Sarāyi.

Abū Bakr al-Ṣūlī, *Manṣūbāt al-Shaṭranj*, Fonds Riḍwān Kashk, Istanbul, microfilm n° 4 *Shaṭranj*, Institut des manuscrits arabes, Le Caire.

Ṭūsī Salmānī, *'Ajā'ib al-Makhlūqāt va Gharā'ib al-Mawjūdāt* (Baghdad, 790/1388), Paris, BnF, Supplément persan 332.

2 Sources imprimées

'Abduh, Muḥammad, « Al-ṣuwar wa-l-tamāthīl wa-fawā'iduhā wa-ḥukmuhā », in *al-Manār*, 1905, repris in M.R. Riḍā, *Tārīkh al-Ustādh al-Imām al-Shaykh Muḥammad 'Abduh*, Le Caire, Al-manār Press, s.d., II, p. 498-502.

'Aṭṭār, Farīd-ud-dīn, *Le Langage des oiseaux* (trad. Garcin de Tassy), Paris, Albin Michel, 1996.

Al-Azraqī, Muḥammad b. 'Abd Allāh, *Kitāb Akhbār Makka*, éd. F. Wüstenfeld, Leipzig, F.A. Brockhaus, 1858 + [alwaraq.net].

Al-Barqī, Abū Ja'far, *Kitāb al-Maḥāsin*, éd. Jalāl al-Dīn al-Ḥusaynī, Qum, 2e éd., 1328, (1ère éd. : Téhéran, s.d.é.).

Al-Bayhaqī, *Dalā'il al-Nubuwwah*, éd. 'Abd al-Mu'ṭī Qal'ajī, Beyrouth, 2 vol., 1985.

Al-Damīrī, Kamāl al-Dīn, *Ḥayāt al-Ḥayawān al-Kubrā ; wa-bi-Hāmishihi Kitāb 'Ajā'ib al-Makhlūqāt wa-l-Ḥayawānāt wa-Gharā'ib al-Mawjūdāt, li-Zakarīyā' b. Muḥammad b. Maḥmūd al-Qazwīnī*, Le Caire, Maṭba'at Ḥijāzī, 1948 [alwaraq.net].

Al-Dhahabī, Abū 'Abd Allāh Muḥammad b. Aḥmad, *Kitāb Siyar A'lām al-Nubalā'*, éd. B. 'A. Ma'rūf et M.H. al-Sirḥān, Beyrouth, 1401-1405/1981-1985, 25 vol.

———, *Kitāb al-Kabā'ir*, Beyrouth, Dār al-Kutub al-Sha'biyya, s.d. + [alwaraq.net].

Al-Dīnawarī, Ahmad b. Dā'ūd, *Al-Akhbār al-Ṭiwāl*, éd. 'Abd al-Mun'im Amīn, Téhéran, 1960.

Ferdowsī, *Shāh-nāmeh* (*Le Livre des Rois*), trad. J. Mohl, Paris, Imprimerie Nationale, 7 vol., 1838-1878.

Al-Ghazālī, *Kitāb al-uns wa-l-maḥabba* (Revivification des sciences de la religion : le livre de l'amour), trad. A. Moussali, Paris, EnNour, 1990.

Al-Ḥarīrī, al-Qāsim, *Maqāmāt. Le Livre des malins. Séances d'un vagabond de génie*, trad. R. Khawam, Paris, Phébus, 1992.

Al-Idrīsī, *Kitāb Nuzhat al-Mushtāq fī Ikhtirāq al-Āfāq*, éd. E. Cerulli et alii, Leiden, E.J. Brill, 1970-1984, 9 fasc.

Al-Iṣfahānī, Abū Nuʿaym, *Dalāʾil al-Nubuwwah*, éd. M. al-Qalʿajī, Damas, 1970.

Ibn Abī ʿĀṣim, *Kitāb al-Sunna*, éd. Nāṣir al-Dīn al-Albānī, Beyrouth, al-Maktab al-Islāmī, s.d.

Ibn Baṭṭūṭa, *Voyages*, trad. C. Defremery et B.R. Sanguinetti (1859), Paris, 1990.

Ibn al-Faqīh, *Kitāb al-Buldān*, éd. Yūsuf al-Hādī, Beyrouth, 1986, trad. H. Massé, *Abrégé du Livre des pays*, Damas, IFD, 1977.

Ibn al-Nadīm, *The Fihrist of al-Nadim*, trad. B. Dodge, New York, Columbia University Press, 2 vol., 1970.

Ibn Isḥāq, Muḥammad, *Sīrat Rasūl Allāh*, trad. A. Guillaume, *The Life of Muhammad*, Oxford University Press, 1978 (1ere éd. 1955).

Ibn al-Jawzī, Abū al-Faraj ʿAbd al-Raḥmān, *Al-Muntaẓam fī Tārīkh al-Mulūk wa-l-Umam*, Haydarabad, Dāʾirat al-Maʿārif al-ʿUthmāniyya, 1359H, 10 vol. + [alwaraq.net].

Ibn Qudāma al-Maqdisī, Muwaffaq al-Dīn ʿAbd Allāh b. Aḥmad, *Al-Mughnī*, éd. ʿAbd Allāh b. ʿAbd al-Muḥsin al-Turkī et ʿAbd al-Fattāḥ M. al-Ḥilw, Le Caire, Dār Hajar li-l-Ṭibāʿa wa-l-Nashr, 1986-1990, 15 vol.

Ibn Qutayba, ʿAbd Allāh b. Muslim, *Kitāb al-Ashriba*, éd. A. Guy, in *al-Muqtabas* (Damas) II, 1325/1907, rééd. al-Majmaʿ al-ʿIlmī al-ʿArabī, Damas, 1947.

Ibn Saʿd, *Kitāb al-Ṭabaqāt al-Kabīr*, éd. E. Sachau *et alii*, Leiden, Brill, 1904-1940, 9 vol. + [alwaraq.net].

Al-Jabartī, ʿAbd al-Raḥmān, *ʿAjāʾib al-Āthār fī l-Tarājim wa-l-Akhbār*, Le Caire, Būlāq 1880, 4 vol. + [alwaraq.net].

Al-Jāḥiẓ, Abū ʿUthmān ʿAmr b. Baḥr, *Kitāb al-Ḥayawān*, éd. ʿAbd al-Salām M. Hārūn, Le Caire, Maktabat al-Jāḥiẓ, Maṭbaʿat Muṣṭafā al-Bābī al-Ḥalabī, 1357-1364/1938-1945, 7 vol., trad. partielle, Lakhdar Souami, *Le Cadi et la mouche*, Paris, Sindbad, 1988 + [alwaraq.net].

Al-Kaʿbī, Abū l-Qāsim, *Qabūl al-Akhbār wa-Maʿrifat al-Rijāl*, éd. Abū ʿAmr al-Ḥasanī, Beyrouth, 2 vol., 1421/2000.

Al-Kalbī, Hishām ibn Muḥammad ibn al-Sāʾib, *Kitāb al-Aṣnām*, éd. Aḥmad Zakī, Le Caire, al-Maṭbaʿa al-Amīriyya, 1914 [alwaraq.com].

Al-Kisāʾī, Muḥammad b. ʿAbd Allāh, *Qiṣaṣ al-Anbiyāʾ: The Tales of the Prophets*, trad. W.M. Thackston, Boston, Twayne Publishers, 1978.

Al-Khalīl b. Aḥmad, *Kitāb al-ʿAyn*, éd. Mahdī al-Makhzūmī et Ibrāhīm al-Sāmarrāʾī, Baghdād, Manshūrāt Wizārat al-Thaqāfa, 1980-1985, 8 vol. + [alwaraq.net].

Al-Khaṭīb al-Baghdādī, *Tārīkh Baghdād*, éd. Aḥmad b. al-Ṣiddīq, Le Caire, Maktabat al-Khānjī, 1349/1931, 14 vol. + [alwaraq.net].

Al-Kulaynī, Muḥammad b. Yaʿqūb, *Furūʿ al-Kāfī*, éd. ʿAlī Akbar al-Ghaffārī, Beyrouth, Dār al-Adwāʾ, 1985, 8 vol.

Al-Majlisī, Muḥammad Bāqir, *Biḥār al-Anwār*, al-Maṭbaʿa al-Islāmiyya, Téhéran, 1389.

Al-Maqrīzī, Taqī al-Dīn Aḥmad, *Kitāb al-Tārīkh al-muqaffā al-kabīr*, éd. M. al-Yaʿlāwī, Beyrouth, 1991.

———, *Al-Nuqūd al-Islāmiyya al-musammā : Shudhūr al-ʿUqūd fī Dhikr al-Nuqūd al-Qadīma wa-l-Islāmiyya*, éd. Muḥammad Āl Baḥr al-ʿUlūm al-Ṭabāṭabāʾī, al-Maktaba al-Murtaḍawiyya, 1937 [alwaraq.net].

Al-Masʿūdī, ʿAlī ibn al-Ḥusayn, *Kitāb al-tanbīh wa-l-ishrāf*, Leyde, Brill, 1893 ; trad. Carra de Vaux, *El-Maçoudi, Le livre de l'avertissement*, Paris, 1896.

———, *Murūj al-dhahab wa-maʿādin al-jawhar : Les prairies d'or*, éd. et trad. C. Barbier de Meynard et P. de Courteille, Paris, Imprimerie impériale, 1861-1877, 9 vol., rév. et corr. Ch. Pellat, Paris, Société Asiatique, 1962 + [alwaraq.net].

Mirkhond, *Tārīkh-i Rawḍat l-Ṣafā*, Téhéran, Intishārāt-i Markazī, 1959-1960.

Neẓāmī, *Sharaf-nāmeh, Kolliyāt-e Khamse*, éd. Vahid-e Dastgerdi, Téhéran 1377/1998.

———, *Haft Peykar*, éd. Vahid-e Dastgerdi, Negah, 2009, s.l.é. [http://rira.ir/rira/php/?page=view&mod=classicpoems&obj=book&id=46].

———, *Haft Paykar: A Medieval Persian Romance*, trad. J. Scott Meisami, Oxford University Press, 1995.

———, trad. H. Massé, *Chosroès et Chirine*, Paris, Maisonneuve & Larose, 1970.

Neẓāmī ʿArūżī, *Revised Translation of the Chahar Maqala*, trad. E.G. Browne, Londres, Cambridge University Press, 1921.

Qāżī Aḥmad, trad. V. Minorsky, *Calligraphers and painters*, Washington, Smithsonian Institution publication, 1959.

———, *Golestân-e honar*, éd. Soheilī Khānsārī, Téhéran, 1352/1973.

Al-Qurṭubī, Muḥammad b. Aḥmad, *Tafsīr al-Jāmiʿ li-Aḥkām al-Qurʾān*, Le Caire, Dār al-Kātib al-ʿArabī, 1387/1967 + [alwaraq.net].

Al-Rāwandī, Muḥammad ibn ʿAlī ibn Sulaymān *Rāḥāt al-ṣudūr wa-āyāt al-surūr*, ed. Muḥammad Iqbāl, Leyde, London, Brill, 1921.

Ṣādeq Ṣādeqī, *Qānūn al-sovar*, éd. Y. Porter *in* Y. Porter, *Peinture et arts du livre. Essai sur la litterature technique indo-persane*, Paris/Téhéran, Institut français de recherche en Iran, 1992, Annexe, p. 198-207.

Al-Sanʿānī, ʿAbd al-Razzāq, *Al-Muṣannaf*, éd. Ḥabīb al-Raḥmān al-Aʿẓamī, Beyrouth, 1983, 2e éd., 11 vol.

Al-Sarakhsī, Muḥammad b. Aḥmad, *Al-Mabsūṭ*, Dār al-maʿārif, Beyrouth, s.d., 30 vol. [alwaraq.com].

Al-Shaybānī, Muḥammad b. al-Ḥasan, *Kitāb al-Aṣl*, éd. Abū l-Wafāʾ al-Afghānī, Hyderabad, 1386/1966, 3 vol.

Al-Ṭabarī, Muḥammad b. Jarīr, *Tārīkh al-Rusul wa-l-Mulūk*, éd. M.J. de Goeje, Leiden, E.J. Brill, 1879-1901, 15 vol. + [alwaraq.net].

Al-Ṭabarsī, al-Ḥasan ibn al-Faḍl, *Makārim al-Akhlāq*, éd. ʿAlāʾ Āl Jaʿfar, Qum, 1414, 2 vol.

Al-Tha'ālibī, *Qiṣaṣ al-Anbiyā'*, Le Caire, Būlāq, 1869.
Al-Tha'labī, 'Abd al-Malik ibn Muḥammad, *Thimār al-Qulūb fī l-Muḍāf wa-l-Mansūb*, éd. Muḥammad Abū al-Faḍl Ibrāhīm, Le Caire, Dār Nahḍat Miṣr li l-ṭab' wa-l-Nashr, 1965 + [alwaraq.net].
Al-Ṭūsī, Muḥammad b. Ḥasan, *Tahdhīb al-Aḥkām*, éd. Ḥasan al-Mūsawī, Najaf, 1959/1378, 3 vol. a.
Al-'Uṭāridī, 'Azīz Allāh, *Musnad al-Imām al-Riḍā Abī l-Ḥasan 'Alī b. Mūsā*, Maṭba'at al-Ḥaydarī, 2 vol., 1251/1392.

3 Références

K. Adahl, « A Copy of the Divan of Mir Ali Shir Nava'i », in R. Hillenbrand (éd.), *Persian Painting, Studies in Honor of Basil W. Robinson*, London, Tauris, 2000, p. 3-18.
L.B. Alberti, *De la peinture* (*De Pictura, 1435*), Paris, Macula, Dédale, 1992, p. 115.
T. Allen, « Byzantine Sources for the *Jāmi' al-Tawārīkh* of Rashīd al-Dīn », in *Ars Orientalis* 15, 1985, p. 121-136.
T. Allsen, *Culture and Conquest in Mongol Eurasia*, New York, Cambridge University Press, 2001.
M.A. Amir-Moezzi (dir.), *Dictionnaire du Coran*, Robert Laffont, Paris, 2007.
T.W. Arnold, *Painting in Islam : A Study of the Place of Pictorial Art in Muslim Culture*, Oxford, Clarendon Press, 1928 ; rééd. New York, Dover, 1965.
A.S. Asani & K. Abdel-Malek (in coll. with A.M. Schimmel), *Celebrating Muhammad, Images of the Prophet in Popular Muslim Piety*, Columbia, University of South Carolina Press, 1995.
E. Atıl, *Art of the Arab World*, Smithsonian Institution, Washington, 1975.
E. Atıl, W.T. Chase & P. Jett, *Islamic Metalwork in the Freer Gallery of Art*, Washington, DC, Smithsonian Institution Press, 1985.
E. Auerbach, *Mimésis. La représentation de la réalité dans la littérature occidentale*, (1946), trad., Paris, Gallimard, 1968.
E. Baer, *Ayyubid Metalwork with Christian Images*, Supplements to Muqarnas, Leyde, E.J. Brill, 1989.
———, « The Human Figure in Early Islamic Art : Some preliminary remarks », in *Muqarnas* 16, 1999, p. 32-41.
E. Bahari, *Bihzad, Master of Persian Painting*, Londres, Tauris, 1996.
M. Bahrami, *Gurgan Faiences*, Le Caire, 1949 (Costa Mesa, 1988).
M. Barrucand, « Les voyages d'Abū Zayd ou la représentation de régions lointaines dans les miniatures islamiques du Moyen Age », *in* W.-D. Lange (ed.), *Diesseits-und Jenseitsreisen im Mittelalter. Voyages dans l'ici-bas et dans l'au-delà au Moyen Age*. Bonn-Berlin, Bouvier-Verlag, 1992, p. 1-10.

———, « The Miniatures of the *Daqā'iq al-Ḥaqā'iq* (Bibliothèque nationale Pers. 174) : A Testimony to the Cultural Diversity of Medieval Anatolia », in *Islamic Art* IV, 1990-1991, p. 113-142.

S. Bashear, « The Mission of Dihya al-Kalbi and the Situation in Syria », in *Jerusalem Studies in Arabic and Islam* 14, 1991, p. 84-114.

M.L. Bates, « The Coinage of Syria Under the Umayyads, 692-750 A.D. », *in* : M.A. Bakhit et R. Schick (éds.), *The History of Bilad al-Sham During the Umayyad Period, Fourth International Conference, 1987, Proceedings of the Third Symposium*, Amman, 1989, p. 195-228.

A.F.L. Beeston, et al., *Arabic Literature to the End of the Umayyad Period*, Cambridge History of Arabic Literature, Cambridge, Cambridge University Press, 1983, p. 419-421.

D. Behrens-Abouseif, « The Lion-Gazelle at Khirbat al-Mafjar », in *Muqarnas* 14, 1997, p. 11-18.

H. Belting, « Face or Trace ? Open Questions around the Prehistory of Christ's Icon », in *Palaeoslavica, Studies for Professor I. Ševčenko on his 80th Birthday*, 10, 2002, p. 1-10.

———, « Blason et portrait. Deux médiums du corps », in *id.*, *Pour une anthropologie des images*, Paris, 2004, p. 153-181.

W. Benjamin, « L'œuvre d'art à l'ère de sa reproductibilité technique », trad. M. de Gandillac, *Essais* 2, Paris, Denoël/Gonthier, 1971.

P. Berlekamp, « Painting as Persuasion : A Visual Defense of Alchemy in an Islamic Manuscript of the Mongol Period », in *Muqarnas* 20, 2003, p. 35-60.

L.V. Berman, « The Ethical Views of Maimonides within the context of Islamic Civilization », *in* : J. Kraemer (éd.), *Perspectives on Maimonides*, Oxford, New York, Oxford University Press, 1991, p. 13-32.

S.S. Blair, « The Development of the Illustrated Book in Iran », in *Muqarnas* 10, 1993, p. 266-274.

———, *Islamic Calligraphy*, Edinburgh University Press, 2008.

———, *A Compendium of Chronicles : Rashid al-Din's Illustrated History of the World*, Londres, The Nour Foundation in association with Azimuth Editions and Oxford University Press, 1995.

———, « Patterns of Patronage and Production in Ilkhanid Iran. The case of Rashid al-Din », *in* J. Raby et T. Fitzherbert (éd.), *The Courts of the Il-Khans 1290-1340*, Oxford, Oxford University Press, 1996, p. 39-62.

———, « The Religious Art of the Ilkhanids », *in* Komaroff et Carboni (éds.), *The Legacy of Genghis Khan : Courtly Art and Culture in Western Asia, 1256-1353*, New York, Metropolitan Museum of Art, 2003, p. 104-133.

———, « A Mongol Envoy », *in* B. O'Kane (éd.), *The Iconography of Islamic Art : Studies in Honour of R. Hillenbrand*, Édimbourg, Edinburgh University Press, 2005, p. 45-60.

S.S. Blair & J.M. Bloom, « The Mirage of Islamic Art : Reflections on the Study of an Unwieldy Field », in *Art Bulletin* 85, 1, 2003, p. 152-184.

S.S. Blair, J.M. Bloom & A.E. Wardwell, « Reevaluating the Date of the 'Buyid' Silks by Epigraphic and Radiocarbon Analysis », in *Ars Orientalis* 22, 1992, p. 1-42.

A. Blizzard, *Portraits of the 20th century Self*, Francfort-sur-le-Main, New York, Peter Lang, 2004.

E. Blochet, *Peintures des manuscrits orientaux de la Bibliothèque nationale*, Paris, Impr. Berthaud frères, Catala frères, 1910.

J.M. Bloom, *Paper Before Print : The History and Impact of Paper in the Islamic World*, New Haven, Yale University Press, 2001.

M. Bouvat et L. Qazvīnī, « Deux documents inédits relatifs à Behzād », in *Revue du monde musulman* 26, 1914, p. 14-160.

E. Brac de la Perrière, « Les manuscrits à peintures dans l'Inde des sultanats : l'exemple de la *Khamse* dispersée d'Amir Khosrow Dehlavi, c.1450 », in *Arts Asiatiques* 56, 2001, p. 24-44.

———, *L'Art du Livre dans l'Inde des sultanats*. Paris, PUPS, 2008.

———, « Du Caire à Mandu : transmission et circulation des modèles dans l'Inde des sultanats », dans F. Richard et M. Szuppe (dir.), *Écrits et culture en Asie centrale et dans le monde turco-iranien, Xe-XIXe siècles / Writing and Culture in Central Asia and in the Turko-Iranian World, 10th-19th c.*, Cahiers de Studia Iranica, Paris, Association pour l'Avancement des Études Iraniennes, 2009, p. 333-358.

B. Brend, « Beyond the Pale : Meaning in the Margin », *in* R. Hillenbrand (ed.), *Persian Painting from the Mongols to the Qajars – Studies in honour of Basil W. Robinson*. Londres, I.B. Tauris Publishers/ The Centre of Middle Eastern Studies, University of Cambridge, 2000, p. 39-53.

P. Briant, *Histoire de l'empire perse. De Cyrus à Alexandre*, Paris, Fayard, 1996.

R. Brilliant, *Portraiture*, Cambridge, Harvard University Press, 1991, London, Reaktion Books, 1991.

C. Brockelmann, *Geschichte der arabischen Literatur*, 1-3, Leiden, Brill, 1937-1942.

P. Brown, « Images as substitutes for writing », in E. Chrysos (ed.), *East and West : Modes of Communication*, Leiden, Brill, 1999, p. 15-34.

E.G. Browne, « Account of a Rare, If not Unique, Manuscript History of the Seljúqs in the Schefer Collection Lately Acquired by the Bibliothèque Nationale in Paris », in *Journal of the Royal Asiatic Society*, 1902, p. 579-580.

H. Buchthal, O. Kurz et R. Ettinghausen, « Supplementary Notes to K. Holter's Check List of Illuminated Islamic Manuscripts Before A.D. 1350 », in *Ars Islamica* 7, 1940, p. 147-164.

H. Buchthal, « Three Illustrated Hariri Manuscripts in the British Museum », in *Art of the Mediterranean World A.D. 100 to 1400*, Washington, D.C., Decatur House Press, 1983, p. 11-17.

A. Caiozzo, *Images du ciel d'Orient au Moyen Age. Une histoire du zodiaque et de ses représentations dans les manuscrits du Proche-Orient musulman*. Paris, PUPS, 2003.

F. Çağman & Z. Tanındı, *The Topkapı Saray Museum : The Albums and Illustrated Manuscripts*, ed, expand & trans J.M. Rogers, Boston, Little, Brown, 1986.

L. Campbell, « Portraiture », *Dictionary of Art*, vol. 25, New York, Macmillan Publishers Limited, p. 273-287.

K.A.C. Creswell, « The Lawfulness of Painting in Early Islam », in *Ars Islamica*, XI-XII, 1946, p. 159-166.

———, *Early Muslim Architecture*, Oxford, 1969 (2e éd.), 2 vol.

A. Cameron, « The History of the Image of Edessa : the Telling of a Story », in *Changing Cultures in Early Byzantium*, London, Variorum, 1996.

M. Camille, « The Gregorian Definition Revisited : Writing and Medieval Image », *in* J. Baschet et J.-C. Schmitt (éd.), *L'image. Fonctions et usages des images dans l'Occident latin*, in *Cahiers du Léopard d'Or* (V), 1996, p. 89-107.

M. Canard, « Quelques 'à côté' de l'histoire des relations entre Byzance et les Arabes », repr. dans M. Canard, *Byzance et les Musulmans du Proche-Orient*, London, Variorum, 1973.

S. Canby, *Princes, poètes et paladins. Miniatures islamiques et indiennes de la collection du prince et de la princesse Sadruddin Aga Khan*, Genève, Musée d'art et d'histoire, 1998.

G. Cary, *The Medieval Alexander*, Cambridge University Press, 1956.

L. Casson, *Libraries in the Ancient World*, New Haven, Yale University Press, 2001.

V. Chauvin, « La défense des images chez les musulmans », in *Annales de l'Académie d'Archéologie de Belgique* XLVIII, 1896, p. 403-430.

N. el-Cheikh, « Muhammad and Heraclius : a Study in Legitimacy », in *Studia Islamica* 89, 1999, p. 5-21.

P. Chelkowski (éd.), *Ta'ziyeh, Ritual and Drama in Iran*, New York University Press, 1979.

———, *Staging a Revolution*, London, Booth-Clibbor Editions, 2000.

M. Cook, *Commanding Right and Forbidding Wrong in Islamic Thought*, Leiden, E.J. Brill, 2001.

P. Crone, *Meccan Trade and the Rise of Islam*, Princeton University Press, 1987.

F. Daftary, *The Isma'ilis : Their History and Doctrines*, Cambridge, Cambridge University Press, 1990.

M.T. Dānesh-Pazhuh, « Moraqqa' sâzi va jong nevisi », in *Farkhonde payyâm, essais à la mémoire de Q.H. Yusefi*, Mashhad, 1360/1981, p. 152-153.

G. Dagron, « L'Image de Culte et le Portrait », *in* A. Guillou and J. Durand (éd.), *Byzance et les Images*, Paris, La Documentation française, 1991, p. 121-150.

———, « Les diseurs d'événements : réflexions sur un 'thème astrologique' byzantin », in *Histoire et société. Mélanges offerts à Georges Duby*, vol. IV, Paris, 1992, p. 57-65.

———, *Décrire et Peindre. Essai sur le portrait iconique*, Paris, Gallimard, 2007.

E. Dahl, « Heavenly Images : The Statue of Ste Foy in Conques », in *Acta ad Archaeologiam et Artium Pertinentis* 8, 1978, p. 175-191.

P. Darby de Thiersaut, *Le Mahométisme en Chine et dans le Turkestan Oriental*, Paris, Ernest Leroux, 1878.

F.E. Day, « Review of *Soieries Persanes* by G. Wiet », in *Ars Islamica* 15-16, 1951, p. 231-244.

De Bagdad à Ispahan – Manuscrits islamiques de la Filiale de Saint-Pétersbourg de l'Institut d'Etudes orientales, Académie des Sciences de Russie. [Exposition Musée du Petit Palais 14 octobre 1994-8 janvier 1995]. Paris, Fondation ARCH/ Paris-Musées/ Electa, 1994.

A. Dehkhoda, *Loghatnāmeh* (Encyclopedic Dictionary), M. Moʿin et J. Shahidi (ed.), Téhéran, Tehran University Publications, 1993-94, 14 vol.

F. Déroche, *Le livre manuscrit arabe : préludes à une histoire*, Paris, Bibliothèque nationale de France, 2004.

L. Diba & M. Ekhtiar (ed.), *Royal Persian Painting*, Brooklyn/Londres, Brooklyn Museum of Art, 1998.

E. von Dobschütz, *Christusbilder*, Leipzig, 1899.

D. Duda, *Islamische Handschriften II Teil 1 : Die Handschriften in Arabischer Sprache, in : Die Illuminierten Handschriften und Inkunabeln der Österreichischen Nationalbibliothek*, Österr. Akademie der Wissenschaften, Phil.-Hist. Klasse, Denkschriften, 229, Vienne, Verlag der Österreichischen Akademie der Wissenschaften, 1992.

R. Ettinghausen, « A Signed and Dated Seljuq Qur'an », in *Bulletin of the American Institute for Persian Art and Archaeology* 4, 2, 1935, p. 92-102.

———, « Interaction and Integration in Islamic Art », *in* G.E. von Grunebaum (ed.), *Unity and Variety in Muslim Civilization*, Chicago, 1955, p. 118-120.

———, « An Illuminated Manuscript of Hafiz-i Abru in Istanbul, part I », in *Kunst des Orients*, vol. 2, 1955, p. 48-50.

———, « On Some Mongol Miniatures », in *Kunst Des Orients* 3, 1959, p. 56-65.

———, *Arab Painting*, Genève, 1962, *La Peinture arabe*, Genève, Skira, 1962.

R. Ettinghausen, O. Grabar, & M. Jenkins-Madina, *Islamic Art and Architecture 650-1250*, New Haven, Yale University Press, 2001.

B. Farès, *Le livre de la Thériaque : manuscrit arabe à peintures de la fin du XIIe siècle conservé à la Bibliothèque Nationale de Paris*, Art Islamique, Le Caire, Institut français d'archéologie orientale, 1953.

———, « Philosophie et jurisprudence illustrées par les Arabes : la querelle des images en Islam », in *Mélanges Louis Massignon*, Damas, 1957, 3 vol., II, p. 77-109.

G. Ferrand, *Voyage du marchand arabe Sulayman en Inde et en Chine*, Paris, Bossard, 1922.

T. Fitzherbert, « Khwâjû Kermânî (689-753/1290-1352) : an éminence grise of Fourteenth Century Persian Painting », in *Iran* 29, 1991, p. 137-151.

———, « Portrait of a lost leader : Jalal al-Din Khwarazmshah and Juvaini », *in* J. Raby et T. Fitzherbert (éd.), *The court of the Il-Khans 1290-1340*, Oxford, Oxford University Press, 1996, p. 71-72.

K. von Folsach, *Art from the World of Islam : The David Collection*, Copenhague, The David Collection, 2001.

G. Fowden, *Qusayr Hamra : Art and the Umayyad Elite in Late Antique Syria*, University of California Press, 2004.

I.L. Fraad & R. Ettinghausen, « Sultanate Painting in Persian Style », *Chhavi – Golden Jubilee Volume*, Varanasi, Bhārat Kalā Bhavan, 1971, p. 48-66.

J. Gere, *Portrait Drawings, xv-xxth Centuries*, Londres, British Museum, 1974.

S. Gero, « The Legend of the Monk Bahira, the Cult of the Cross, and Iconoclasm », *in* P. Canivet et J.-P. Rey-Coquais, *La Syrie de Byzance à l'Islam : VIIe-VIIIe siècles*, Actes du colloque international Lyon – Maison de l'Orient méditerranéen, Paris – Institut du monde arabe, 11-15 Septembre 1990, Institut français de Damas, 1992, p. 47-58.

H. Gerstinger (ed.), *Dioscurides. Codex Vindobonensis med gr. I. Osterreichischen Nationalbibliothek. Kommentarband zu der Facsimileausgabe*, Akademische Druck- und Verlagsanstalt, Graz, 1970.

R. Ghirshman, *Perse. Proto-iraniens, Mèdes, Achéménides*, Paris, Gallimard, 1963.

L. Ginzberg, *Legends of the Jews*, Philadelphie, The Jewish publications society of America, 6 vol., 1909-1938, rééd. 1968.

R. Girard, *Des choses cachées depuis la fondation du monde*, Paris, Grasset, 1978.

A. Godard, *L'art de l'Iran*, Paris, Arthaud, 1962.

E.H. Gombrich, *Art and Illusion : A Study in the Psychology of Pictorial Representation*, Princeton University Press, 1969.

B.N. Goswamy, *A Jainesque Sultanate Shahnama and the context of pre-Mughal Painting in India*, Zürich, Museum Rietberg, 1988.

A. Grabar, *La Sainte Face de Laon*, Prague, 1931.

O. Grabar, « The Illustrated *Maqamat* of the Thirteenth Century : the Bourgeoisie and the Arts », *in* A.H. Hourani & S.M. Stern (ed.), *The Islamic City*, Oxford, Cassirer, 1970, p. 207-222.

———, *The Illustrations of the Maqamat*, Chicago, University of Chicago Press, 1984.

———, *La formation de l'art islamique*, Paris, Flammarion, 2000.

B. Gray, *La Peinture persane*. Paris, Skira-Flammarion, 1977.

E.J. Grube, « Materialien zum Dioskorides Arabicus », in *Aus der Welt der Islamischen Kunst : Festschrift für Ernst Kühnel*, Berlin, Mann, 1959, p. 163-194.

———, « Fustat Fragments », *in* B.W. Robinson (éd.), *Islamic Painting and the Arts of the Book*, The Keir Collection, Londres, Faber and Faber, 1976, p. 23-66.

———, « Prolegomena for a Corpus Publication of Illustrated *Kalilah wa Dimnah* Manuscripts », in *Islamic Art* IV, 1990-1991, p. 301-481.

——— (ed.), *A Mirror for Princes from India. Illustrated Versions of the Kalilah wa Dimnah, Anvar-i Suhayli, Iyar-i Danish, and Humayun Nameh*, Bombay, MARG Publications, 1991.

M.-G. Guesdon et A. Vernay-Nouri (dir.), *L'Art du livre arabe. Du manuscrit au livre d'artiste*. Paris, Bibliothèque nationale de France, 2000.

S. Guthrie, *Arab Social Life in the Middle Ages : An Illustrated Study*, London, Shaqi books, 1995.

D. Gutas, *Greek Thought, Arabic Culture : The Graeco-*Arabic *Translation Movement in Baghdad and Early 'Abbasid Society (2nd-4th/5th-10th C.)*, London-New York, Routledge, 1998.

R. Gyselen, « L'art sigillaire » et « La monnaie », in F. Demange (dir.), *Les Perses sassanides*, Paris, Findakly, 2006, p. 199-224.

M. Hamidullah, *Documents sur la diplomatie musulmane à l'époque du prophète et des khalifes orthodoxes*, Paris, 1935.

———, « La Lettre du Prophète à Héraclius et le sort de l'original », in *Arabica* 2, 1955, p. 97-110.

———, « Une Ambassade du Caliphe Abou Bakr auprès de l'Empereur Héraclius et le Livre byzantin de la Prédication des destinées », in *Folia Orientalia* 2, 1960, p. 29-42.

B. Heller – [S.M. Wassrestrom], « Udj », in *Encyclopaedia of Islam*, deuxième édition, vol. 10, p. 777-778.

C. Hillenbrand, « Some Aspects of al-Ghazali's Views on Beauty », *in* A. Giese & J.C. Bürgel (ed.), *Gott ist Schön und Er Liebt die Schönheit*, Berne, Lang, 1994, p. 249-265.

R. Hillenbrand, « The Schefer Ḥarīrī : A Study in Islamic Frontispiece Design », *in* Anna Contadini (ed.), *Arab Painting : Text and Image in Illustrated Arabic Manuscripts*, London, Brill, 2007, p. 117-134.

E.R. Hoffman, « The Author Portrait in Thirteenth-Century Arabic Manuscripts : A New Islamic Context for a Late-Antique Tradition », in *Muqarnas* 10, 1993, p. 6-20.

K. Holter, « Die Islamischen Miniaturhandschriften vor 1350 », in *Zentralblatt für Bibliothekwesen* 54, 1937, p. 1-34.

C. Huart, « De la valeur historique des mémoires des derviches tourneurs », in *Journal Asiatique*, onzième serie, 20, 1922, p. 308-17.

G. Inal, « Artistic relationship between the Far and Near East as reflected in the miniatures of the Gami at-tawarikh », in *Kunst des Orients* 10, 1975, p. 108-143.

——— « Some miniatures of the Jami' al-Tawarikh in Istanbul, Topkapı Museum, Hazine Library no. 1654 », in *Ars Orientalis* 5, 1963, p. 163-175.

A.M. Issa ('Isā), *Painting in Islam. Between Prohibition and Adversion/Al-Taṣwīr fī'l-islām bayna al-taḥrīm wa-l-karāhiyya*, Istanbul, ISARV, 1996.

A. Ivanov, « The name of a painter who illustrated the World History of Rashīd al-Dīn », *in* R. Hillenbrand (ed.), *Persian Painting from the Mongols to the Qajars*, Londres, New York, Tauris, 2000, p. 147-149.

S. al-Jaburi, « The Prophet's Letter to the Byzantine Emperor Heraclius », in *Hamdard Islamicus* 1, 1978, p. 36-50.

K. Jahn, *Die Geschichte der Kinder Israels des Rashīd al-Dīn*, Vienne, Österreichische Akademie der Wissenschaften, 1973.

———, « Some ideas of Rashid al-Din on Chinese Culture », in in *Central Asiatic Journal* 28, 1984, p. 162 ; Allsen, p. 141-160.

D. James, *The Master Scribes : Qur'ans of the 10th to the 14th Centuries AD, in* J. Raby (éd.), The Nasser D. Khalili Collection of Islamic Art, Londres, The Nour Foundation in association with Azimuth Editions and Oxford University Press, 1992.

H. Joly, *Le renversement platonicien : logos, épistémé, polis*, Paris, Vrin 1994.

J. Kerner, *Art in the name of science : Illustrated manuscripts of the Kitab al-diryaq*, New York University, Ph.D., 2004.

T. Khalidi, *Islamic Historiography*, Albany, Suny Press, 1975.

K. Khandalavala, M. Chandra, *New Documents of Indian Painting : A Reappraisal*, Bombay, Board of Trustees of the Prince of Wales Museum of Western India, 1969.

R.G. Khoury, *Les Légendes prophétiques dans l'Islam*, Wiesbaden, O. Harrassowitz, 1978.

G.R.D. King, « Islam, Iconoclasm and the Declaration of Doctrine », in *Bulletin of School of Oriental and African Studies* 48, 2, 1985, p. 267-277.

R. Klein, « *La forme et l'intelligible. Écrits sur la Renaissance et l'Art moderne*, Paris, Tel Gallimard, 1970, rééd. 1983.

F. Klein-Franke, M. Zhu, « Rashid al-Din as a transmitter of Chinese medicine to the West », in *Le Muséon*, 4-4, 109, 1996, p. 395-404.

L. Komaroff & S. Carboni (eds.), *The Legacy of Genghis Khan : Courtly Art and Culture in Western Asia, 1256-1353*, New Haven, Yale University Press in association with the Metropolitan Museum of Art, 2002.

G.T. Kulkarni, M.S. Mate (ed.), *Tarif-i-Husain Shah Badshah Dakhan by Aftabi*, (Original Text, Translation and Critical Introduction), Pune, Bharata Itihasa Samshodhaka Mandala, 1987.

S. Laibi, *Artistes et artisans dans l'art islamique*, Université de Lausanne, thèse de doctorat, 2003.

G.B. Ladner, « The Concept of the Image in the Greek Fathers and the Byzantin Iconoclasm Controversy », in *Dumbarton Oaks Papers* 7, 1953, p. 1-34.

S. Laibi, *Soufisme et art visuel, Iconographie du sacré*, Paris, L'Harmattan, 1998.

E.W. Lane, *Arabic-English Dictionary*, London, 1863-1893, édition révisée, Cambridge, Islamic Text Society Trust, 1984, vol. 2, p. 1745.

D.D. Leslie, *Islam in Traditional China*, Canberra College of Advanced Education, 1986.

J. Lichtenstein (dir.), *La peinture*, Paris, Larousse, 1997.

J.P. Losty, *The Art of the Book in India, Catalogue of an Exhibition at British Library*, Londres, British Library, 1982.

———, « Early Bijapuri Musical Paintings », *in* S. Doshi et K. Khandalavala (ed.), *An Age of Splendour : Islamic Art in India*, Bombay, Marg Publications, 1983, p. 128-131.

J. Lowden, *Illuminated Prophet Books*, University Park, 1988.

M.C. Lyons, *The Arabian Epics*, Cambridge, University of Cambridge Oriental Publications, 3 vol., 1995, rééd. 2005.

G. Marçais, « La question des images dans l'art musulman », in *Mélanges d'histoire et d'archéologie de l'Occident musulman*, Alger, Imprimerie officielle, 2 vol., 1957.

D. Mason (ed.), *Intimate Worlds. Indian Paintings from the Alvin O. Bellak Collection*, [Exposition au Philadelphia Museum of Art, 02/03-29/04/2001], Philadelphie, Philadelphia Museum of Art, 2001.

L.A. Mayer, *Mamluk Costume : A Survey*, Genève, Kundig, 1952.

D. Meneghini Correale, « Le Turc et l'Indien dans les *ghazals* de Hāfez », in *Annali di Ca'Foscari*, 29, 3, 1990, p. 151-167.

G.M. Meredith-Owens, « Some Remarks on the Miniatures in the Society's *Jami al-tawarikh* », in *Journal of the Royal Asiatic Society* 2, 1970, p. 195-199.

J.-P. Migne, *Patrologia Greca*, Paris, 1863.

V. Milanovic, « Tree of Jesse », in *Zograf* 20, 1989, p. 48-59.

R. Milstein, K. Rührdanz & B. Schmitz, *Stories of the Prophets, Illustrated Manuscripts of Qiṣaṣ al-Anbiyā'*, Costa Mesa, Mazda Publishers, 1999.

A. Miquel, *La Géographie humaine du monde musulman jusqu'au milieu du xi*e *siècle*, Paris, Ed. de l'EHESS, 4 vol., 1976-1988.

J. Mohl, *Le Livre des Rois par Abou'l Kasim Firdousi, publié, traduit et commenté.* Paris, Imprimerie royale, vol. I-VII, 1838-1878.

M. Mokri, « Esthétique et lexique du corps humain dans la littérature classique iranienne », in *Journal Asiatique* 291, 1-2, 2003, p. 249-293.

Ch. Moreau-Vauthier, *La peinture*, Paris, Hachette, 1913.

V. Moreen, « Moses in Muhammad's light : Muslim topoi and anti-Muslim polemics in Judaeo-Persian panegyrics », in *Journal of Turkish Studies* 18, 1994, p. 185-200.

———, *In Queen Esther's Garden*, New Haven, Londres, Yale University Press, 2000.

D. Morgan, « Rashid al-Din Tabib », *Encyclopedia of Islam*, deuxième édition, vol. 8, p. 443-444.

———, « Rashid al-Din and Gazan Khān », *L'Iran face à la domination mongole*, Téhéran, Institut Français de Recherche en Iran, 1997, p. 179-188.

A.H. Morton, « Mu'nis al-aḥrār and its twenty-ninth chapter », *in* S. Carboni et M. Swietochowski (éd.), *Illustrated Poetry and Epic Images : Persian Painting of the 1330s and 1340s*, New York, Metropolitan Museum of Art, 1994, p. 49-66.

———, « The Mu'nis al-ahrār and its twenty-ninth chapter », *in* M.L. Swietochowski et S. Carboni (eds.), *Illustrated Poetry and Epic Images : Persian Painting of the 1330s and 1340s*, exh. cat., New York, Metropolitan Museum of Art, 1994.

———, « The Letters of Rashīd al-Dīn : Ilkhanid Fact or Timurid Fiction ? », *in* R. Amitai-Preiss et D. Morgan (éd.), *The Mongol Empire and its Legacy*, Leyde, Brill, 2001, p. 155-199.

S. Naef, *Y a-t-il une « question de l'image » en Islam*, Paris, Téraèdre, 2004.

A. Netzer, « The story of the prophet Shuʿayb in Shahin's *Musanameh* », *in* Iranica Varia : Papers in Honor of Professor Ehsan Yarshater, *Acta Iranica* 16, 1990, p. 152-167.

———, « Rashid al-Din and his Jewish Background », in *Irano-Judaica* 3, 1994, p. 118-126.

D. Olariu (éd.), *Le Portrait individuel. Réflexions autour d'une forme de représentation, XIIIe-XVe siècles*, Berne, Peter Lang, 2009.

B. O'Kane, *Early Persian painting : Kalila wa Dimna manuscripts of the late fourteenth century*. London, Tauris, 2002.

———, *Early Persian Painting : Kalila and Dimna Manuscripts of the Late Fourteenth Century*, London, I.B. Tauris, 2003.

À l'ombre d'Avicenne : la médecine au temps des califes, Paris, Institut du Monde Arabe, 1996.

L'Orient de Saladin : L'art des Ayyoubides, Paris, Institut du Monde Arabe/Gallimard, 2001.

K. Otto-Dorn, *L'art de l'islam*, trad. J.-P. Simon, Paris, Albin Michel, 1967.

O. Pancaroğlu, « Socializing Medicine : Illustrations of the *Kitāb al-Diryāq* », in *Muqarnas* 18, 2001, p. 155-172.

———, « Signs in the horizons : Concepts of image and boundary in medieval Persian cosmography », in RES : *Anthropology and Aesthetics* 43, 2003, p. 31-41.

E. Panofsky, *Idea*, trad. Paris, Gallimard, 1983.

A. Papadopoulo, *L'Islam et l'art musulman*, Paris, Citadelles et Mazenod, 1976, trad. anglaise Robert E. Wolf : *Islam and Muslim Art*, 1979. New York, H.N. Abrams, 1979.

R. Paret, « Textbelege zum islamischen Bilderverbot », *in* H. Fegers (ed.), *Das Werk des Künster : Studien zu Ikonographie and Formgeschichte. Hubert Schrade zum 60. Geburstad*, Stuttgart, Kohlhammer, 1960, p. 36-48.

———, « Das islamische Bilderverbot und die Schia », *in* E. Graft (ed.), *Festschrift Weber Castel*, Leiden, E.J. Brill, 1968, p. 224-232.

J. Pope-Hennessy, *The Portraits in the Renaissance*, (The A.W. Mellon Lectures in the Fine Arts, 1963, Bolingen Series, XXXV, 12), Princeton University Press, 1963.

Y. Porter, *Peinture et arts du livre. Essai sur la litterature technique indo-persane*, Paris/Téhéran, Institut français de recherche en Iran, 1992.

———, « La forme et le sens », in C. Balay, C. Kappler et Z. Vesel (éds.) *Pand-o Sokhan*, Téhéran, IFRI, 1995, p. 225-226.

———, « From the 'Theory of the Two Qalams' to the 'Seven Principles of Painting' : Theory, Terminology, and Practice in Persian Classical Painting », in *Muqarnas* 17, 2000, p. 109-118.

———, « La réglure (*mastar*) de la 'formule d'atelier' aux jeux de l'esprit », H. Touati (dir.), *Écriture, calligraphie et peinture, Studia Islamica* 96, 2004, p. 55-74.

Pseudo-Callisthène, *Le Roman d'Alexandre*, Paris, Belles-Lettres, 1992.

N. Pourjavady (ed.), *The Splendour of Iran*, Londres, Booth-Clibborn Editions, 2001.

L. Pouzet, « Le hadith d'Heraclius », *in* P. Canivet et J.-P. Rey-Coquais, *La Syrie de Byzance à l'Islam*, Damas, IFEAD, 1992, p. 59-65.

D. Van Reenen, « The *Bilderverbot*, a new survey », in *Der Islam* 67 (1990), p. 27-77.

D.S. Rice, « The Aghānī Miniatures and Religious Painting in Islam », in *Burlington Magazine* 95, 1953, p. 128-134.

———, *The Unique Ibn al-Bawwāb Manuscript in the Chester Beatty Library*, Dublin, Chester Beatty Library, 1955.

F. Richard, *Splendeurs persanes. Manuscrits du XIIe au XVIIe siècle.* [Exposition Paris, BnF, 27/11/1997-01/03/1998], Paris, Bibliothèque nationale de France, 1997.

———, « À propos d'une double page réalisée à Bukhara : la tradition picturale persane des figures composites ; tentative d'interprétation », in *Ā'ine-ye mirās* (Téhéran), nouvelle série, IV-4, 35, 2007, p. 145-175.

B.W. Robinson, *Persian Paintings in the India Office Library, A Descriptive Catalogue*, Londres, 1976.

F. Rosenthal, « Al-Mubashshir Ibn Fātik : Prolegomena to an Abortive Edition », in *Oriens*, 13-14, 1961, p. 132-158.

———, *Four Studies on Art and Literature in Islam*, Leiden, 1971.

———, « On Art and Aesthetics in Graeco-Arabic Wisdom Literature », *in* R. Ettinghausen et Otto Kurz (éds.), *Four Essays on Art and Literature in Islam*, Leyde, Brill, 1971, p. 1-19.

———, « From Arabic Books and Manuscripts, XIII-XIV », in *Journal of the American Oriental Society*, 95, 2, 1975, p. 209-213.

D.J. Roxburgh, *Prefacing the Image : the Writing of Art History in sixteenth Century Iran*, Leiden, Brill, 2001.

U. Rubin, *The Eye of the Beholder. The Life of Muhammad as Viewed by the Early Muslims : A Textual Analysis*, Princeton, The Darwin Press, 1995.

M.M. Sadek, « Notes on the Introduction and Colophon of the Leiden Manuscript of Dioscorides' 'De Materia Medica' », in *International Journal of Middle East Studies* 10, 1979, p. 345-354.

———, *The Arabic Materia Medica of Dioscorides*, Québec, Les Éditions du Sphinx, 1983.

N.F. Safwat, *The Art of the Pen*, London-Oxford, Nour Foundation in association with Azimuth Editions and Oxford University Press, 1996.

A. Sakisian, « Thèmes et motifs d'enluminure et de décoration arméniennes et musulmanes », in *Ars Islamica* 6, 1939, p. 66-87.

H. Sarshar (éd.), *Esther's Children : A Portrait of Iranian Jews*, Los Angeles, The Center for Iranian Jewish Oral History, 2002.

J. Schacht, *Introduction to Islamic Law*, Oxford UP, 1964, trad. P. Kempf et A. Turki, *Introduction au droit musulman*, Paris, Maisonneuve & Larose, 1983.

J. Sauvaget, *Relation de la Chine et de l'Inde*, Paris, Belles-Lettres, 1948.

R. Schick, « Christian Life in Palestine in the Early Islamic Period », in *The Biblical Archaeologist* 51, 4, 1988, p. 218-221 et p. 239-240.

A. Schimmel, « Turk and Hindu : a literary symbol », in *Acta iranica* 3, Téhéran-Liège, Bibliothèque Pahlavi, 1974, p. 243-248.

———, « Turk and Hindu : a poetical image and its application to historical facts », *in* S. Vryonis (ed.), *Islam and Cultural Change in the Middle Ages*, Wiesbaden, O. Harrassowitz, 1975, p. 107-126.

———, *And Muhammad is His Messenger*, Chapel Hill, University of North Carolina Press, 1985.

J.-C. Schmitt, *Le corps des images ; Essais sur la culture visuelle au Moyen âge*, Gallimard, Paris, 2002.

N. Schneider, *L'art du portrait*, Cologne, Taschen, 1994.

C. Schöck, *Adam im Islam*, Berlin, Klaus Schwarz, 1993.

R. Sellheim, « al-Muṭarrizī », in *Encyclopedia of Islam*, deuxième édition, vol. 7, p. 774.

F. Sezgin, *Geschichte des arabischen Schriftums*, 1-9, Leiden, Brill, 1987.

R. Skelton, « Ghiyath al-Din ʿAli-yi Naqshband and an Episode in the Life of Sadiqi Beg », *in* R. Hillenbrand (dir.), *Persian Painting*, Londres, Tauris, 2000, p. 249-263.

M.S. Simpson, « The Role of Baghdad in the Formation of Persian Painting », *in* C. Adle (éd.), *Art et société dans le monde iranien*, Paris, 1982, p. 91-116.

J. von Schlosser, *Die Kunstliteratur*, Vienne, 1924 (trad. Paris, Flammarion, 1996).

A. Shboul, *Al Masʿudi and His World : A Muslim Humanist and His Interest in Non-Muslims*, Londres, Ithaca Press, 1979.

M.S. Simpson, « A Reconstruction and Preliminary Account of the 1341 *Shahnama* with Some Further Thoughts on Early *Shahnama* Illustration », *in* R. Hillenbrand (ed.), *Persian Painting from the Mongols to the Qajars, Studies in Honour of Basil W. Robinson*, Londres, I.B. Tauris, 2000, p. 217-248.

P. Soucek, « Nizami on painters and paintings », in *Islamic Art in the Metropolitan Museum of Art*, éd. R. Ettinghausen, New York, 1972, p. 9-22.

——— (ed.), *Content and Context of Visual Arts in the Islamic World*, University Park/ London, Pennsylvania State University Press, 1988.

———, « The Life of the Prophet : Illustrated Versions », *in* P. Soucek (éd.), *Content and Context of the Visual Arts in the Islamic World*, University Park, 1988, p. 193-209.

———, « The theory and practice of portraiture in the Persian tradition », in *Muqarnas* 17, 2000, p. 97-108.

D. et J. Sourdel, *La civilisation de l'islam classique*, Paris, Arthaud, 1968.

W.F. Spengler et W.G. Sayles, *Turkoman Figural Bronze Coins and Their Iconography*, Lodi, WI, Clio's Cabinet, 1992.

Splendeur des Sassanides : L'Empire perse entre Rome et la Chine (224-642), Bruxelles, Musées Royaux d'Art et d'Histoire, 1993.

I. Stchoukine, *Les peintures des manuscrits de Shâh ʿAbbâs Ier à la fin des Safavis*, Paris, Paul Geuthner, 1964.

Sultan, Shah, and Great Mughal. The History and Culture of the Islamic World, [Exposition Copenhague, The National Museum, 1996], Copenhague, The National Museum, 1996.

Y. Tabbaa, « The Transformation of Arabic Writing : Part 1 Qur'anic Calligraphy », in *Ars Orientalis* 21, 1991, p. 119-148.

D. Talbot Rice, *The Illustrations to the 'World History' of Rashd al-Dn*, Basil Gray (éd.), Édimbourg, Edinburgh University Press, 1976.

M. Tardieu, « La Chaîne des Prophètes », in *Cahiers d'Asie Centrale* 1-2, 1996, p. 357-366.

M. Taylor, « Historiated Tree of Jesse », in *Dumbarton Oaks Papers* 34-35, 1980-1981, p. 125-176.

W. Thackston, *Tales of the Prophets of al-Kisa'i*, traduit de l'arabe, Boston, Twayne, 1978.

———, *Album Prefaces and Other Documents on the History of Calligraphers and Painters*, Leiden-Boston, Brill, 2001.

S. Thompson, *Motif-index of Folk-Literature*, réédition, Bloomington, Indiana University Press, 1955-1958, rééd. 1989.

S. Thompson & J. Balys, *The Oral Tales of India*, Bloomington, Indiana University Press, 1958.

N. Titley, *Miniatures from Persian manuscripts, a catalogue and subject index of paintings from Persia, India and Turkey in the British Library and British museum*, Londres, British Museum, 1977.

———, *Miniatures from Turkish manuscripts, a catalogue and subject index of paintings in the British Library and British Museum*, Londres, British Library, 1981.

———, *Persian Painting and its Influences*, London, 1983.

———, *The Niʿmatnama manuscript of the Sultans of Mandu. The Sultan's Book of Delights*, Londres/ New York, Routledge Curzon, 2004.

A. Tokatlian, *Falnamah. Livre royal des sorts*, Paris, Gourcuff Gradenigo, 2007.

H. Touati, *L'armoire à sagesse : Bibliothèque et collection en islam*, Paris, Aubier, 2003.

——— (dir.), *Écriture, calligraphie et peinture, Studia Islamica* 96, 2004.

———, « La calligraphie islamique entre écriture et peinture », *in* H. Touati (dir.), *Écriture, calligraphie et peinture, Studia Islamica* 96, 2004, p. 5-18.

W.L. Treadwell, « The 'Orans' Drachms of Bishr Ibn Marwān and the Figural Coinage of the Early Marwanids », *in* J. Johns (ed.), *Bayt al-Maqdis : 'Abd al-Malik's Jerusalem, Part Two*, Oxford Studies in Islamic Art, Oxford, Oxford University Press for the Board of the Faculty of Oriental Studies, University of Oxford, 1999, p. 223-271.

J. Trilling, *Ornament : A Modern Perspective*, Seattle, University of Washington Press, 2003.

J. Turner (ed.), *The Dictionary of Art*, Londres, Macmillan Publishers Limited, 1996.

J.-C. Vadet, « La Légende d'Adam chez al-Kisāʾī », in *Studia Islamica* 42, 1975, p. 5-38.

A.A. Vassiliev, « The Iconoclastic Edict of the Caliph Yazīd, A.D. 721 », in *Dumbarton Aok Papers* (9-10), 1956, p. 27-47.

S. Vernoit, *Occidentalism : Islamic Art in the 19th Century*, London-Oxford, Nour Foundation in association with Azimuth Editions and Oxford University Press, 1997.

Z. Vesel, *Les encyclopédies persanes*, Paris, Éditions Recherches sur les Civilisations, 1986.

J. Walker, *A Catalogue of the Arab-Sassanian Coins*, The British Museum, London, 1941 [reprint 1967].

———, *A Catalogue of the Arab-Byzantine and Post-Reform Umaiyad Coins*, The British Museum, London, 1957.

R. Ward, « Style Versus Substance : The Christian Iconography on Two Vessels Made for the Ayyubid Sultan al-Salih Ayyub », *in* B. O'Kane (éd.), *The Iconography of Islamic Art : Studies in Honour of R. Hillenbrand*, Édimbourg, Edinburgh University Press, 2005, p. 309-313.

A.G. Warner et E. Warner, *The Shahnama of Firdausi*, VI, London, Kegan Paul Trench Trubner And Co. Ltd, 1912.

[J. Wensick]-T. Fahd, art. « Ṣūra », EI2, 1998, p. 925-928.

K. Weitzmann, « The Mandylion and Constantine Porphyrogenetes », in *Cahiers Archéologiques* 11, 1960, p. 163-184.

———, « The Greek Sources of Islamic Scientific Illustrations », *in* H.L. Kessler (éd.), *Studies in Classical and Byzantine Manuscript Illumination*, Chicago, University of Chicago Press, 1971, p. 20-44.

———, *Late Antique and Early Christian Book Illumination*, New York, George Braziller, 1977.

———, *Classical Heritage in Byzantine and Near Eastern Art*, Londres, Variorum Reprints, 1981.

B. Wheeler, *Moses in the Quran and Islamic Exegesis*, Londres, New York, Routledge Curzon, 2002.

G. Wiet, « Une peinture du XIIe siècle », in *Bulletin de l'Institut d'Égypte*, 26, 1944, p. 109-118.

———, *Soieries Persanes*, Le Caire, 1948.

J. Wirth, *L'image médiévale. Naissance et développement (VIe-XVe siècle)*, Paris, Méridiens Klincksieck, 1979.

K. Zakharia, *Abū Zayd al-Sarūǧī, imposteur et mystique. Relire les maqāmāt d'al-Ḥarīrī*, Damas, Institut Français d'Études Arabes de Damas, 2000.

M. Zebrowski, *Deccani Painting*, Londres, Sotheby Publication, 1983.

Index des noms propres

Aaron 77, 80, 91
Abaqa Khān 84
ʿAbd Allāh b. Masʿūd 10
ʿAbd al-Malik b. Marwān IX, XI, XII, 11, 12, 48, 49, 57, 95, 116, 118
ʿAbd al-Malik b. al-Ṣāmit 94
ʿAbd al-Muʾmin al-ʿAlawī al-Kāshī 56
ʿAbd al-Razzāq b. Hammām al-Sanʿānī 10
Abraham 4, 5, 6, 81, 82, 83, 91, 95, 99, 113
Abū Aḥmad al-Nahrajūrī 54
Abū Ayyūb Sulaymān b. Muḥammad b. Abī Ayyūb al-Ḥarrānī 42
Abū Bakr 92, 93, 94, 98
Abū Bakr b. al-ʿArabī 23
Abū Bakra, Nufayʿ b. Masrūḥ 16, 17
Abū al-Faḍl 73
Abū Ḥanīfa 27
Abū l-Ḥasan ʿAlī b. Zahrūn al-Zanjānī 54
Abū Mūsā al-Ashʿarī 10
Abū Naṣr b. ʿArrāq 130
Abū Nuʿaym al-Iṣfahānī 89, 92, 94
Abū l-Qāsim Rabīb al-Dīn 60
Abū Saʿd al-Mutawallī 22
Abū Sulaymān al-Jawzajānī 27, 28
Abū Sulaymān Muḥammad b. Masʿar al-Bustī (al-Maqdisī) 54
Abū Ṭālib al-Makkī 23
Abū ʿUbayda 12
Abū Zayd al-Qayrawānī 23
Abū Zayd Ḥasan al-Sīrāfī 96
Adam 92, 95, 98
Aflākī, Shams al-Dīn 127
Akbar 66, 72
ʿAlāʾ al-Dīn ṣāḥib al-dīwān 60
Alexandre le Grand 82, 92, 95, 99, 100, 101, 111, 117, 119, 132, 133, 137, 156, 157
ʿAlī 12, 16, 17, 24, 25
Amīr Arghūn 61, 179
Amīr Khosrow 168
ʿĀmir al-Shaʿbī 14, 17
Amīr Sayyid Ḥusaynī 165
ʿAmr b. Dīnār 3
Amram 91
Anas b. Mālik 10, 12, 14
Andreas 39
Andromachos 36
Anūshirwān 59
Apelle de Cos 119
Apollonium Mys 39
Arnold, Thomas W. 64, 111, 115
ʿAṭāʾ b. Abī Rabāḥ 3
ʿAṭāʾ Malik Juwaynī 60, 61, 179
ʿAṭṭār, Farīd al-Dīn 161
Auerbach, Erich 113
Al-ʿAwfī, Sadīd al-Dīn Bukhārī 54
ʿAyn al-Dawla 127
Al-Azraqī, Muḥammad b. ʿAbd Allāh 3, 4
ʿAzza al-Khuzāʿiyya 42, 44

Bābur, Ẓāhir l-Dīn 167
Badr al-Dīn Luʾluʾ 57, 58
Baḥīrā 108
Bahrām Gūr 100
Bahrām Sofrakesh 175
Barqī (al-), Abū Jaʿfar 24, 25, 26, 27
Bāqir (al-), Abū Jaʿfar Muḥammad 24, 27
Al-Bayhaqī (al-), Abū Bakr Aḥmad b. al-Ḥusayn 54, 89, 92, 93, 94, 98
Bayhaqī (al-), Ẓāhir al-Dīn Abī Qāsim 54
Bāysunghūr Mīrzā 71
Behzād 122, 124
Bellini, Giovanni 34
Benjamin, Walter 2
Berlekamp, Persis 55
Bijāpur 168, 172, 173
Blair, Sheila X, 75, 87
Botticelli 64
Brac de la Perrière, Éloïse XII
Brilliant, Richard 33, 64, 65
Buchthal, Hugh 31
Bukhārī (al-), Muḥammad b. Ismāʿīl 14
Buzurgmihr b. Muḥammad al-Ṭūsī 52

Caïn 99
Caiozzo, Anna 162
Callisthène (pseudo-) 100
Canard, Marius 94, 105
Caroll, Lewis 137

Ḍaḥḥāk (al-) b. Muzāḥim 12
Dagron, Gilbert 103, 104
Daniel 10, 92, 99
David 92, 95
David (le peintre) 64
Delacroix 21
Déroche, François 53
Dīnawarī (al-), Aḥmad b. Dā'ūd 94, 95, 98
Dioscoride 31, 35, 36, 37, 38, 39, 40, 41, 50, 51, 53, 55, 57, 59, 68, 69, 70, 138
Dust Muḥammad, Aḥmad Mūsā 122

Ettinghausen, Richard 31, 38, 39, 50, 53, 54, 56, 57, 61, 69, 70

Farès, Bishr 53
Fattāḥī Nīshāpūrī 123
Ferdowsī 63, 71, 84, 100, 132, 157, 161

Galien 38, 39, 63
Garshasp b. 'Umar al-Nasawī 40
Gaston Wiet 42, 43, 44
Gere, John 64
Ghazālī (al-), Abū Ḥāmid 22, 66
Ghazan Khān 74, 84
Ghiyāth al-Dīn 85
Ghiyāth al-Dīn Khaljī 171, 172, 175, 191
Girard, René 111, 114
Gombrich, Ernst H. 112
Grabar, Oleg IX, XI, 11, 57, 70
Grégoire le Grand 2, 15
Grube, Ernst J. 43, 44
Gurjī Khātūn 127

Ḥāfiẓ-i Abrū 79
Hamadānī (al-), Badī' al-Zamān Aḥmad 36, 47, 57, 70
Hamidullah, Muhammad 93, 94
Ḥamza b. Abī Ḥamza al-Khudrī 16
Ḥarīrī (al-), al-Qāsim b. 'Alī XII, 21, 36, 45, 49, 56, 57, 62, 70, 138, 139, 141, 142, 144, 146, 151, 158, 181, 183, 184, 185, 186, 187, 188, 189
Héraclius 48, 89, 90, 91, 92, 94, 95, 97, 99, 102, 104
Hippocrate 53
Hishām b. al-'Āṣ al-Umawī 90
Hiuan-Tsong (empereur) 97
Hoffman, Eva R. 31, 40, 43, 45, 50, 51, 53, 69
Holbein, Hans 64
Homère 113
Hūlāgū 61, 71, 179
Ḥunayn b. Isḥāq 35, 41, 51
Ḥusayn b. Ibrāhīm al-Natalī 35, 41
Ḥusayn Neẓām Shāh 173, 191

Ibn 'Abbās, 'Abd Allāh 3
Ibn 'Abd al-Barr, Abū 'Umar Yūsuf al-Namarī 20, 23
Ibn Abī 'Āṣim 5
Ibn Abī Uṣaybi'a 45
Ibn 'Aṭiyya, Abū Muḥammad 'Abd al-Ḥaqq 9
Ibn Baṭṭûṭa 130, 131
Ibn al-Bawwāb 47
Ibn Ḥanbal, Aḥmad 19, 20, 22
Ibn Ḥazm, 'Alī b. Aḥmad 23
Ibn Juzayy 131
Ibn al-Kalbī, Hishām 7
Ibn Khaldūn, 'Abd al-Raḥmān VII
Ibn al-Muqaffa' 59, 60, 155
Ibn al-Muṭahhar al-Ḥillī 26
Ibn Qudāma, Muwaffaq al-Dīn 'Abd Allāh b. Aḥmad 20, 21, 22
Ibn Sa'd, Muḥammad 14
Ibn Sīnā (Avicenne) 41, 129, 131
Ibrāhīm al-Nakha'ī 17
Ikhwān al-ṣafā' 52, 53, 54, 55, 180
'Ikrima 20
'Imrān b. Ḥaṣīn 10
Isaac 91, 113
Iṣṭifān b. Basīl 35, 51

Jabartī (al-), 'Abd al-Raḥmān VII
Jacob 91
Jāḥiẓ (al-), Abū 'Uthmān 'Amr b. Bahr 13, 15
Jamāl Naqqāsh Iṣfahānī 55
Jésus 4, 7, 8, 9, 81, 89, 92, 95, 97, 103, 104, 105
Joseph 92
Juliana Anicia 38, 57

Khalīl (al-) b. Aḥmad 7
Khosrow 100, 101, 124, 134, 135, 155
Khwājū Kermānī 123
Khwāndamīr, Ghiyāth al-Dīn Muḥammad 121
Kisā'ī (al-), Muḥammad b. 'Abd Allāh 98
Klein, Robert 117

Kulaynī (al-), Muḥammad b. Ya'qūb 26
Kurz, Otto 31
Kuthayyir 'Azza 42, 44

Lévi-Strauss, Claude 1
Loredano, Leonardo 34
Lot 91

Maḥmūd b. al-Ḥusayn al-kātib al-Hamadānī 47
Maḥmūd b. Sebüktegīn 129
Maïmonide 82, 84, 85, 86, 87, 88
Makkī (al-), Abū Muḥammad 9
Mālik b. Anas 13, 18, 22
Ma'mar b. Rāshid 10, 12
Mānī 103, 122, 124
Manṣūr (al-) 128
Maqrīzī (al-), Taqī al-Dīn Aḥmad 101
Marc II 32
Marie 3, 4, 5
Mas'ūdī (al-), 'Alī b. al-Ḥusayn 95, 96, 126
Matthieu 50
Mayer, Leo A. 58
Michel de Damiette 32
Milstein, Rachel 76, 78
Mīr Moṣavver 122
Mirkhond, Muḥammad ibn Khᵛāndshāh 102
Moïse 6, 63, 73, 75, 76, 77, 78, 79, 80, 81, 82, 83, 84, 85, 86, 87, 88, 91, 95, 96
Moẓaffar 'Alī 122
Mubashshir (al-) b. Fātik 36, 39, 40, 45, 52, 55
Muḥammad VII, XI, 2, 3, 4, 5, 6, 10, 11, 14, 48, 66, 81, 82, 83, 84, 87, 89, 91, 92, 95, 96, 97, 98, 99, 100, 101, 102, 105, 106, 107, 108, 109
Muḥammad b. Abī l-Fatḥ 'Abd al-Wāḥid b. Abī l-'Abbās 38
Muḥammad b. Abī Ṭālib al-Badrī 57, 58
Muḥammad b. Ildegiz (atabeg) 60
Muḥammad b. Ruwayz 16
Murtaḍā (al-) ibn Abī Ṭāhir b. Aḥmad al-Kāshī 60
Mustanṣir bi-Llāh (al-) 151
Muṭarrizī (al-), Nāṣir b. Abī l-Makārim al-Ḵhʷārazmī 88

Naḥḥās (al-), Aḥmad b. Muḥammad 9
Najm al-Dīn Abū Bakr Muḥammad (ou Maḥmūd) al-Rāwandī 55, 56
Nāṣir al-Dīn Maḥmūd 58
Nāṣir al-Dīn Shāh 107
Natif, Mika X, XI
Nawā'ī, Mīr 'Alī Shir 72
Neẓāmī 63, 72, 100, 123, 124, 129, 133, 134, 135, 156, 157, 164, 190
Nezāmī 'Arūẓī 129
Nicander 39
Noé 81, 91, 95, 96, 97

Panofsky, Erwin 134
Papadopoulo, Alexandre 64, 111, 124
Pharaon 75, 76, 80, 83, 85, 99, 142
Pic de la Mirandole 118
Picasso 21, 63
Pline l'Ancien 118
Platon 53, 63, 114, 117, 118
Plotin 66, 114
Polyclète 116
Porter, Yves XI, XII

Qadīmī 122
Qāsim b. Muḥammad 14
Qāżī Aḥmad 121, 122
Qazwīnī (al-), Zakarīyā b. Muḥammad b. Maḥmūd 21
Qifṭī (al-), 'Alī b. Yūsuf 46
Qurṭubī (al-), Muḥammad b. Aḥmad 8, 9
Quṭb al-Dīn Muḥammad b. Zanjī 33, 47

Rāḍī (al-) 15
Rashīd al-Dīn, Faḍl-Allāh Hamadānī 56, 63, 73, 74, 75, 79, 80, 81, 84, 85, 86, 87, 88
Rashīd Khwāfī 60
Rāvandī 127
Reigl, Alois 64
Rice, David S. 58
Richard, Francis 61
Rosenthal, Franz 45
Roxburgh, David 94
Rufus 39
Rūmī (al-), Jalāl al-Dīn 127

Sa'adī Shirāzī 71
Sa'd al-Dīn Sawajī 85
Sa'd al-Dīn Warāwīnī 60
Sa'd b. Abī al-Waqqās 14
Ṣādeq Ṣādeqī 72, 122, 124, 125
Sadek, Mahmoud 41

Saʿīd b. Jubayr 17
Saʿīd b. al-Musayyib 13, 18
Ṣāliḥ (al-) Ayyūb 50
Salomon 7, 8, 9, 95
Sarakhsī (al-), Muḥammad b. Aḥmad 28, 29
Samarrāʾī, Majīd 148
Schimmel, Annemarie 160, 161, 162
Seth 99
Shāfiʿī (al-), Muḥammad b. Idrīs 18, 22
Shāpūr 35, 100
Shaybānī (al-), Muḥammad b. al-Ḥasan 27, 28
Shaykh Muḥammad 122
Shurayḥ b. al-Ḥārith 11
Simpson, Marianna S. 60
Soucek, Priscilla XI, 65, 67, 72, 94, 111
Stein, Gertrude 63
Ṣūlī (al-), Abū Bakr 15, 16, 17
Sulṭān Ḥusayn Mīrzā 71

Ṭabarī (al-), Muḥammad b. Jarīr 77, 79, 80, 82, 98
Tahir, Mehmet 182
Tahmasp Shāh 71
Tāj al-Dīn ʿAlī Shāh 85
Thaʿālabī (al-), ʿAbd al-Malik b. Muḥammad 83, 98
Touati, Houari X
Trilling, James 46
Ṭughril 55, 68, 127
Ṭūsī Salmānī, Muḥammad b. Maḥmūd 72, 128

ʿUbayd-Allāh b. Ziyād 13
Uljāytū Khudābandah 49, 74, 75, 85
ʿUmar b. al-Khaṭṭāb 4, 10, 14, 98
ʿUqayl b. Abī Ṭālib 12
ʿUrwā b. al-Zubayr 14, 17, 18
ʿUtba b. Farqad 14
ʿUthmān b. ʿAffān 98

Varron (Marcus Terentius Varro) 39

Wāqidī (al-), Muḥammad b. ʿUmar 4
Wāsiṭī (al-), Yaḥyā b. Maḥmūd XII, 56, 57, 139, 142, 144, 148, 151
Weitzmann, Kurt 31, 69

Ẓafar al-Ṣiqillī 62
Ẓāhir al-Dīn Abī Qāsim al-Bayhaqī 54
Zayd b. Rifāʿa 54
Zuhrī (al-), Ibn Shihāb 3